JN033826

Lernen wir 1000 deutsche Wörter!

覚える！ドイツ語 1000 単語

西川智之・Markus Rude・成田克史

同学社

はじめに

　基本語彙についてはさまざまな主張がありますが，最重要の2000語程がわかれば，書き言葉，話し言葉の約8割から9割が理解できるという見方が多いようです．中でも意味や用法が多様で使い回しの利く最初の1000語が特に重要だと言われています．そこで，最も重要なドイツ語1000単語を覚えるための単語集として本書を編みました．

　その内訳ですが，皆さんはCEFRをご存じでしょうか．欧州言語共通参照枠という外国語の能力を測る国際基準で，基礎段階のA1，A2から熟達段階のC1，C2までの6段階を設定しています．本書は第1部にA1相当の約600語，第2部にA2相当の約300語，第3部にB1相当の約200語を選んで見出し語にしています．見出し語にしなかった他のA1，A2相当の語も大半を関連語として収録していますので，本書をマスターすれば基礎段階の語彙はほぼ習得できるでしょう．

　本書では，左ページで主に見出し語のドイツ語の意味がわかるようになるための練習，右ページで訳文中の日本語から原文中のドイツ語が言えるようになるための練習が行えます．左右に用例がありますが，左ページには単純明快な句や短文を，右ページには内容の濃い文や愉快な会話，早口言葉など，読んで楽しい文を数多く載せています．初学者の方には少し難しいかもしれませんが，まずは左ページから始め，ドイツ語の学習が進むにつれて右ページにも挑戦してくださるとよいと思います．何かと関連付けることは記憶を助けると言われます．そのためにもこれらの例句，例文がきっと役に立つことでしょう．

　今やインターネットによって手軽に外国の情報を手に入れたり，モニター越しに遠方の人と対面で話すこともできる時代です．また観光，留学，仕事のために海外から日本を訪れる人も，日本から海外に赴く人も膨大な数に上っています．このように国際交流が盛んになる中で，ドイツ語で情報を入手したり，ドイツ語を話す人々と意思を通じ合うことは何物にも代えがたい経験です．本書がぜひそうした経験へと通じる最初の扉となることを願っています．

　本書は著者らがかつて名古屋大学で作成公開した「ドイツ語基本1000単語」を全面的に改訂したものです．本企画をお認めくださった同学社の近藤孝夫社長ならびに故蕚純氏に心よりお礼申し上げます．

2023年5月31日　著者一同

本書の使い方

　本書の左ページの赤字部分は見出し語の発音と意味，用例の下線部の日本語訳です．右ページの赤字部分は日本語の下線部に相当するドイツ語です．赤いセルシートで赤字部分を隠してそこに何が入るか考えれば，単語の意味やつづりが覚えられたかどうかわかります．

　具体的には次のような使い方をしてみてください．

　まず，左ページで見出し語のつづりと発音（下図の①欄），変化形（②欄の2行目以下），意味と用例（③欄）を確認し，頭に入れてください．次にセルシートをかぶせて，その単語の発音と意味を思い出してください．意味が思い出せないときは用例の日本語訳がヒントになります．これを何回か繰り返して単語とその発音，意味を覚えていきます．「覚えた！」と思ったら，左端のチェックボックスのひとつに「✓」を入れましょう．チェックボックスは3個ありますから，一通りやり終えたらあと2回試すことができます．そうすることで記憶はより確かなものになるでしょう．

　次に，右ページの例文とその日本語訳（図の④欄）をよく読んでください．そしてセルシートをかぶせて，下線部の日本語に相当するドイツ語の単語や表現を思い出してください．「☞」印の行には見出し語に関連する語が挙げてあります．その中には多くの場合，当該のドイツ語を思い出す手がかりになる語が含まれています．

　本書で使用する記号は次の事柄を表します．

- ・　（見出し語と変化形の中：）音節の区切り
- |　　（見出し語，例句，関連語の中：）分離動詞の分離箇所
- ・　（見出し語の下：）アクセントのある短母音

①	②	③
□ **Brot** □ ［ブロート］ □	名詞［中性］ –[e]s / Bro·te	パン ein Brot backen* パンを焼く
□ **ge·ben*** □ ［ゲーベン］ □	動詞［他動］ e→i ▷ gab, ge·ge·ben	与える，《es gibt ...⁴》…がある dem Hund Futter geben 犬にえさを 与える

¯	（見出し語の下：）アクセントのある長母音，二重母音
*	（見出し語の後ろ：）不規則変化する動詞，形容詞，副詞
..	（見出し語の後ろ：）必ず語尾が加わる
..	（変化形で：）見出し語の一部を当てはめる
–	（変化形で：）見出し語または初出の変化形を当てはめる
→	不規則動詞の2人称，3人称単数現在における母音の変音
▷	不規則動詞の2人称，3人称単数現在（必要に応じて1人称を含む）と過去基本形，過去分詞との区切り
[ ]	発音，品詞の細目，訳語などの省略可能
( )	訳語の補足または言いかえ
《 》	用法，文体など
...	任意の語が挿入される
～	見出し語と同じ語が挿入される
2, 3, 4	（変化形と用例の中：）2格，3格，4格で用いる
・	（「☞」印の行：）関連語に挙げる男性形と女性形の区切り

　その他の注意事項は以下のとおりです．

　見出し語の発音は基本的に片仮名で表しますが，日本語にない l と f の音は r や h と区別するために平仮名で表します．

　品詞はおおまかな区分をまず示し，次に細目を［　］で示します．

　品詞の下に名詞の単数2格と複数1格形，動詞，形容詞，副詞の不規則変化形，冠詞と代名詞の格変化を示します．

　前置詞には後ろに来る名詞・代名詞の格を「…格支配」のように示します．

　例句で用いられる見出し語の不規則動詞には「*」を付けません．

④

Heute Abend esse ich belegte <u>Brote</u> mit Lachs und Avocado.
今晩，私はサーモンとアボカドを載せた<u>パン</u>を食べます．
 das <u>Bröt</u>chen プチパン / *das* Abend<u>brot</u>（ハムなどを載せた）パンの夕食

In Berlin <u>gibt</u> <u>es</u> zwei Seen: den Wannsee und den Müggelsee.
ベルリンには湖が2つ<u>あります</u>．ヴァン湖とミュッゲル湖です．
 ab|<u>geben</u>* 引き渡す / <u>nehmen</u>* 受け取る / vor|kommen* 存在(出現)する

参考文献

1) 『平成 16 年度総長裁量経費（教育研究改革・改善プロジェクト）実施報告書. 言語文化（英語以外）の共通到達目標を目指して』（名古屋大学大学院国際言語文化研究科，2005 年 3 月），「1. ドイツ語」(pp. 1–20)

2) 根本道也他編『アポロン独和辞典』（第 4 版，同学社，2022 年）

3) 在間進他編『アクセス独和辞典』（第 4 版，三修社，2021 年）

4) 濱川祥枝他編『クラウン独和辞典』（第 5 版，三省堂，2014 年）

5) 小野寺和夫他編『小学館 プログレッシブ独和辞典』（第 2 版，小学館，2005 年）

6) 国松孝二他編『小学館 大独和辞典 [コンパクト版]』（小学館，1990 年）

7) 恒吉良隆編『独検対策 4 級・3 級ドイツ語問題集』（白水社，1994 年）

8) 信岡資生他編『独検対応 クラウン ドイツ語単語 1600 CD 付き』（三省堂，2012 年）

9) Scheckel, Rainer 他著『だじゃれ de ドイチュ – キーワードで学ぶドイツ語 600』（第 3 版，同学社，2013 年）

10) Becker, Norbert & Jörg Braunert 著 „Alltag, Beruf & Co. 1: Deutsch als Fremdsprache / Kursbuch + Arbeitsbuch mit Audio-CD zum Arbeitsbuch"（Hueber, 2011 年）

11) Evans, Sandra, Angela Pude & Franz Specht 著 „Menschen: Deutsch als Fremdsprache. A1.1: Kursbuch"（Hueber, 2013 年）

12) Goethe Institut 編 „Goethe-Zertifikat A1, A2, B1"（Goethe-Institut, 2016 年）

13) Hueber 編 „Lernwortschatz A1, A2, B1"（Hueber, 2007 年）

14) Jones, Randall L. & Erwin P. Tschirner 著 „A Frequency Dictionary of German: Core Vocabulary for Learners"（Routledge, 2006 年）

15) Lemcke, Christiane, Lutz Rohrmann & Theo Scherling 著 „Berliner Platz 1 NEU. Deutsch im Alltag Teil 1 – Lehr- und Arbeitsbuch"（Klett-Langenscheidt, 2013 年）

16) Brockhaus Wahrig. Deutsches Wörterbuch in sechs Bänden.（Brockhaus, 1983 年）

17） Digitales Wörterbuch der deutschen Sprache. https://www.dwds.de/
18） Duden. Deutsches Universalwörterbuch.（9. Aufl., Dudenverlag, 2019 年）
19） KLUGE. Etymologisches Wörterbuch der deutschen Sprache.（25. Aufl., Gruyter, 2011 年）
20） Langenscheidt. Großwörterbuch Deutsch als Fremdsprache.（Langenscheidt, 2015 年）
21） Wörterbuch der deutschen Gegenwartssprache.（Akademie-Verlag, 1969–1977 年）

第 1 部

CEFR レベル A1 より
約 600 語

☐ **ạb** ☐ ［アップ］ ☐	前置詞[3 また は 4 格支配]	…から <u>ab</u> heute きょう<u>から</u>
☐ ☐ ☐	副詞	**離れて，下へ** weit <u>ab</u> 遠く<u>離れて</u>
☐ **Abend** ☐ ［アーベント］ ☐	名詞[男性] –s / Aben·de	**晩，夕方** am <u>Abend</u> 晩(<u>夕方</u>)に
☐ **aber** ☐ ［アーバァ］ ☐	接続詞[並列]	…[だ]**が，しかし** klein, <u>aber</u> stark 小さい<u>が</u>, 強い
☐ **ạb|fah·ren*** ☐ ［アップ・ ☐ ふァーレン］	動詞[自動] a→ä ▷ fuhr, ge·fah·ren	(乗り物に乗って)**出発する，発 車する** morgen <u>ab|fahren</u> あす<u>出発する</u>
☐ **ạb|ho·len** ☐ ［アップ・ ☐ ホーレン］	動詞[他動]	(行って)**取ってくる，迎えに行く** ein Paket von der Post <u>ab|holen</u> 小 包を郵便局から<u>取ってくる</u>
☐ **ạcht** ☐ ［アハト］ ☐	数詞[基数]	**8，8つ(8人)の** <u>acht</u> Stunden am Tag arbeiten 1 日 <u>8</u> 時間働く
☐ **ạcht** ☐ ［アハト］ ☐	数詞[序数]	**第 8 の，8 番目の** den <u>acht</u>en Platz im Rennen bele- gen レースで<u>第 8</u> 位になる
☐ **Ạch·tung** ☐ ［アハトゥング］ ☐	名詞[女性] – /	**注意，敬意** <u>Achtung</u>, ich schieße! いいか(<u>注意</u> しろ), 撃つぞ!
☐ **ạcht·zehn** ☐ ［アハ・ツェーン］ ☐	数詞[基数]	**18，18[人]の** das Wahlrecht ab <u>18</u> (<u>achtzehn</u>) Jah- ren <u>18</u> 歳からの選挙権

Einen Film für Kinder <u>ab</u> acht Jahren darfst du sehen.
8 歳<u>から</u>の子ども向け映画なら君は見ていいよ.

Unser Haus liegt zwei Kilometer <u>ab</u> vom Dorf.
うちは村から 2 km <u>離れ</u>ています.
☞ *der* <u>Ab</u>schied 離別 / <u>ab</u>wärts <u>下の方</u>へ

Was gibt's (gibt es) heute <u>Abend</u>?
今<u>晩</u>のごはんは何?
☞ <u>abends</u> (反復的に:)晩(<u>夕方</u>)に / *das* <u>Abend</u>essen 夕食 / *der* Morgen 朝

Es ist schon acht Uhr, <u>aber</u> es ist immer noch hell.
もう 8 時<u>だが</u>, まだ明るいぞ.
☞ und そして / oder または / jedoch しかし

So ein Mist! Der Zug ist ohne mich <u>abgefahren</u>!
なんてことだ! 列車は私を置いて<u>発車し</u>ちまった!
☞ *die* <u>Abfahrt</u> 発車 / an|kommen* 到着する

Ich <u>hole</u> dich vom Flughafen <u>ab</u>. Wann kommst du denn an?
君を空港まで<u>迎えに行く</u>よ. 何時に着くの?
☞ begleiten 送っていく(同行する)

Ein Oktopus hat <u>acht</u> Arme.
たこは足(腕)が <u>8</u> 本ある.
☞ *das* <u>Acht</u>eck 八角形 / *die* <u>Acht</u>erbahn 8 の字型のジェットコースター

Die Uni Osaka war die <u>achte</u> Kaiserliche Universität Japans.
大阪大学は日本の <u>8 番目</u>の帝国大学だった.
☞ <u>achtens</u> 第 8 に

Wir haben große <u>Achtung</u> vor unseren Vorfahren.
私たちはご先祖様に大いなる<u>敬意</u>を抱いております.
☞ <u>achten</u> <u>注意を払う</u>, 敬意を払う / ehren 尊敬する

---

18 (<u>achtzehn</u>) ist eine gerade Zahl.
<u>18</u> は偶数である.
☞ 18-karätig (<u>achtzehn</u>karätig) <u>18</u> カラットの

□ **ạcht·zehnt** □ [アハ・ □ ツェーント]	数詞［序数］	**第 18 の，18 番目の** das <u>18.</u> (<u>achtzehnte</u>) Loch des Golf- platzes ゴルフ場の <u>18 番</u>ホール
□ **ạcht·zig** □ [アハ・ツィヒ] □	数詞［基数］	**80，80［人］の** über <u>80</u> (<u>achtzig</u>) Jahre leben <u>80</u> 年 以上生きる
□ **Ad·rẹs·se** □ [アドレッセ] □	名詞［女性］ – / –n	**あて名，住所** an diese <u>Adresse</u> この<u>あて名</u>へ
□ **ạll** □ [アる] □	代名詞［不定］ （定冠詞と同類 の変化）	**すべての** <u>alle</u> meine Freunde 私の友達<u>すべ</u> <u>て</u>
□ **al·<u>lein</u>, al·<u>lei</u>·ne** □ [アらイン(‥ネ)] □	形容詞	**［たった］1 人の** <u>allein</u> sein* <u>たった 1 人</u>である
□ **ạl·les** □ [アれス] □	代名詞［不定］ （定冠詞と同類 の変化）	**すべてのもの（こと），全部** <u>Alles</u> klar! <u>すべて</u>了解!
□ **ạls** □ [アるス] □	接続詞［従属］	**…よりも，…として，…したとき** Besser <u>als</u> nichts! ない<u>より</u>ましだ!
□ **ạl·so** □ [アるゾ] □	副詞	**それゆえに，つまり，では** Es stimmt <u>also</u>! <u>つまり</u>それで正し かったってわけだ!
□ **ạlt*** □ [アるト] □	形容詞 äl·ter, äl·tes·t..	**年老いた，古い，…歳の** <u>alte</u> Leute <u>老人</u>たち
□ **ạn** □ [アン] □	前置詞［3/4 格 支配］	**…のきわで（へ）** ein Sitz am (<u>an</u> + dem) Fenster 窓際 <u>の</u>座席

Heute ist mein 18. (<u>achtzehnter</u>) Geburtstag. Ich bin volljährig.
きょうは私の <u>18 回目の</u>誕生日だ. 私は成年だ.

Heute braucht man keine 80 (<u>achtzig</u>) Tage für eine Weltreise.
今日では世界一周の旅をするのに <u>80</u> 日も要らない.
☞ <u>achtzig</u>jährig 80 歳（80 年間）の

Haben Sie seine neue <u>Adresse</u>? – Ja, soll ich sie Ihnen geben?
彼の新しい<u>住所</u>をご存じですか.— ええ, お教えしましょうか.
☞ *die* E-Mail-<u>Adresse</u> 電子メールアドレス

Sind schon <u>alle</u> da? – Einer fehlt noch.
もう皆そろったか（<u>すべての人々</u>がいるか）.— まだ 1 人足りません.
☞ <u>all</u>gemein 一般的（<u>全般的</u>）な / *das* Welt<u>all</u> 宇宙（世界<u>すべて</u>）

Das Kind ist ganz <u>allein</u> auf eine Reise gegangen.
その子はまるっきり<u>1 人</u>で旅に出た.
☞ einsam 孤独な

Was? Ist das <u>alles</u>? Das ist aber wenig!
何? それで<u>全部</u>かよ? そりゃずいぶん少ないな.
☞ *der* <u>Alles</u>fresser 雑食動物（<u>すべてのもの</u>を食べる動物）

Als ich in Wien war, habe ich meine jetzige Frau kennengelernt.
ウィーンに<u>いたとき</u>, 今の女房と知り合ったんだ.
☞ wenn ... …するとき

Ich denke, <u>also</u> bin ich.
われ思う, <u>ゆえに</u>われあり.（フランスの哲学者, R. Descartes が掲げた命題）
☞ deshalb だから

Ich bin sechs Jahre <u>alt</u>. <u>Wie</u> <u>alt</u> bist du? – Ich bin sechzig.
僕は <u>6 歳</u>です. 君は何歳? — 私は 60 だよ.
☞ *das* <u>Alter</u> 年齢 / *das* <u>Alten</u>heim 老人ホーム / jung* 若い / neu 新しい

Ich setze mich <u>ans</u> (<u>an</u> + das) Fenster und schaue auf die Straße.
私は窓際に腰掛けて通りを眺めます.
☞ dar<u>an</u> そこに（<u>その</u>きわに） / neben<u>an</u> 隣接して / entlang …に沿って

☐ **an|bie·ten*** ☐ [アン・ビーテン] ☐	動詞［他動］ ▷ bot, ge·bo·ten	(提供を)**申し出る**，勧める dem Gast einen Stuhl an|bieten 客 にいすを勧める
☐ **an·de·r..** ☐ [アンデル..] ☐	形容詞	**異なる，もう片方の** Andere Länder, andere Sitten. 《こと わざ》所変わ(異な)れば品変わ(異な)る.
☐ **An·fang** ☐ [アン・ふァング] ☐	名詞［男性］ –[e]s / ..fän·ge	**初め，始まり，《副詞的に》初めに** von Anfang an 初めから
☐ **an|fan·gen*** ☐ [アン・ ☐ ふァンゲン]	動詞［他動］ a→ä ▷ fing, ge·fan·gen	**始める** einen neuen Job an|fangen 新しい 仕事を始める
☐ ☐ ☐	動詞［自動］ (上と同じ変化)	**始まる，《mit ...³ ～》…を始める** mit der Vorlesung an|fangen 講義を 始める
☐ **an|kom·men*** ☐ [アン・コンメン] ☐	動詞［自動］ ▷ kam, ge·kom·men	**到着する，届く** am Ziel an|kommen 目的地に到着 する
☐ **an|ma·chen** ☐ [アン・マッヘン] ☐	動詞［他動］	《口語》(火・電気器具などを)**つける** Licht an|machen 明かりをつける
☐ **an|ru·fen*** ☐ [アン・ ☐ ルーふェン]	動詞［他動］ ▷ rief, ge·ru·fen	(…に)**電話する** eine Freundin an|rufen (女の)友達 に電話する
☐ ☐ ☐	動詞［自動］ (上と同じ変化)	(…のところに)**電話をかける** dort an|rufen そこに電話をかける
☐ **Ant·wort** ☐ [アントヴォルト] ☐	名詞［女性］ – / ..wor·ten	**答え，返事** Frage und Antwort 質問と答え

Was kann ich dir <u>anbieten</u>, Kaffee oder Tee?
何がいいかな（何を君に<u>勧めれば</u>よいか）．コーヒーそれとも紅茶？
☞ *das* <u>Angebot</u>（提供の）申し出 / <u>bieten</u>* 提供する

Ich habe den <u>ander</u>en Handschuh verloren!
<u>もう片方の</u>手袋をなくしちゃった！
☞ <u>anders</u> 違う（異なる）ふうに / gleich 同じ

<u>Anfang</u> Mai fahre ich nach Mailand.
5月<u>初めに</u>私はミラノに行きます．
☞ <u>anfangs</u> 初めのうちは / *das* Ende 終わり / *die* Mitte 真ん中

Du hast den Streit <u>angefangen</u>! – Nein, du!
お前がけんかを売った（<u>始めた</u>）んだ．― 違う，お前だ．
☞ *der* <u>Anfänger</u>・*die* <u>Anfängerin</u> 初心者（始める人）/ beenden 終える

Das Konzert <u>fängt</u> um acht Uhr <u>an</u>. Vorher muss ich etwas essen.
コンサートは8時に<u>始まる</u>．その前に僕は何か食べなきゃ．
☞ beginnen* 始まる / enden 終わる / auf|hören やむ

Das Paket ist unversehrt bei uns <u>angekommen</u>. Vielen Dank!
小包はうちに無事<u>届きました</u>．どうもありがとう．
☞ *die* <u>Ankunft</u> 到着 / erreichen 到達する / ab|fahren* 出発する

Ist dir kalt? Soll ich die Heizung <u>anmachen</u>?
寒い？暖房をつけようか．
☞ ein|schalten 電源を入れる / *der* Schalter スイッチ / aus|machen《口語》消す

Ich <u>rufe</u> dich heute Abend vom Hotel aus <u>an</u>.
今晩ホテルから電話するね．
☞ *der* <u>Anruf</u> 電話［すること］

Er hat dreimal bei ihr <u>angerufen</u> – vergebens.
彼は彼女のところに3回<u>電話をかけた</u> ― むだ骨だった．
☞ telefonieren 電話で話す

Sie gibt mir keine <u>Antwort</u>. Das ist die <u>Antwort</u>!
彼女は<u>返事</u>をくれない．それが<u>答え</u>だ．
☞ *die* Frage 質問

□ **ant·wor·ten** □ [アント □ ヴォルテン]	動詞[自動]	**答える，返事をする** klar <u>antworten</u> はっきり<u>答える</u>
□ □ □	動詞[他動]	(…と)**答える** Er <u>antwortet</u>, dass ... 彼は…と<u>答える</u>.
□ **an|zie·hen*** □ [アン・ □ ツィーエン]	動詞[他動] ▷ zog, ge·zo·gen	**着る，(…に)服を着せる** eine Jacke <u>an|ziehen</u> 上着を<u>着る</u>
□ **Ap·fel** □ [アプふェる] □	名詞[男性] –s / Äp·fel	**りんご** <u>Äpfel</u> mit Schalen essen* <u>りんご</u>を皮ごと食べる
□ **Ap·ril** □ [アプリる] □	名詞[男性] –[s] / ..ri·le	**4月** Anfängerkurse ab <u>April</u> <u>4月</u>からの初心者コース
□ **Ar·beit** □ [アルバイト] □	名詞[女性] – / ..bei·ten	**仕事，成果物**(論文，作品など) eine schwere <u>Arbeit</u> きつい<u>仕事</u>
□ **ar·bei·ten** □ [アルバイテン] □	動詞[自動]	**働く，**(学生が)**勉強する** fleißig <u>arbeiten</u> 一生懸命に<u>働く</u>
□ **Arm** □ [アルム] □	名詞[男性] –[e]s / Ar·me	**腕** mein rechter <u>Arm</u> 私の右<u>腕</u>
□ **Arzt** □ [アールツト] □	名詞[男性] Arz·tes / Ärz·te	(男性の)**医者** zum <u>Arzt</u> gehen* <u>医者</u>に行く
□ **Ärz·tin** □ [エーァツティン] □	名詞[女性] – / ..tin·nen	**女医，**(女性の)**医者** eine erfahrene <u>Ärztin</u> 経験豊富な<u>女医</u>

Meine Freundin <u>antwortet</u> <u>mir</u> immer gleich.
僕の彼女はいつもすぐに<u>返事をくれる</u>よ.
☞ fragen 質問する / an|kreuzen（選んだ答えに）×印を付ける

Die Braut <u>antwortete</u> „ja".
新婦は「はい」と<u>答えた</u>.
☞ <u>beantworten</u>（eine Frage^4（質問）などを目的語として:）<u>回答する</u>

<u>Ziehen</u> Sie das Kind doch warm <u>an</u>!
その子に暖かい<u>服を着せて</u>おやりなさいな.
☞ an|haben* 着ている / tragen* 着ている / aus|ziehen* 脱ぐ

Ein <u>Apfel</u> fiel und die Gravitation wurde entdeckt.
<u>りんご</u>が落ちて重力が発見された.
☞ der <u>Apfel</u>saft <u>りんご</u>ジュース / die <u>Apfel</u>sine オレンジ（支那の<u>りんご</u>）

Heute ist der 1. (erste) <u>April</u>. – Warum sagst du die Wahrheit?
きょうは<u>4月</u>1日だ. — なぜ本当のことを言うの?
☞ der <u>April</u>scherz エープリルフール / der Mai 5 月

Mein Vater geht um acht Uhr zur <u>Arbeit</u>.
父は 8 時に<u>会社（仕事）</u>に出かけます.
☞ <u>arbeits</u>los 失業している（<u>仕事の</u>ない） / die Leistung 成果 / die Mühe 苦労

Nach der Vorlesung gehe ich in die Bibliothek und <u>arbeite</u> dort.
講義のあと私は図書館へ行き, そこで<u>勉強します</u>.
☞ funktionieren 作動する / beschäftigen《sich^4 mit ...^{3} ～》…に従事する

Oh! Mutti hat die <u>Arme</u> verschränkt und sieht böse aus.
うわ! ママが<u>腕</u>組みをしておっかない顔をしてるぞ.
☞ der <u>Ärme</u>l 袖（<u>腕</u>を通す部分） / die <u>Arm</u>banduhr <u>腕</u>時計

Der <u>Arzt</u> behandelt den Verletzten.
<u>医者</u>がけが人の手当てをする.
☞ der Zahn<u>arzt</u>・die Zahn<u>ärztin</u> 歯<u>医者</u> / die Operation 手術 / die Spritze 注射

Die <u>Ärztin</u> untersucht den Patienten.
<u>（女性の）医者</u>が患者を診察する.
☞ der Krankenpfleger・die Krankenschwester 看護師

☐ **auch** ☐ ［アオホ］ ☐	副詞	…も［また］，…でさえも Ich <u>auch</u>! 私<u>も</u>よ(僕<u>も</u>だ)!
☐ **auf** ☐ ［アオふ］ ☐	前置詞［3/4 格 支配］	…の上で(へ)，…を期して，… (の方法)で <u>auf</u> der Straße 路<u>上</u>で
☐ **Auf·ga·be** ☐ ［アオふ・ガーベ］ ☐	名詞［女性］ – / –n	課題，任務 den Studenten eine <u>Aufgabe</u> ge- ben* 学生たちに課題を与える
☐ **auf|hö·ren** ☐ ［アオふ・ ☐ ヘーレン］	動詞［自動］	終わる，《mit ...³ 〜》…をやめる <u>auf</u>hören zu weinen 泣き<u>やむ</u>(泣く のを<u>やめる</u>)
☐ **auf|ste·hen*** ☐ ［アオふ・ ☐ シュテーエン］	動詞［自動］ ▷ stand, ge·stan·den	起きる，立ち上がる früh <u>auf</u>|stehen 早く<u>起きる</u>
☐ **Au·ge** ☐ ［アオゲ］ ☐	名詞［中性］ –s / –n	目 große <u>Augen</u> machen 《口語》<u>目</u>を丸 くする
☐ **Au·gust** ☐ ［アオグスト］ ☐	名詞［男性］ –[e]s または / – ..gus·te	8 月 die Semesterferien im <u>August</u> und September <u>8 月</u>と 9 月の学期末休暇
☐ **aus** ☐ ［アオス］ ☐	前置詞［3 格 支配］	…［の中］から，…の出身の <u>aus</u> der Höhle heraus|kommen* 洞 穴<u>から</u>出てくる
☐ ☐ ☐	副詞	《口語》終わって <u>Aus</u>! <u>終わり</u>!
☐ **Aus·gang** ☐ ［アオス・ガング］ ☐	名詞［男性］ –[e]s / ..gän·ge	出口，結末 der Ein- und <u>Ausgang</u> des Hauses 建物の出入り口(入口兼<u>出口</u>)

10

Auch der Wurm krümmt sich⁴, wenn er getreten wird.
《ことわざ》一寸の虫にも五分の魂 (虫でさえも踏まれれば身をよじる).
☞ nur ただ…だけ / allein《雅語》ただ…だけ

Auf diese Weise lerne ich tausend deutsche Wörter.
このやり方で私はドイツ語の単語を 1000 語学びます.
☞ aufwärts 上の方へ / der Aufzug エレベーター (引き上げ機)

Es ist meine Aufgabe, den Vortrag ins Deutsche zu übersetzen.
その講演をドイツ語に翻訳するのが私の任務です.
☞ die Hausaufgabe《ふつう複数》宿題 / übernehmen* 引き継ぐ

Er hat mit dem Geschäft aufgehört. Er hat genug gearbeitet.
彼は商売をやめた. 彼は十分働いた.
☞ auf|geben* (途中で) やめる, 放棄する / an|fangen* 始まる, 始める

Der Boxer kann nicht mehr aufstehen.
そのボクサーはもう立ち上がれない.
☞ auf|wachen 目覚める / hin|legen《sich⁴ ～》寝る / hin|setzen《sich⁴ ～》座る

Die Augen reden mächtiger als die Lippen.
目は唇よりも強く語る. (ドイツの戯曲家, G. Hauptmann の言葉)
☞ die Augenbraue まゆ (目の上の弓状の毛) / das Augenlid まぶた (目のふた)

Im August ist es in Nagoya sehr schwül.
8 月中は名古屋はすごく蒸し暑いです.
☞ die Augustfeier 8 月祭 (スイス建国記念日, 8 月 1 日) / der September 9 月

Ich komme aus Japan, und zwar aus Tsukuba.
私は日本の出身で, もう少し詳しく言うと, つくば市の出身です.
☞ daraus その中から / der Ausdruck 表現 (中から押し出した言葉)

Das Spiel ist aus! Wir sind geschlagen!
試合終了 (試合は終わっている)! われわれの敗北だ.
☞ durchaus まったく, 完全に (始めから終わりまで)

Der Brand hat einen tragischen Ausgang genommen.
その火事は悲劇的な結末を迎えた.
☞ der Notausgang 非常 [出] 口 / die Ausfahrt [車用] 出口 / der Eingang 入口

□ **Aus·land** □ [**ア**オス・らﾝﾄ] □	名詞[中性] –[e]s /	**外国** im Ausland studieren 留学する(外国で大学の勉強をする)
□ **aus|ma·chen** □ [**ア**オス・ マッヘﾝ] □	動詞[他動]	《口語》(火・電気器具などを)**消す** Licht aus|machen 明かりを消す
□ **aus|se·hen*** □ [**ア**オス・ ゼーエﾝ] □	動詞[自動] e→ie ▷ sah, ge·se·hen	(…のように)**見える** lecker aus|sehen おいしそうに見える
□ **aus|stei·gen*** □ [**ア**オス・ シュタイゲﾝ] □	動詞[自動] ▷ stieg, ge·stie·gen	**降車(下船)する,降りる** aus dem Bus aus|steigen バスから降りる
□ **Au·to** □ [**ア**オﾄー] □	名詞[中性] –s / –s	**自動車,車** ein schickes Auto すてきな車
□ **Au·to·mat** □ [アオﾄ**マ**ーﾄ] □	名詞[男性] ..ma·ten / ..ma·ten	**自動販売機** Briefmarken am Automaten kaufen 切手を自動販売機で買う
□ **Bä·cke·rei** □ [ベッケ**ラ**イ] □	名詞[女性] – / ..rei·en	(自家製のパンを売る)**パン屋** in der Bäckerei ein Brot kaufen パン屋でパンを1個買う
□ **Bad** □ [**バ**ーﾄ] □	名詞[中性] –[e]s / Bä·der	**風呂,入浴** ins Bad steigen* 風呂につかる
□ **Bahn** □ [**バ**ーﾝ] □	名詞[女性] – / Bah·nen	**鉄道,走路** mit der Bahn fahren* 鉄道で行く
□ **Bahn·hof** □ [**バ**ーﾝ・ホーふ] □	名詞[男性] –[e]s / ..hö·fe	**駅** am Bahnhof sein* 駅にいる

Ich bin noch nie <u>ins Ausland</u> gefahren.
私はまだ<u>外国</u>に行ったことがない.
☞ <u>ausländisch</u> 外国の / der <u>Ausländer</u>・die <u>Ausländerin</u> 外国人

Habe ich den Herd zu Hause <u>ausgemacht</u>?
私, 家のこんろの火を<u>消した</u>かしら.
☞ aus|schalten 電源を切る / an|machen《口語》つける

Fehlt dir etwas? Du <u>siehst</u> bleich <u>aus</u>.
君はどこか具合が悪いのか. 顔色がよくないぞ(青ざめて<u>見える</u>).
☞ das <u>Aussehen</u> 見かけ(見え方) / die <u>Aussicht</u> 見晴らし

Endstation. Alles <u>aussteigen</u>!
終点です. どなた様もお<u>降り</u>ください.
☞ ein|steigen* 乗る / um|steigen* 乗り換える

Sein <u>Auto</u> hat schon eine Beule bekommen.
彼の<u>車</u>はもうへこみができた.
☞ die <u>Auto</u>bahn <u>アウト</u>バーン / der Motor エンジン / tanken 給油する

Der <u>Automat</u> hat das Wechselgeld für sich⁴ behalten.
この<u>自動販売機</u>はつり銭を自分のものにしやがった.
☞ <u>automatisch</u> 自動の / der Spiel<u>automat</u> (遊戯場などの)ゲーム機

Die <u>Bäckerei</u> backt auch gute Kuchen.
あの<u>パン屋</u>はいいケーキも焼いているよ.
☞ die Konditorei パティスリー(自家製の菓子を売る店)

Ein warmes <u>Bad</u> hilft bei Muskelkater.
温かいお<u>風呂</u>は筋肉痛に効きますよ.
☞ <u>baden</u> 入浴(水浴び)する / die <u>Bade</u>wanne 浴槽 / das <u>Bade</u>zimmer 浴室

Ein Bob rast die <u>Bahn</u> hinunter. Das ist einfach spektakulär.
1台のボブスレーが<u>走路</u>を高速で下って行く. 実に見応えがある.
☞ der <u>Bahn</u>hof (鉄道の)駅 / die Strecke (路線などの)区間 / der Verkehr 交通

Auch auf dem <u>Bahnhof</u> kann man Blumen kaufen.
<u>駅</u>でも花は買えますよ.
☞ der Haupt<u>bahnhof</u> 中央駅 / der Bahnsteig (駅の)ホーム / der Kiosk 売店

13

□ **bald***	副詞	**もうすぐ，じきに**
□ ［バるト］	eher, ehes·t..	Bis bald! また近いうちに(<u>もうすぐ</u>
□		のときまで)!

□ **Ba·na·ne**	名詞［女性］	**バナナ**
□ ［バナーネ］	– / –n	Die Bananen reifen. <u>バナナ</u>が熟す.
□		

□ **Bank**	名詞［女性］	**銀行**
□ ［バンク］	– / Ban·ken	ein Konto bei einer Bank ある<u>銀行</u>
□		の口座

□ **Bauch**	名詞［男性］	**腹，おなか**
□ ［バオホ］	–[e]s / Bäu·che	einen Bauch haben* 腹が出ている
□		

□ **Baum**	名詞［男性］	**木**
□ ［バオム］	–[e]s / Bäu·me	auf einen Baum klettern <u>木</u>に登る
□		

□ **be·deu·ten**	動詞［他動］	**意味する**
□ ［ベドイテン］		zweierlei bedeuten 2つのことを<u>意</u>
□		<u>味する</u>

□ **be·gin·nen***	動詞［他動］	**始める，《zu 不定詞句と》…しだす**
□ ［ベギンネン］	▷ ..gann,	ein völlig anderes Leben beginnen
□	..gon·nen	まったく違う生活を<u>始める</u>

□	動詞［自動］	**始まる**
□	(上と同じ変化)	Jetzt beginnt's (beginnt es)! さあ<u>始</u>
□		<u>まる</u>ぞ!

□ **bei**	前置詞［3 格	**…[の下(ﾓﾄ)]で，…の際に，…**
□ ［バイ］	支配］	**しているところで**
□		bei BMW arbeiten BMW <u>で</u>働く

□ **bei·de**	代名詞［不定］	**両方の，両方(2 人)とも**
□ ［バイデ］	(形容詞と同じ	beide Augen schließen* <u>両方の</u>目
□	変化)	を閉じる

<u>Bald</u> geht der Mond auf, da gehen wir heim.
じきに月が昇る，そうしたら家に帰ろう．（『ヘンゼルとグレーテル』より）
☞ <u>sobald</u> ... …するとすぐ / gleich すぐ / sofort ただちに

<u>Bananen</u> mit schwarzen Flecken sind vollreif.
黒い染みのある<u>バナナ</u>は完熟です．
☞ die <u>Bananen</u>schale バナナの皮

Auf der <u>Bank</u> muss ich Yen in Euro wechseln.
<u>銀行</u>で円をユーロに両替しなくちゃならない．
☞ die <u>Bank</u>note 銀行券 / das Konto 口座 / überweisen* 振り込む

Ich habe zu viel Eis gegessen. Jetzt tut mir der <u>Bauch</u> weh.
アイスクリームを食べすぎた．今，私は<u>おなか</u>が痛い．
☞ der Bier<u>bauch</u>《口語》ビール腹 / die Brust 胸 / der Rücken 背中

Guck! Auf dem <u>Baum</u> da sitzt ein Uhu.
見て！あそこの<u>木</u>にみみずくが<u>止</u>まっているよ．
☞ der <u>Baum</u>kuchen バウムクーヘン / das Blatt 葉 / die Blüte 花

Was <u>bedeutet</u> das? – Pst! Das <u>bedeutet</u>, hier muss man still sein.
これどういう<u>意味</u>(何を<u>意味する</u>)？ — シーッ！ご静粛にって<u>意味だ</u>よ．
☞ die <u>Bedeutung</u> 意味 / heißen* …ということである

Das Mädchen <u>beginnt</u> zu summen.
その女の子は鼻歌を<u>歌いだす</u>．
☞ an|fangen* 始める / beenden 終える

Der Unterricht <u>beginnt</u> um 8.45 Uhr (acht Uhr fünfundvierzig).
授業は 8 時 45 分に<u>始まる</u>．
☞ der <u>Beginn</u> 始まり / enden 終わる

Ich bin <u>beim</u> (<u>bei</u> + dem) Aussteigen aus dem Bus ausgerutscht.
私はバスから降りる<u>際</u>に滑って転びました．
☞ <u>beinahe</u> 危うく（ぎりぎり<u>の所で</u>）/ dabei その際に

Die Zwillinge tragen <u>beide</u> einen roten Mantel.
あの双子は <u>2 人とも</u>赤いコートを着ている．
☞ <u>beid</u>seitig 両面の

☐ **Bein**	名詞[中性]	**脚**
☐ [バイン]	–[e]s / Bei·ne	die <u>Beine</u> übereinander|schlagen*
☐		<u>脚</u>を組む
☐ **Bei**·spiel	名詞[中性]	**例，手本**
☐ [バイ・	–[e]s / ..spie·le	zum <u>Beispiel</u> <u>例え</u>ば(略: z. B.)
☐ シュピーる]		
☐ **be·kọm·men***	動詞[他動]	**もらう，受け取る，手に入れる**
☐ [ベコンメン]	▷ ..kam,	einen Brief <u>bekommen</u> 手紙を<u>受け</u>
☐	..kom·men	<u>取る</u>
☐ **be·nụt·zen**	動詞[他動]	**使用する**
☐ [ベ**ヌ**ッツェン]	..nutzt, –	eine Lupe <u>benutzen</u> ルーペを<u>使用</u>
☐		<u>する</u>
☐ **Bẹrg**	名詞[男性]	**山**
☐ [ベルク]	–[e]s / Ber·ge	auf den <u>Berg</u> steigen* <u>山</u>に登る
☐		
☐ **Be·rụf**	名詞[男性]	**職業**
☐ [ベルーふ]	–[e]s / ..ru·fe	einen <u>Beruf</u> ergreifen* ある<u>職業</u>に
☐		就く
☐ **bẹs·ser**	形容詞	**よりよい，まし**
☐ [ベッサァ]		<u>Besser</u> Vorsicht als Nachsicht!《口
☐		語》転ばぬ先の杖(用心は反省に<u>勝る</u>)!
☐ **bẹs·t..**	形容詞	**いちばんよい**
☐ [ベスト..]		Am <u>besten</u> ... <u>いちばんよいの</u>は…
☐		することだ.
☐ **be·stẹl·len**	動詞[他動]	**注文する**
☐ [ベシュ**テ**れン]		bei Amazon ein Buch <u>bestellen</u> ア
☐		マゾンに本を 1 冊<u>注文する</u>
☐ **be·sụ·chen**	動詞[他動]	**訪問する，訪ねる**
☐ [ベ**ズ**ーヘン]		einen Freund <u>besuchen</u> 友人を<u>訪ね</u>
☐		<u>る</u>

Beim Skifahren habe ich mir das linke <u>Bein</u> gebrochen.
スキーで私は<u>左</u>の<u>脚</u>を骨折しました.
☜ *das* Hinter<u>bein</u> 後ろ脚 / *das* Knie ひざ / *der* Fuß（足首から下の）足

Können Sie ein <u>Beispiel</u> für reflexive Verben nennen?
再帰動詞の<u>例</u>を 1 つ挙げてくれますか.
☜ <u>beispiel</u>haft 手本となるような / <u>beispiels</u>weise 例えば / typisch 典型的な

Noch ein Wort, und du <u>bekommst</u> eine Ohrfeige.
あとひと言でも言ってみろ, ひっぱたくぞ(君は平手打ちを<u>もらう</u>).
☜ erhalten* 受け取る / geben* 与える

In der Prüfung darfst du keinen Taschenrechner <u>benutzen</u>.
試験では電卓を<u>使用し</u>てはいけません.
☜ *die* <u>Benutzung</u> 使用 / gebrauchen 使う / verwenden⁽*⁾ 用いる

In den <u>Bergen</u> ist das Wetter häufig wechselhaft.
<u>山</u>の中は天気が変わりやすいことが多い.
☜ *der* <u>Berg</u>steiger・*die* <u>Berg</u>steigerin 登山家 / *das* Gebirge 山岳 / *das* Tal 谷

Was sind Sie <u>von</u> <u>Beruf</u>? – Ich bin Anwalt.
ご職業は何ですか. ― 弁護士です.
☜ *die* <u>Berufs</u>schule 職業学校 / <u>berufs</u>tätig 職業に就いている

Wie geht es Ihnen? – Danke, es geht mir <u>besser</u> <u>als</u> vorher.
具合はいかが. ― ありがとう, さきほどよりよくなりました.
☜ gut* よい / *die* <u>Besserung</u> 回復(よくなること) / <u>verbessern</u> よりよくする

Das war der <u>beste</u> Wein, den wir hatten.
あれはうちにある<u>いちばんいい</u>ワインだった.
☜ *das* <u>Beste</u> いちばんよいこと, 最善 / *die* <u>Best</u>leistung [自己]最高記録

Entschuldigung! ... Hallo, wir möchten <u>bestellen</u>!
(ウェイターを呼んで:)すみません! …あの〜, <u>注文し</u>たいんですが.
☜ *die* <u>Bestellung</u> 注文 / ab|<u>bestellen</u>（…を注文したのを）取り消す

Wenn du mich <u>besuchen</u> willst, sag es mir bitte einen Tag vorher.
私を<u>訪問し</u>たければ, 1 日前にそう言ってくれ.
☜ *der* <u>Besuch</u> 訪問 / *der* <u>Besucher</u>・*die* <u>Besucherin</u> 訪問者

□ **Bẹtt** □ [ベット] □	名詞[中性] –[e]s / Bet·ten	**ベッド** ins Bett gehen* 床に就く(ベッドに入る)
□ **be·zah·len** □ [ベツァーれン] □	動詞[他動]	**支払う** die Miete bezahlen 家賃を支払う
□ **Bier** □ [ビーァ] □	名詞[中性] –[e]s / Bie·re	**ビール** Bier trinken* ビールを飲む
□ **Bịld** □ [ビるト] □	名詞[中性] –[e]s / Bil·der	**絵, 写真** ein Bild malen (筆で)絵を描く
□ **bịl·lig** □ [ビりヒ] □	形容詞	**安い** eine billige Ware 安い品物
□ **bịs** □ [ビス] □	前置詞[4格支配]	**…まで** Bis morgen! またあした(あしたまで)!
□ □ □	接続詞[従属]	**…するまで** bis die Arbeit fertig ist 仕事が終わるまで
□ **bịss·chen** □ [ビスヒェン] □	代名詞[不定]	**《ein ～》ほんの少し, ちょっと** Noch ein bisschen Geduld! あとほんの少しの辛抱だ!
□ **bịt·te** □ [ビッテ] □	副詞	**どうぞ, どういたしまして** Kommen Sie bitte! どうぞこちらへ!
□ **bịt·ten*** □ [ビッテン] □	動詞[他動] ▷ bat, ge·be·ten	**《...⁴ [um ...⁴] ～》…に[…を]頼む(求める)** Bitte um Hilfe! 助力を求む!

Abends im Bett lese ich noch ein bisschen.
私は夜, 寝る前にベッドで少しだけ本を読みます.
☞ die Bettwäsche ベッドカバー・シーツ類 / das [Kopf]kissen 枕

Die Gäste wollten die Rechnung getrennt bezahlen.
客たちは代金を別々に支払いたいと言った.
☞ die Bezahlung 支払い

Bier darf nur aus Hopfen, Malz und Wasser hergestellt werden.
ビールはホップと麦芽と水からのみ製造されなければならない.
☞ der Biergarten ビアガーデン / das Fassbier 樽(な)詰めのビール

Ich mache ein Bild von euch. Stellt euch näher zusammen!
君たちの写真を撮ってあげるよ. みんなもう少し真ん中に寄って!
☞ das Bilderbuch 絵本 / der Bildschirm 画面 / die Zeichnung 線画

Wer billig kauft, kauft teuer.
《ことわざ》安物買いの銭失い (安く買うと高くつく).
☞ der Billigflug 格安航空 / die Ermäßigung 割引 / teuer (値段が)高い

Bis zur nächsten Tankstelle sind es noch 50 (fünfzig) Kilometer.
次のガソリンスタンドまでまだ50キロもある.
☞ bisher これまで

„Warte, bis es dunkel ist!"
『暗くなるまで待って』(英国の映画監督, T. Young の作品)

Ich möchte noch ein bisschen Salat. – Bitte bedienen Sie sich⁴!
あとちょっとサラダが欲しいのですが. ― どうぞお取りください.
☞ etwas 少し / viel* たくさん

Danke schön! – Bitte schön!
どうもありがとう! ― いえ, どういたしまして!

Ich möchte abnehmen. Ich bitte Sie um einen Tipp.
私やせたいんです. あなたのアドバイスをお願いします(求める).
☞ die Bitte 頼み / beantragen 申請する / fordern 要求する / der Auftrag 依頼

□ **blau**	形容詞	**青い**
□ ［ブらオ］		„An der schönen blauen Donau"
□		『美しく青きドナウ』(J. Strauss 作曲)

□ **blei·ben***	動詞[自動]	**とどまる，（…の）ままである**
□ ［ブらイベン］	▷ blieb,	zu Hause bleiben 家にとどまる
□	ge·blie·ben	

□ **Blei·stift**	名詞[男性]	**鉛筆**
□ ［ブらイ・	–[e]s / ..stif·te	mit dem Bleistift schreiben* 鉛筆で
□ シュティふト］		書く

□ **Blu·me**	名詞[女性]	**[草]花**
□ ［ブるーメ］	– / –n	Blumen pflanzen 花を植える
□		

□ **bö·se**	形容詞	**悪意のある，《口語》腹を立てた**
□ ［ベーゼ］		eine böse Tat ひどい（悪意のある）行
□		い

□ **brau·chen**	動詞[他動]	**必要とする，使う，《否定文で zu**
□ ［ブらオヘン］		**不定詞句と》…する必要はない**
□		Hilfe brauchen 助けを必要とする

□ **braun**	形容詞	**茶色の**
□ ［ブらオン］		braune Haare 茶色の髪
□		

□ **breit**	形容詞	**幅の広い，…の幅の**
□ ［ブらイト］		ein breiter Rücken 幅の広い背中
□		

□ **Brief**	名詞[男性]	**手紙**
□ ［ブリーふ］	–[e]s / Brie·fe	einen Brief beantworten 手紙に返
□		事を書く

□ **Bril·le**	名詞[女性]	**眼鏡**
□ ［ブリれ］	– / –n	eine Brille tragen* 眼鏡をかけてい
□		る

Die Schrift in blauer Tinte finde ich schön.
この青いインクの字はきれいだと思います.
☞ rot* 赤い / gelb 黄色の / grün 緑色の

Wir bleiben Freunde, für immer.
僕たちは友達のままでいようぜ, いつまでも.
☞ sitzen|bleiben*《口語》(生徒が)留年する(座ったままである)

Die Bleistifte sind alle stumpf. Sie müssen gespitzt werden.
鉛筆はみんな先が丸くなっている. とがらせなきゃだめだ.
☞ der Stift (短縮形で:)鉛筆 / der Druckbleistift ノック式シャープペンシル

Jetzt blühen viele Blumen und der Garten ist bunt.
今はたくさん花が咲いて, 庭は色とりどりです.
☞ der Blumenstrauß 花束 / die Blüte 花[冠](花弁の集合) / die Knospe つぼみ

Sie ist böse auf mich, weil ich sie nicht angerufen habe.
電話しなかったせいで, 彼女は僕に腹を立てているんだ.
☞ bösartig 悪性の / ärgern《sich⁴ ～》怒る / schimpfen ののしる / lieb 好ましい

Das brauchen Sie nicht zu tun. Das macht alles die Schwester.
それをあなたはする必要はありません. すべて看護師がやります.
☞ verbrauchen 消費する(使ってなくす) / nötig 必要な / der Bedarf 必要, 需要

Sie kam braun gebrannt aus dem Urlaub zurück.
彼女は茶色く日焼けして休暇から戻ってきた.
☞ dunkelbraun こげ茶色の / hellbraun 薄茶色の

Die Straße ist hundert Meter breit.
この通りは 100 メートルの幅があります.
☞ die Breite 幅 / verbreiten (話題などを)広める / schmal(*) 幅の狭い

Dein Brief aus Nizza war sechs Wochen unterwegs!
ニースからの君の手紙は届くのに 6 週間もかかったよ.
☞ die Briefmarke (手紙に貼る)切手 / der Briefkasten (手紙を出す)郵便ポスト

Setz deine Brille auf und lies die Aufgabe nochmal!
自分の眼鏡をかけてその課題をもう一度読みたまえ.
☞ die Sonnenbrille サングラス(色眼鏡) / das Etui (眼鏡などの)ケース

☐ **brin·gen*** ☐ [ブリンゲン] ☐	動詞[他動] ▷ brach·te, ge·bracht	**持ってくる(いく)，連れてくる (いく)，もたらす** Profit bringen 利益を<u>もたらす</u>
☐ **Br<u>o</u>t** ☐ [ブロート] ☐	名詞[中性] –[e]s / Bro·te	**パン** ein Brot backen* <u>パン</u>を焼く
☐ **Br<u>u</u>·der** ☐ [ブルーダァ] ☐	名詞[男性] –s / Brü·der	**兄，弟** mein älterer (jüngerer) Bruder 私 の<u>兄(弟)</u>
☐ **B<u>u</u>ch** ☐ [ブーフ] ☐	名詞[中性] –[e]s / Bü·cher	**本，書籍** ein Buch lesen* <u>本</u>を読む
☐ **B<u>u</u>ch·sta·be** ☐ [ブーフ・ シュターベ] ☐	名詞[男性] –ns まれに –n / –n	**文字，つづり字** große (kleine) Buchstaben <u>大文字</u> (<u>小文字</u>)
☐ **B<u>u</u>s** ☐ [ブス] ☐	名詞[男性] Bus·ses / Bus·se	**バス** auf den Bus warten <u>バス</u>を待つ
☐ **B<u>u</u>t·ter** ☐ [ブッタァ] ☐	名詞[女性] – /	**バター** Butter aufs Brot streichen* パンに <u>バター</u>を塗る
☐ **C<u>e</u>nt** ☐ [セント] ☐	名詞[男性] –[s] / –[s] (単位: –)	**セント**(1/100 ユーロ)(略: c, ct) fünfzig Cent Trinkgeld 50 <u>セント</u>の チップ
☐ **Ch<u>e</u>f** ☐ [シェふ] ☐	名詞[男性] –s / –s	(部・課などの男性の)**長(上司)** ein beliebter Chef 好かれている<u>上 司</u>
☐ **Ch<u>e</u>·fin** ☐ [シェふィン] ☐	名詞[女性] – / ..fin·nen	(部・課などの)**女性の長(上司)** eine ehrgeizige Chefin 野心的な<u>女 性上司</u>

<u>Bringen</u> Sie mir bitte das Essen aufs Zimmer!
食事は部屋に<u>持ってきて</u>ください.
☞ mit|<u>bringen</u>* (手土産などを携えて)<u>持っていく</u>(くる) / liefern 配達する

Heute Abend esse ich belegte <u>Brote</u> mit Lachs und Avocado.
今晩, 私はサーモンとアボカドを載せた<u>パン</u>を食べます.
☞ das <u>Brötchen</u> プチパン / das Abend<u>brot</u> (ハムなどを載せた)パンの夕食

Wir sind <u>Bruder</u> und Schwester.
私たちは<u>兄妹</u>です.
☞ die Schwester 姉, 妹 / der Neffe 甥(おい) / die Nichte 姪(めい)

Das meistverkaufte <u>Buch</u> der Welt ist die Bibel.
世界で最も多く売れた<u>本</u>は聖書だ.
☞ die <u>Buch</u>handlung 書店 / der Inhalt 内容 / der Titel 題名

Das deutsche Alphabet besteht aus 30 (dreißig) <u>Buchstaben</u>.
ドイツ語のアルファベットは 30 <u>文字</u>から成る.
☞ <u>buchstabieren</u> (単語などの)<u>つづりを言う</u> / das Alphabet アルファベット

Schnell! Unser <u>Bus</u> steht schon an der Haltestelle!
急げ! 僕らの乗る<u>バス</u>がもう停留所に来てるぞ!
☞ die <u>Bus</u>linie バス路線 / die Eisenbahn 鉄道 / das Verkehrsmittel 交通機関

Wie viel Milch benötigt man für 100 g (hundert Gramm) <u>Butter</u>?
100 グラムの<u>バター</u>にどれくらいの牛乳が必要ですか.
☞ das <u>Butter</u>brot <u>バター</u>を塗ったパン / die Margarine マーガリン

Seit Montag ist Benzin um einen <u>Cent</u> teurer.
月曜からガソリンが 1 <u>セント</u>高くなりました.
☞ der Euro ユーロ

Du sollst zum <u>Chef</u> kommen. Er hat schlechte Laune.
<u>上司</u>が呼んでるよ. 機嫌が悪そうだ.
☞ der Küchen<u>chef</u>・die Küchen<u>chefin</u> 料理長 / die Abteilung 部門

Sie ist die <u>Chefin</u> der Personalabteilung.
彼女は<u>人事部長</u>です.
☞ der Direktor・die Direktorin (公的機関・企業などの)長, 校長

☐ **Com·pu·ter**	名詞［男性］	**コンピューター**
☐ ［コンピュータァ］	–s / –	mit dem <u>Computer</u> arbeiten コンピューターで仕事をする
☐		

☐ **da**	副詞	**そこで，そこに**
☐ ［ダー］		hier und <u>da</u> そこここに(ここと<u>そこに</u>)；時折
☐		
☐	接続詞［従属］	**(当然ながら)…なので**
☐		<u>Da</u> es so regnet, ... 雨がこんなに降っている<u>ので</u>…
☐		

☐ **Da·me**	名詞［女性］	**女性，婦人**
☐ ［ダーメ］	– / –n	<u>Damen</u> (トイレの表示で:)<u>女性</u>
☐		

☐ **Dank**	名詞［男性］	**感謝**
☐ ［ダンク］	–[e]s /	Vielen <u>Dank</u>! どうもありがとう(たくさんの<u>感謝</u>を)!
☐		

☐ **dan·ken**	動詞［自動］	**礼を言う，感謝する**
☐ ［ダンケン］		<u>Danke</u> sehr! どうもありがとう(とても<u>感謝します</u>)!
☐		

☐ **dann**	副詞	**それから，そのときに**
☐ ［ダン］		Bis <u>dann</u>! じゃあまたね(<u>そのとき</u>まで)!
☐		

☐ **das**	冠詞	**その…が**
☐ ［ダス］	［定(中性)］	<u>Das</u> Kind lacht. <u>その</u>子ども<u>が</u>笑う.
☐	des, dem, das	
☐	代名詞［指示］	**その…が，それが**
☐	(中性)	<u>Das</u> ist nicht so einfach. <u>それが</u>そんなに簡単じゃないんだ.
☐	des·sen, dem, das	
☐	代名詞［関係］	**…するところの**
☐	(中性)	das Märchen, <u>das</u> ich jetzt lese 私
☐	(上と同じ変化)	が今読ん<u>でいる</u>[ところの]おとぎ話

24

Mein <u>Computer</u> ist abgestürzt. – Das ist eine alte Ausrede!
私の<u>コンピューター</u>がクラッシュして… ― 古い言い訳だね.
☞ *die* Datei ファイル / *die* Tastatur キーボード / *der* Drucker プリンター

<u>Da</u> kommt der Lehrer. Setzt euch jetzt ordentlich hin!
ほら(<u>そこに</u>)先生が来るよ. さあ, みんなちゃんと席に着くんだ!
☞ <u>da</u>her <u>そこから</u> / hier ここに / dort あそこに

<u>Da</u> ich noch etwas zu tun habe, kann ich nicht mitkommen.
私はまだ少しすることがある<u>ので</u>, いっしょには行けません.
☞ denn ... というのも…だから / weil ... …だから

Wer ist die <u>Dame</u> da? – Ihre Tochter.
あそこのご<u>婦人</u>はどなた? ― あなたのお嬢さんですよ.
☞ *der* <u>Dame</u>nsalon (<u>女性用の</u>)美容室 / *der* Herr 紳士, 殿方

Mit bestem <u>Dank</u> zurück!
<u>感謝</u>を込めてお返しします; (侮辱されて:)それはこっちのせりふだ!
☞ <u>dank</u> ...²⁽³⁾ …のおかげで(…に<u>感謝</u>あれ)

Ich <u>danke</u> <u>Ihnen</u> herzlich für Ihre Mühe! – Keine Ursache.
ご尽力に心より<u>お礼申しあげます</u>. ― どういたしまして.
☞ <u>danke</u>! <u>ありがとう</u>! / <u>dank</u>bar <u>感謝している</u> / <u>bedanke</u>n 《sich⁴ ~》<u>感謝する</u>

Wasch dir erst mal die Hände, <u>dann</u> gibt es Kuchen.
まず手を洗っておいで. <u>そしたら(それから)</u>ケーキをあげますよ.
☞ wenn ... …するとき, …ならば

<u>Das</u> Buch habe ich auch gelesen. Es war lesenswert.
<u>その本を</u>私も読みました. 読む価値のある本でした.
☞ <u>das</u>selbe [<u>その</u>]<u>同じ…が</u>

Unser Haus und <u>das</u> unserer Nachbarn sind fast gleich alt.
うちの家とお隣の家(<u>それ</u>)はほぼ同じころに建てられました.
☞ <u>das</u>jenige (強く指示して:)<u>その…が</u>, それが

Das Buch, <u>das</u> du suchst, steht hier hinter den anderen Büchern.
君が探し<u>ている</u>[<u>ところの</u>]本はここのほかの本の後ろ側にあるよ.

☐ **dass** ☐ [ダス] ☐	接続詞[従属]	**…ということ，…して** Ich freue mich, <u>dass</u> du da bist! 私は君が来てくれ<u>て</u>うれしいよ.
☐ **dein** ☐ [ダイン] ☐	冠詞[所有]	**君の** Mein und <u>Dein</u> verwechseln《婉曲》<u>盗み</u>を働く（私のと<u>君の</u>とを混同する）
☐ **denn** ☐ [デン] ☐	副詞	**いったい** Was ist <u>denn</u> los? <u>いったい</u>どうしたの?
☐ ☐ ☐	接続詞[並列]	**[というのも]…だから** Ich gehe, <u>denn</u> es ist spät. もう帰る, 遅い<u>から</u>.
☐ **der** ☐ [デーァ] ☐	冠詞 [定(男性)] des, dem, den	**その…が** <u>Der</u> Mann schnarcht. <u>その男が</u>いびきをかいている.
☐ ☐ ☐	代名詞[指示 (男性)] des·sen, dem, den	**その…が，それが** <u>Der</u> schläft fest. <u>そいつは(それは)</u>ぐっすり眠っている.
☐ ☐ ☐	代名詞[関係 (男性)] (上と同じ変化)	**…するところの** Ein Hund, <u>der</u> bellt, beißt nicht. ほえている[<u>ところの</u>]犬はかまない.
☐ **des·halb** ☐ [デス・ハるプ] ☐	副詞	**だから** Weshalb? – <u>Deshalb</u>! どうして? —どうしても(だってそうなの<u>だから</u>)!
☐ **deutsch** ☐ [ドイチュ] ☐	形容詞	**ドイツ[人]の，ドイツ語の** ein <u>deutsches</u> Kunstlied ある<u>ドイツの</u>歌曲
☐ **Deutsch** ☐ [ドイチュ] ☐	名詞[中性] –[s] /	**ドイツ語** Wie heißt das auf <u>Deutsch</u>? それは<u>ドイツ語</u>で何と言うの?

Wissen Sie, <u>dass</u> hier keine Züge mehr fahren?
ここはもう電車が通っていない<u>ということ</u>をご存じですか.
☞ so<u>dass</u> ... その結果…<u>ということになる</u>

Hast du auch <u>deinen</u> Führerschein bei dir? – Ja, sicher.
[君の]運転免許証をちゃんと持った? ― ああ, もちろん.
☞ mein 私の

Auf dem Mars wohnen? Ist <u>denn</u> so etwas möglich?
火星に住む?<u>いったい</u>そんなことが可能なのか?

Er kommt heute nicht zur Uni (Universität), <u>denn</u> er hat Fieber.
彼はきょうは大学に来ませんよ. 熱があります<u>から</u>ね.
☞ da ... (当然ながら)…なので / weil ... …だから

<u>Der</u> Student ist durchgefallen. Ihm fehlten noch vier Punkte.
<u>その</u>学生は不合格になった. あと 4 点, 足りなかった.
☞ <u>derselbe [その]</u>同じ…が

Er geht mit seinem Freund und <u>dessen</u> Freundin zum Vortrag.
彼は友達とその<u>(それの)</u>ガールフレンドと講演を聞きに行く.
☞ <u>der</u>jenige (強く指示して:)<u>その…が</u>, それが

Wer war der erste Deutsche*, <u>der</u> den Nobelpreis erhielt?
ノーベル賞を受賞<u>した[ところの]</u>最初のドイツ人は誰でしたか?
* Wilhelm C. Röntgen für Physik und Emil von Behring für Medizin 1901

Er hat Fieber, <u>deshalb</u> kommt er heute nicht zur Uni (Universität).
彼は熱があります. <u>だから</u>きょうは大学に来ません.
☞ deswegen だから / weil ... …だから

Wir reden <u>deutsch</u> miteinander, wenn niemand uns verstehen soll.
誰にも話を聞かれたくないときは, 互いに<u>ドイツ語</u>で話します.
☞ der・die <u>Deutsche</u> ドイツ人 / das <u>Deutsch</u> ドイツ語 / die Nationalität 国籍

Auf der Welt sprechen rund 130* Millionen Menschen <u>Deutsch</u>.
世界でおよそ 1 億 3000 万人の人が<u>ドイツ語</u>を話しています.
* hundertdreißig

☐ **Deutsch·land** ☐ ［ドイチュ・ ☐ らント］	名詞［中性］ –s /	ドイツ die Bundesrepublik Deutschland ドイツ連邦共和国
☐ **De·zẹm·ber** ☐ ［デツェンバァ］ ☐	名詞［男性］ –[s] / –	**12 月** der erste Schnee im Dezember 12 月の初雪
☐ **die**[1] ☐ ［ディー］ ☐	冠詞 ［定（女性）］ der, der, die	**その…が** Die Frau singt. その女性が歌う.
☐ ☐ ☐	代名詞［指示］ （女性）］ de·ren, der, die	**その…が，それが** Die singt schön. その女性は（それ は）上手に歌う.
☐ ☐ ☐	代名詞［関係］ （女性）］ （上と同じ変化）	**…するところの** Das ist die CD, die ich suche! それ が私が探してる［ところの］CD だよ!
☐ **die**[2] ☐ ［ディー］ ☐	冠詞 ［定（複数）］ der, den, die	**それらの…が** Die Leute helfen uns. それらの人 たちが私たちを手伝ってくれる.
☐ ☐ ☐	代名詞［指示］ （複数）］ de·ren, de·nen, die	**それらの…が，それらが** Die sind sehr nett. それらの人たち は（それらは）とても親切だ.
☐ ☐ ☐	代名詞［関係］ （複数）］ （上と同じ変化）	**…するところの** Berge, die eruptieren, heißen Vul- kane. 噴火する山を火山という.
☐ **Diens·tag** ☐ ［ディーンス・ ☐ ターク］	名詞［男性］ –[e]s / ..ta·ge	**火曜** nächsten Dienstag 今度の火曜に
☐ **die·ser** ☐ ［ディーザァ］ ☐	代名詞［指示］ （定冠詞と同類 の変化）	**この，これらの** dieses Jahr 今年（この年）

Ab nächstem Monat studiert meine Tochter in <u>Deutschland</u>.
来月から私の娘は<u>ドイツ</u>の大学で勉強します.
☞ *die* <u>Deutschland</u>reise ドイツ旅行 / (*das*) Süd<u>deutschland</u> 南ドイツ

Am 6. (sechsten) <u>Dezember</u> feiern wir den Nikolaustag.
<u>12 月</u>6 日に私たちは聖ニコラウス祭を祝います.
☞ *die* <u>Dezember</u>kälte <u>12 月</u>の寒さ / *der* Januar 1 月

<u>Die</u> Frau hat ihren Doktor in Naturwissenschaften gemacht.
<u>その</u>女性は理学の博士号を取得した.
☞ <u>die</u>selbe [<u>その</u>]同じ…が

Sowohl ihre Leistung als auch <u>die</u> ihres Mannes war enorm.
彼女の業績と彼女の夫の業績(<u>それ</u>)はどちらも並外れていた.
☞ <u>die</u>jenige (強く指示して:)<u>その</u>…が, それが

Wie hieß die Frau*, <u>die</u> zweimal den Nobelpreis erhielt?
ノーベル賞を 2 度受賞<u>した</u>[<u>ところの</u>]女性は何ていったっけ?
* Marie Curie für Physik 1903, für Chemie 1911

<u>Die</u> Studenten sind neugierig und motiviert zu lernen.
(<u>それらの</u>)学生たちは好奇心旺盛で, 学ぶ意欲があります.
☞ <u>die</u>selben [<u>それらの</u>]同じ…が

Ich habe dreißig Studenten betreut und <u>die</u> waren alle sehr gut.
30 人の学生を担当したが, それらの学生(<u>それら</u>)は皆優秀だった.
☞ <u>die</u>jenigen (強く指示して:)<u>それらの</u>…が, それらが

Doch es gibt auch Studenten, <u>die</u> im Unterricht schlafen.
でも授業中に寝<u>ている</u>[<u>ところの</u>]学生もいます.

<u>Am Dienstag</u> hatte ich keinen Dienst.
<u>火曜[に</u>]は勤務がなかった.
☞ <u>dienstags</u> (反復的に:)<u>火曜に</u> / *der* <u>Dienstag</u>morgen 火曜の朝

Verwende <u>diese</u> Druckbleistifte für technische Zeichnungen!
製図には<u>この</u>シャープペンシルを使え.
☞ jener あの / welcher どの

29

☐ **doch** ☐ [ドッホ] ☐ ☐	副詞	《否定を打ち消す》そんなことはない，やはり，…ではないか Also <u>doch</u>! ほら<u>やっぱり</u>!
☐ ☐	接続詞[並列]	…が，しかし klein, <u>doch</u> schön 小さい<u>が</u>, 美しい
☐ **Don·ners·tag** ☐ [ドンナァス・ ☐ ターク]	名詞[男性] –[e]s / ..ta·ge	**木曜** Gestern war <u>Donnerstag</u>. きのうは <u>木曜</u>だった.
☐ **Dorf** ☐ [ドルふ] ☐	名詞[中性] –[e]s / Dör·fer	**村** auf dem <u>Dorf</u> wohnen <u>村</u>に住んでいる
☐ **dort** ☐ [ドルト] ☐	副詞	**あそこで，あそこに** <u>dort</u> drüben 向こうの<u>あそこに</u>
☐ **drau·ßen** ☐ [ドラオセン] ☐	副詞	**外で** <u>draußen</u> spielen <u>外</u>で遊ぶ
☐ **drei** ☐ [ドライ] ☐	数詞[基数]	**3，3つ(3人)の** „Die <u>drei</u> kleinen Schweinchen" 『<u>3</u> 匹の子豚』(英国の民間伝承)
☐ **drei·ßig** ☐ [ドライ・スィヒ] ☐	数詞[基数]	**30，30[人]の** um 8.<u>30</u> Uhr (acht Uhr <u>dreißig</u>) 8 時 <u>30</u> 分に
☐ **drei·zehn** ☐ [ドライ・ ☐ ツェーン]	数詞[基数]	**13，13[人]の** eine Treppe mit <u>13</u> (dreizehn) Stu- fen <u>13</u> 段の階段
☐ **drei·zehnt** ☐ [ドライ・ ☐ ツェーント]	数詞[序数]	**第 13 の，13 番目の** am Freitag, den <u>13.</u> (Dreizehnten) <u>13</u> 日(<u>13 番目の日</u>)の金曜日に

Isst du nicht? – <u>Doch</u>! Mir ist die Suppe nur zu heiß.
食べないの? — <u>そんなことないよ</u>! スープが僕には熱すぎるだけ.

Hallo! Das ist <u>doch</u> mein Schirm! – O, pardon!
もしもし! それ, 私の傘<u>じゃないですか</u>! — おや, これは失敬!

Ich habe lange auf sie eingeredet. <u>Doch</u> ihr Entschluss stand fest.
私は彼女に長々と言い聞かせた. <u>しかし</u>彼女の決心は不動だった.

<u>Am</u> <u>Donnerstag</u> hat es gedonnert.
<u>木曜[に]</u>は雷が鳴った.

✎ <u>donnerstags</u> (反復的に:)<u>木曜に</u> / *der* <u>Donnerstag</u>abend 木曜の晩

Du bist wohl vom <u>Dorf</u>?
(やぼったい人に対して:)君は田舎(<u>村</u>)の出らしいね.

✎ *das* Bauern<u>dorf</u> 農村 / *die* Ortschaft 集落 / *die* Stadt 町, 都市

Sehen Sie die Kirche <u>dort</u>? – Wo denn?
<u>あそこ</u>の教会が見えますか? — どこにですか?

✎ <u>dort</u>her あそこから / <u>dort</u>hin あそこへ / drüben 向こうで / hier ここに

Schönes Wetter! Essen wir heute <u>draußen</u>!
いいお天気. きょうは<u>外</u>で食べましょう.

✎ drinnen 中で

Aller guten Dinge sind <u>drei</u>.
《<ruby>諺<rt>ことわざ</rt></ruby>》<u>3</u>度目の正直; よいことは<u>3</u>度続く.

✎ *das* <u>Drei</u>eck 三角形 / *das* <u>Drei</u>rad 三輪車

April, Juni, September und November haben 30 (<u>dreißig</u>) Tage.
4月, 6月, 9月, 11月は<u>30</u>日の月です.

✎ <u>dreißig</u>st 第30の, 30番目の

Die 13 (<u>Dreizehn</u>) ist für mich eine Glückszahl.
<u>13</u>は私にとっては幸運の数字だ.

✎ <u>dreizehn</u>jährig 13年間(13歳)の

Das Hotel hat keinen 13. (<u>dreizehn</u>ten) Stock.
そのホテルに<u>13</u>[番目の]階はありません.

31

☐ **dritt** ☐ [ドリット] ☐	数詞[序数]	第 3 の，3 番目の „Der dritte Mann" 『第 3 の男』(英国 の映画監督，C. Reed の作品)
☐ **drü·cken** ☐ [ドリュッケン] ☐	動詞[他動]	押す，押しつける einen Stempel auf das Papier drü- cken 書類にはんこを押す
☐ ☐ ☐	動詞[自動]	《auf ...⁴ ～》…を押す Drücken (ドアの表示で:)押す
☐ **du** ☐ [ドゥー] ☐	代名詞[人称] dir³, dich⁴	君が eine Person mit du an|reden 人に「君」 (2 人称親称)で話しかける
☐ **dun·kel** ☐ [ドゥンケる] ☐	形容詞	暗い，黒みがかった ein dunkles Zimmer 暗い部屋
☐ **durch** ☐ [ドゥルヒ] ☐	前置詞[4 格 支配]	…を通り抜けて，…中(じゅう)を， …によって durch den Wald 森を通り抜けて
☐ **dür·fen*** ☐ [デュルふェン] ☐	助動詞[話法] darf, –st, – ▷ durf·te, dür·fen	…してよい，《否定で》…してはいけない sitzen dürfen 座っていてよい
☐ **Durst** ☐ [ドゥルスト] ☐	名詞[男性] –[e]s /	のどの渇き Durst haben* のどが渇いている(の どの渇きを覚える)
☐ **Du·sche** ☐ [ドゥーシェ] ☐	名詞[女性] – / –n	シャワー unter die Dusche gehen* シャワー を浴びる(シャワーの下へ行く)
☐ **Ei** ☐ [アイ] ☐	名詞[中性] –[e]s / Ei·er	卵 das Ei des Kolumbus コロンブスの 卵

Das Kindergeld beträgt für das dritte Kind 210* Euro im Monat.
子ども手当は 3 番目の子どもについては月に 210 ユーロです.
* zweihundertzehn（2020 年現在. 2023 年からは一律に 1 人 250 ユーロ）

Sie nahm seine Hand und drückte sie an ihre Brust.
彼女は彼の手を取り，わが胸に押しつけた. （A. Lafontaine の小説より）
☞ aus|drücken 表現する（言葉にして押し出す）/ der Eindruck 印象（型押し）

Drücken Sie bitte an der Haustür auf meine Klingel!
建物の戸口でうちのチャイムのボタンを押してください.
☞ der Druck 圧力（押す力）/ ziehen* 引く

Na, erinnerst du dich noch an mich?
さて，君はまだ僕のことを覚えてるかな?
☞ ich 私が

Im Wald war es schon dunkel. Da sah ich ganz hinten ein Licht.
森の中はもう暗くなっていた. するとずっと向こうに光が見えた.
☞ düster 薄暗い / finster 真っ暗な / hell 明るい

Durch zwei Atombomben starben über 210 000* Menschen.
2 発の原爆によって 21 万人以上の人が命を落とした.
* zweihundertzehntausend

Nach 22 (zweiundzwanzig) Uhr dürfen Sie nicht baden.
22 時以降に入浴してはいけません.
☞ müssen* …しなければならない

Alkohol löscht den Durst nicht.
アルコールではのどの渇きは消えない.
☞ durstig のどの渇いた / der Wissensdurst 知への渇望 / der Hunger 空腹

Eine kalte Dusche am Morgen macht mich richtig wach.
朝の冷たいシャワーですっきり目が覚める.
☞ duschen シャワーする / das Bad 風呂

Wie lange soll ich die Eier kochen? – Fünf Minuten, bitte!
卵はどれくらいゆでればいい? — 5 分お願い.
☞ das Eigelb 卵黄 / das Eiweiß 卵白 / das Spiegelei 目玉焼き（手鏡の形の卵）

33

☐ **ein** ☐ ［アイン］ ☐	冠詞［不定］	**ある，…というもの** eines Tages ある日
☐ ☐ ☐	数詞	**1つ(1人)の** eine Stunde 1時間
☐ **ein·fach** ☐ ［アイン・ ☐ ふアッハ］	形容詞	**簡単な，片道の** ein einfaches Rätsel 簡単ななぞなぞ
☐ **Ein·gang** ☐ ［アイン・ガング］ ☐	名詞［男性］ –[e]s / ..gän·ge	**入口** Eingang freihalten! 入口につき駐車禁止(入口をふさがないこと)!
☐ **ein|kau·fen** ☐ ［アイン・ ☐ カオふェン］	動詞［他動］	**(日用品を)買う** Lebensmittel ein|kaufen 食料品を買う
☐ ☐ ☐	動詞［自動］	**買い物をする** einkaufen gehen* 買い物をしに行く
☐ **ein|la·den*** ☐ ［アイン・ ☐ らーデン］	動詞［他動］ lädst, lädt ▷ lud, ge·la·den	**招待する** Freunde ein|laden 友人たちを招待する
☐ **ein·mal** ☐ ［アイン・マーる］ ☐	副詞	**一度，かつて，いつか** einmal im Jahr 1年に1度
☐ **eins**[1] ☐ ［アインス］ ☐	数詞［基数］	**1** die Empfehlung Nummer eins イチオシ(1番のお勧め)
☐ **eins**[2] ☐ ［アインス］ ☐ (別形: **ei·nes**)	代名詞［不定］	**1つのこと(もの)** Noch eins bitte! もう1つください!

34

Ein Kind will spielen. – Erwachsene auch.
子ども<u>というもの</u>は遊びたがるものだ. ― 大人だって同じよ.
☞ irgend<u>ein</u> 誰か(何か)<u>ある</u>…

Mutti, wie kann ich mit nur <u>einem</u> Ess-Stäbchen essen?
母さん, 箸(^{はし})<u>1 本</u>でどうやって食べたらいいのさ?
☞ <u>einer</u> 1 人が / <u>einzeln</u> 個々の / die <u>Ein</u>bahnstraße <u>一方</u>通行道路

<u>Einfach</u>? – Hin und zurück, bitte.
<u>片道</u>ですか? ― 往復でお願いします.
☞ <u>vereinfachen</u> 簡単にする / kompliziert 複雑な / schwierig 難しい

Ist hier der <u>Eingang</u>? – Nein, hier ist der Ausgang.
ここは<u>入口</u>ですか. ― いいえ, ここは出口です.
☞ die <u>Ein</u>fahrt [車用]入口 / das Tor 門 / der Flur 廊下 / der Ausgang 出口

Ich schreibe mir immer auf, was ich <u>einkaufen</u> soll.
私はいつも何を<u>買っ</u>たらいいかメモします.
☞ der <u>Einkauf</u> 購入[<u>品</u>] / die <u>Einkauf</u>stasche 買い物袋

Fast jeden Tag <u>kaufe</u> ich im Supermarkt <u>ein</u>.
ほとんど毎日, 私はスーパーで<u>買い物</u>をします.
☞ das <u>Einkauf</u>szentrum (大規模の)<u>ショッピングセンター</u>

Morgen bin ich bei einem Freund <u>eingeladen</u>.
あすは友人の所に<u>招待されて</u>います.
☞ die <u>Einladung</u> 招待

Madonna war <u>einmal</u> mit einem Filmstar verheiratet.
マドンナは<u>かつて</u>映画スターと結婚していました.
☞ <u>einmalig</u> 1 度限りの

Aus <u>Eins</u> mach' Zehn.
<u>1</u> をもって 10 となせ. (J. W. v. Goethe 作, „Faust I" 『ファウスト 第 1 部』より)
☞ das <u>Einmaleins</u> 九九(1 掛 <u>1</u>)

<u>Eins</u> ist sicher: Nichts ist sicher.
<u>1 つ</u>確実なことがある : 確実なことはないということだ.

☐ **ein|stei·gen***	動詞[自動]	乗車(乗船)する，乗る	
☐ [アイン・	▷ stieg,	Bitte hinten einsteigen! 後ろのド	
☐ シュタイゲン]	ge·stie·gen	アから乗車してください．	

☐ **elf**	数詞[基数]	**11，11[人]の**
☐ [エるふ]		um elf Uhr ins Bett gehen* 11 時に
☐		寝る

☐ **elft**	数詞[序数]	**第 11 の，11 番目の**
☐ [エるふト]		die elfte Olympiade Berlin 第 11 回
☐		ベルリン・オリンピック

☐ **El·tern**	名詞[複数]	**両親**
☐ [エるタァン]		nette Eltern 優しい両親
☐		

☐ **E-Mail**	名詞[女性]	**e メール**
☐ [イー・メーる]	– / –s	als Anhang einer E-Mail e メールの
☐		添付書類として

☐ **En·de**	名詞[中性]	**終わり，《副詞的に》終わりに**
☐ [エンデ]	–s / –n	von Anfang bis Ende 始めから終わ
☐		りまで

☐ **ent·schul·di·gen**	動詞[他動]	**許す**
☐ [エント		einen Fehler entschuldigen 間違い
☐ シュるディゲン]		を許す

☐ **er**	代名詞[人称]	**彼が**
☐ [エーァ]	ihm³, ihn⁴	„Er und Sie" 『彼と彼女』(R. Schumann
☐		作曲)

☐ **Er·de**	名詞[女性]	**土，大地，地球**
☐ [エーァデ]	– / –n	auf der Erde sitzen* 地面(土の上)に
☐		座っている

☐ **er·klä·ren**	動詞[他動]	**説明する，宣言する**
☐ [エァクれーレン]		den Mechanismus erklären メカニ
☐		ズムを説明する

36

Steig ein! Der Zug fährt gleich ab!
乗れよ. 電車はすぐ出るぞ.
☞ aus|steigen* 降りる / um|steigen* 乗り換える

Eine Fußballmannschaft besteht aus elf Spielern.
サッカーチームは 11 人のプレーヤーから成る
☞ elfmal 11 回 / der Elfmeter ペナルティーキック（11 メートル）

Der 11. (elfte) September ist ein Tag des Gedenkens.
9 月 11 日（11 番目の日）は追悼の日である.

Seit ich studiere, wohne ich nicht mehr bei meinen Eltern.
大学に入ってから, 私はもう親元（両親の所）には住んでいません.
☞ die Elternzeit 育児休暇（両親としての期間） / die Großeltern《複数》祖父母

Ich schicke dir eine E-Mail, wenn ich da bin.
着いたら君に e メールを送るよ.
☞ e-mailen メールする

In Deutschland heizt man oft schon Ende August.
ドイツでは 8 月の終わりにはもう暖房を入れることがよくある.
☞ enden 終わる / endlich やっと / endgültig 最終的な / der Anfang 初め

Entschuldigen Sie, kann ich Sie kurz sprechen?
すみません（許してください）, ちょっと話せますか.
☞ die Entschuldigung 許し / die Schuld 罪 / verzeihen* （非礼などを）許す

Sie gibt ihm einen Kuss auf die Wange.
彼女は彼の頬（ほほ）に口づけをする（彼に頬の上に口づけを与える）.
☞ sie 彼女 / es それ

Die Erde dreht sich⁴ um die Sonne und der Mond um die Erde.
地球は太陽の周りを回り, 月は地球の周りを回っている.
☞ der Mond 月 / die Sonne 太陽 / der Himmel 空, 天国

Erklären Sie mir bitte, wie man das macht!
それをどうやるのか説明してください.
☞ die Erklärung 説明 / erläutern 詳説する / bestätigen （正しいことを）請け合う

☐ **er·lau·ben** ☐ [エァ**ら**オベン] ☐	動詞[他動]	**許可する，許す** den Kindern alles erlauben 子ども たちに何でも好きにさせる(許す)
☐ **ers·t..** ☐ [**エ**ーァスト..] ☐	数詞[序数]	**第 1 の，最初の** in der ersten Reihe 第 1 列目に
☐ **Er·wạch·se·ner** ☐ [エァ ☐ **ヴァ**クセナァ]	名詞[男性] (形容詞と同じ 変化)	**大人[の男性]，成人男性** ein Junge und ein Erwachsener 男 の子 1 人と大人の男性 1 人
☐ **Er·wạch·se·ne** ☐ [エァ**ヴァ**クセネ] ☐	名詞[女性] (形容詞と同じ 変化)	**大人[の女性]，成人女性** ein Mädchen und eine Erwachsene 女の子 1 人と大人の女性 1 人
☐ **er·zäh·len** ☐ [エァ**ツェ**ーれン] ☐	動詞[他動]	**話して聞かせる** Kindern Märchen erzählen 子ども たちにおとぎ話を話して聞かせる
☐ **ẹs** ☐ [**エ**ス] ☐	代名詞[人称] ihm³, es⁴	**それが** Es ist kalt. 寒い.（自然現象などを表 す場合の形式的な主語としても用いる）
☐ **ẹs·sen*** ☐ [**エ**ッセン] ☐	動詞[他動] isst, – ▷ aß, ge·gẹs·sen	**食べる** viel essen たくさん食べる
☐ ☐ ☐	動詞[自動] (上と同じ変化)	**食事をとる** zu Mittag essen 昼食を(昼に食事を) とる
☐ **ẹt·was** ☐ [**エ**トヴァス] ☐	代名詞[不定]	**何か[あるもの・あること]，少し** etwas zu trinken 何か飲むもの
☐ **eu·er** ☐ [**オ**イァァ] ☐	冠詞[所有]	**君たちの** Liebe Grüße, *Euer Leo*（手紙の結語:） 親愛なる挨拶を, 君たちのレオ

<u>Erlauben</u> Sie mir noch eine kurze Frage?
もう1つ短い質問をお許しいただけますか.
☞ *die* <u>Erlaubnis</u> 許可 / *die* Zulassung 入場許可 / <u>verbieten</u>* 禁止する

Das <u>erste</u> Düsenflugzeug der Welt wurde in Deutschland gebaut.
世界で最初のジェット機はドイツで作られた.
☞ <u>erstens</u> 第1に / <u>zuerst</u> 最初に / letzt.. 最後の

Ihr achtjähriger Sohn redet wie ein <u>Erwachsener</u>.
彼女の8歳の息子は大人みたいな口を利く.
☞ <u>wachsen</u>* 成長する / *das* Kind 子ども

Seine achtjährige Tochter verhält sich⁴ wie eine <u>Erwachsene</u>.
彼の8歳の娘は大人のようにふるまう.

Er <u>erzählt</u> den Studenten viel <u>von</u> seiner Arbeit.
彼は学生たちによく自分の研究の話をする.
☞ *die* <u>Erzählung</u> 話, 物語

Das Kind lächelte, als ich <u>ihm</u> einen Origami-Kranich gab.
その子に(それに)折り紙の鶴を渡すと, その子はにっこりした.
☞ er 彼 / sie 彼女

Nach christlichem Brauch <u>isst</u> er freitags immer Fisch.
キリスト教の慣習に従って彼は金曜はいつも魚を食べる.
☞ *das* <u>Essen</u> 食事 / *das* Gericht 料理 / *die* Portion 一人前 / trinken* 飲む

Meistens <u>esse</u> ich um halb acht <u>zu</u> <u>Abend</u>.
たいてい私は7時半に夕食をとります.
☞ *das* <u>Ess</u>zimmer ダイニングルーム(食堂) / fressen* (動物が)食う

Die Studentin aus Japan spricht <u>etwas</u> Deutsch.
あの日本から来た女子学生はドイツ語を少し話します.
☞ irgend<u>etwas</u> (任意の)何か / bisschen《ein 〜》ほんの少し / nichts 何も…ない

<u>Eure</u> Eltern kenne ich sehr gut. – Ach du meine Güte!
君たちのご両親のことはよく知ってますよ.—ありゃありゃ!
☞ unser 私たちの

☐ **Eu·ro** ☐ [オイロ] ☐	名詞[男性] –[s] / –[s] (単位: –)	**ユーロ**(100 セント)(略: EUR, €) zehn Briefmarken zu einem <u>Euro</u> 1 <u>ユーロ</u>の切手 10 枚
☐ **Eu·ro·pa** ☐ [オイローパ] ☐	名詞[中性] –s /	**ヨーロッパ** <u>Europa</u> und Asien <u>ヨーロッパ</u>とアジア
☐ **fah·ren*** ☐ [ふアーレン] ☐	動詞[自動] a→ä ▷ fuhr, ge·fah·ren	(乗り物に乗って)**行く, 走る** mit der Bahn <u>fahren</u> 鉄道で<u>行く</u>
☐ ☐ ☐	動詞[他動] (上と同じ変化)	**運転する** einen Lkw (Lastkraftwagen) <u>fahren</u> トラックを<u>運転</u>する
☐ **Fahr·kar·te** ☐ [ふアール・ ☐ カルテ]	名詞[女性] – / –n	**乗車券, 切符** die <u>Fahrkarte</u> entwerten <u>切符</u>を(自動 改札機で自分で)改札する
☐ **Fahr·rad** ☐ [ふアール・ ☐ ラート]	名詞[中性] –[e]s / ..rä·der	**自転車** vom <u>Fahrrad</u> stürzen <u>自転車</u>で転ぶ
☐ **falsch** ☐ [ふアるシュ] ☐	形容詞	**まちがった, 偽の** <u>Falsch</u> verbunden! (電話で:)番号が 違います(<u>まちがって</u>つながっている)!
☐ **Fa·mi·lie** ☐ [ふアミーりエ] ☐	名詞[女性] – / –n	**家族, 家庭** eine <u>Familie</u> mit drei Kindern 子ど もが 3 人いる<u>家族</u>
☐ **Fa·mi·lien·na-** **me** [ふアミーり ☐ エン・ナーメ]	名詞[男性] –ns / –n	**姓, 名字** ein häufiger <u>Familienname</u> よくある <u>姓</u>
☐ **Far·be** ☐ [ふアルベ] ☐	名詞[女性] – / –n	**色** verschiedene <u>Farben</u> いろいろな<u>色</u>

Ein Monatsgehalt bei Vollzeit beträgt im Schnitt 4100* Euro.
フルタイムの場合, 月給は平均 4100 ユーロです.

* viertausendeinhundert

Gehört Zypern zu Europa? – Es ist ein Mitglied der EU.
キプロスはヨーロッパに入りますか. — EU 加盟国ではあります.

☞ *der* Europäer・*die* Europäerin ヨーロッパ人 / europäisch ヨーロッパの

Nächsten Samstag fährt er mit seiner Frau in die Schweiz.
今度の土曜に彼は奥さんとスイスに(乗り物に乗って)行きます.

☞ *die* Fahrt (乗り物での)走行, 旅行 / *der* Fahrstuhl エレベーター(走るいす)

Darf ich mal dein neues Auto fahren? – Nein.
ちょっと君の新しい車を運転してもいい? — いやだ.

☞ *der* Fahrer・*die* Fahrerin ドライバー(運転手) / *der* Fahrplan (運行の)時刻表

Fahrkarten bekommen Sie an den Automaten dort.
乗車券はあそこの券売機(自販機)で買えます.

☞ *die* Rückfahrkarte 往復乗車券 / *das* Ticket 乗車券, 航空券

Im Sommer fahre ich viel Fahrrad. Ich gehe auch auf Touren.
夏はよく自転車に乗ります. ツアーにも行きます.

☞ *das* Pedal ペダル / *der* Lenker ハンドル / *die* Bremse ブレーキ

Verstehen Sie mich bitte nicht falsch!
私のことを誤解しないで(まちがって理解しないで)くださいね.

☞ *das* Falschgeld 偽金 / richtig 正しい / echt 本物の

Ich verbringe mit meiner Familie drei Wochen am Bodensee.
私は家族といっしょに 3 週間をボーデン湖畔で過ごします.

☞ *die* Großfamilie 大家族 / *die* Kernfamilie 核家族 / *der*・*die* Verwandte 親戚

Wie heißt du mit Familiennamen, Carl? – Zeiss.
カール君, 君は名字[で]は何ていうの? — ツァイスだ.

☞ *der* Vorname 名, ファーストネーム

Die deutsche Fahne hat drei Farben: Schwarz, Rot und Gold.
ドイツの国旗は黒・赤・金の 3 色です.

☞ farbig カラーの / *die* Augenfarbe 目の色 / bunt 色とりどりの

□ **Feb·ru·ar**	名詞[男性]	**2月**
□ [ふエーブル	–[s] / ..a·re	Mitte <u>Februar</u> <u>2月</u>中ごろに
□ アール]		

□ **feh·len**	動詞[自動]	**欠席している，欠けている**
□ [ふエーれン]		unentschuldigt <u>fehlen</u> 無断<u>欠席</u>する
□		

□ **Feh·ler**	名詞[男性]	**誤り，ミス，欠点**
□ [ふエーらァ]	–s / –	<u>Fehler</u> korrigieren <u>誤り</u>を訂正する
□		

□ **Fens·ter**	名詞[中性]	**窓**
□ [ふエンスタァ]	–s / –	das <u>Fenster</u> schließen* <u>窓</u>を閉める
□		

□ **Fe·ri·en**	名詞[複数]	(学校の)**休暇**
□ [ふエーリエン]		in die <u>Ferien</u> fahren* <u>休暇</u>に出かける
□		る

□ **fer·tig**	形容詞	**用意のできた，出来上がった**
□ [ふエルティヒ]		Achtung, <u>fertig</u>, los! 位置について
□		(注意せよ)，<u>用意[して]</u>，スタート!

□ **Feu·er**	名詞[中性]	**火，火事**
□ [ふオイアァ]	–s / –	Wo Rauch ist, ist auch <u>Feuer</u>. 《ことわざ》
□		<u>火</u>のないところに煙は立たぬ.

□ **Film**	名詞[男性]	**映画，フィルム**
□ [ふィるム]	–[e]s / Fil·me	sich³ einen <u>Film</u> an|sehen* <u>映画</u>を見
□		る

□ **fin·den***	動詞[他動]	**見つける，**(…を…と)**思う**
□ [ふィンデン]	▷ fand,	einen Ehepartner <u>finden*</u> 結婚相手
□	ge·fun·den	<u>を見つける</u>

□ **Fir·ma**	名詞[女性]	**会社，…社**
□ [ふィルマ]	– / Fir·men	eine <u>Firma</u> gründen <u>会社</u>を設立する
□		

Im Februar bekomme ich weniger Lohn.
2 月[中]は私は稼ぎが少ない.
☜ die Februarrevolution 2 月革命(1848 年, フランス) / der März 3 月

Er wird die Prüfung nicht bestehen. Ihm fehlt der Fleiß.
彼は試験に受からないだろう. 彼には勤勉さが欠けているからね.
☜ der Fehler 欠点(欠けている点) / abwesend 欠席の / fort 消え去って

Jeder hat seine Fehler und Tugenden.
誰にも欠点と美点とがある.
☜ der Tippfehler タイプミス / verwechseln 混同する / korrigieren 訂正する

Aus dem Fenster der Unterkunft kann man eine Burg sehen.
宿の窓からお城が見えます.
☜ die Fensterscheibe 窓ガラス / das Schaufenster ショーウインドー

Vom 3. (dritten) August bis 2. (zweiten) Oktober sind Ferien.
8 月 3 日から 10 月 2 日まで大学は休み(休暇)です.
☜ die Semesterferien (大学の)学期末休暇 / der Urlaub (有職者の)休暇

Ist das Essen schon fertig? Ich habe großen Hunger.
食事はもう出来てるの? 僕は腹ぺこだよ.
☜ fertig|machen 仕上げる(出来上がった状態にする) / erledigen 済ませる

Das Feuer konnte nach drei Stunden endlich gelöscht werden.
この火事は 3 時間後にようやく消し止められた.
☜ die Feuerwehr 消防(火事を阻止する)隊 / die Flamme 炎 / der Rauch 煙

Der Film läuft jetzt im Central in Mitte.
その映画は今, ミッテ区のツェントラール館で上映されています.
☜ der Spielfilm 劇映画 / das Kino 映画館 / das Video ビデオ

Die neue Kollegin finde ich sehr nett. – So?
新しい(女性の)同僚を僕はとても感じがいいと思うな. ─ へえ?
☜ suchen 探す / entdecken 発見する / verlieren* 失う, 見失う

Er arbeitet bei Bayer, einer deutschen Firma.
彼はバイエルに勤めているんだ. バイエルっていうドイツの会社.
☜ die Baufirma 建設会社 / der Betrieb 企業 / die Fabrik 工場 / das Lager 倉庫

□ **Fisch**	名詞[男性]	**魚**
□ [ふィッシュ]	–[e]s / Fi·sche	Fische fangen* <u>魚</u>を獲る
□		

□ **Fla·sche**	名詞[女性]	**瓶**(び ん)
□ [ふらッシェ]	– / –n	eine Flasche Cola コーラ 1 本(1 <u>瓶</u>)
□		

□ **Fleisch**	名詞[中性]	**肉**
□ [ふらイシュ]	–[e]s /	Fleisch braten* <u>肉</u>を焼く
□		

□ **flei·ßig**	形容詞	**勤勉な**
□ [ふらイスィヒ]		fleißig arbeiten <u>勤勉</u>に働く
□		

□ **flie·gen***	動詞[自動]	**飛ぶ**, (飛行機に乗って)**行く**
□ [ふりーゲン]	▷ flog,	über den Atlantik fliegen 大西洋横
□	ge·flo·gen	断飛行をする(大西洋を<u>飛び</u>越える)

□ **Flug·ha·fen**	名詞[男性]	**空港**
□ [ふるーク・	–s / ..hä·fen	ein internationaler Flughafen 国際
□ ハーふェン]		<u>空港</u>

□ **Flug·zeug**	名詞[中性]	**飛行機**
□ [ふるーク・	–[e]s / ..zeu·ge	mit dem Flugzeug fliegen* <u>飛行機</u>
□ ツォイク]		で飛ぶ

□ **Fluss**	名詞[男性]	**川**
□ [ふるス]	Flus·ses /	den Fluss abwärts <u>川</u>を下って
□	Flüs·se	

□ **Fo·to**	名詞[中性]	**写真**
□ [ふォートー]	–s / –s	ein Foto machen <u>写真</u>を 1 枚撮る
□		

□ **Fra·ge**	名詞[女性]	**質問**, **問題**
□ [ふラーゲ]	– / –n	dem Lehrer eine Frage stellen 先生
□		に<u>質問</u>をする

Ich mag keinen <u>Fisch</u>. Ich hasse Gräten.
私は<u>魚</u>が好きじゃない. 小骨が嫌なんだ.
☜ *die* <u>Fisch</u>erei 漁業 / *das* <u>Fisch</u>gericht 魚料理 / *der* Gold<u>fisch</u> 金魚

<u>Flaschen</u> werden nach Farben getrennt.
<u>瓶</u>は色で分別される.
☜ *der* <u>Flaschen</u>öffner (瓶の)栓抜き / *die* Dose 缶

Was für <u>Fleisch</u> isst du gerne? – Ich esse kein <u>Fleisch</u>.
君は何の<u>肉</u>が好き? — 私は<u>肉</u>は食べません.
☜ *die* <u>Fleisch</u>erei 肉屋 / *das* Hack<u>fleisch</u> ひき肉 / fett 脂っこい

Die Arbeitsbienen sind immer <u>fleißig</u>.
働きバチたちはいつも<u>勤勉</u>だよ.
☜ *der* <u>Fleiß</u> 勤勉 / aktiv 積極的な / faul 怠惰な, 怠け者の

Wann <u>fliegen</u> Sie nach Deutschland? – Am Freitag.
ドイツへはいつ(飛行機で)<u>行きますか</u>. — 金曜です.
☜ *der* <u>Flug</u> フライト / ab|<u>fliegen</u>* 離陸する(飛び立つ) / landen 着陸する

Vom <u>Flughafen</u> kann man mit der Bahn in die Stadt fahren.
<u>空港</u>からは鉄道で市内まで行けます.
☜ *der* Abflug 出発 / *die* Ankunft 到着 / ein|checken チェックインする

Im <u>Flugzeug</u> kann ich nicht schlafen.
<u>飛行機</u>の中では私は眠れません.
☜ *das* Passagier<u>flugzeug</u> 旅客機 / *der* Service サービス(接客)

Fast alle Städte liegen <u>an</u> einem <u>Fluss</u>.
ほとんどすべての都市は<u>川辺</u>にある.
☜ <u>fließen</u>* 流れる / *der* Ein<u>fluss</u> 影響[力](流れ込み) / *der* Strom 大河

<u>Auf</u> diesem <u>Foto</u> sehe ich nur deine Finger!
この<u>写真には</u>君の指しか見えないよ!
☜ <u>foto</u>grafieren 写真を撮る / *der* <u>Foto</u>apparat 写真機 / auf|nehmen* 撮影する

„Sein oder Nichtsein, das ist hier die <u>Frage</u>."
「生きるか死ぬか, それが<u>問題</u>だ. 」(W. Shakespeare 作, 『ハムレット』より)
☜ *die* Um<u>frage</u> アンケート(質問調査) / *das* Thema テーマ / *die* Antwort 答え

45

□ **fra·gen** □ [ふラーゲン] □	動詞[自動]	**質問する，聞く** klug <u>fragen</u> 頭脳的に質問する
	動詞[他動]	《...⁴ nach ...³ ～》…に…を尋ねる einen Passanten nach dem Weg <u>fragen</u> 通行人に道を尋ねる
□ **Frau** □ [ふラオ] □	名詞[女性] – / Frau·en	**女性，妻，…さん(夫人)** eine gepflegte <u>Frau</u> 身だしなみのよい<u>女性</u>
□ **frei** □ [ふライ] □	形容詞	**自由な，空いている** Eintritt <u>frei</u>! 入場無料(入場は<u>自由</u>)!
□ **Frei·tag** □ [ふライ・ターク] □	名詞[男性] –[e]s / ..ta·ge	**金曜** Heute ist <u>Freitag</u>. きょうは<u>金曜</u>だ.
□ **fremd** □ [ふレムト] □	形容詞	**よその，他人の，見知らぬ** <u>fremde</u> Länder 異国(<u>よその</u>国々)
□ **freu·en** □ [ふロイエン] □	動詞[他動]	**喜ばせる** Das <u>freut</u> mich! それはうれしい(私を<u>喜ばせる</u>)!
	動詞[再帰]	《sich⁴ ～》喜ぶ，楽しみである <u>sich</u> über den Sieg <u>freuen</u> 勝利を喜ぶ
□ **Freund** □ [ふロイント] □	名詞[男性] –[e]s / Freun·de	**親しい友人[男性]，[男]友達** neue <u>Freunde</u> gewinnen* 新しい<u>友達</u>を作る
□ **Freun·din** □ [ふロインディン] □	名詞[女性] – / ..din·nen	**親しい友人女性，女友達** eine meiner <u>Freundinnen</u> <u>女友達</u>の1人

46

Wie war die Party? – <u>Frag</u> lieber nicht!
パーティー, どうだった? —— <u>聞か</u>ないほうがいいよ!
☞ antworten 答える / erkundigen《sich⁴ ～》問い合わせる

Die Polizistin hat mich <u>nach</u> dem Namen <u>gefragt</u>.
その婦人警察官は私の名前<u>を尋ねた</u>.
☞ die <u>Fragerei</u> 質問攻め

Brahms verliebte sich⁴ in Schumanns <u>Frau</u> Clara.
ブラームスはシューマンの<u>妻</u>クララに恋をした.
☞ weiblich 女の / der Mann 男性, 夫 / der Herr 男性, 紳士, …さん(氏)

Es ist kein Platz mehr <u>frei</u>. Wir müssen stehen.
席はもう1つも<u>空いて</u>いない. 僕らは立っているしかない.
☞ die <u>Freizeit</u> <u>自由</u>な時間 / <u>frei</u>willig <u>自由</u>意志による / besetzt 空いていない

<u>Freitag</u> habe ich frei. Ich gehe zur Entspannung ins Freie.
<u>金曜</u>は私は休みです. 息抜きのために野外へ出ようと思います.
☞ freitags (反復的に:)<u>金曜に</u> / der Kar<u>freitag</u> 聖<u>金曜日</u>(キリスト処刑の日)

Diese Daten dürfen nicht in <u>fremde</u> Hände geraten.
これらの情報が<u>他人</u>の手に渡ることがあってはならない.
☞ die <u>Fremd</u>sprache 外国語(よその言葉) / bekannt [よく]知られた

Deine Nachricht hat uns sehr <u>gefreut</u>.
君からの知らせに私たちはとても喜んだ(知らせが私たちを<u>喜ばせた</u>).
☞ ärgern 怒らせる / enttäuschen 失望させる

Die Kinder <u>freuen sich⁴ auf</u> die Sommerferien.
子どもたちは夏休み<u>を楽しみにしている</u>.
☞ die <u>Freude</u> 喜び / trauern (人の死などを)悲しむ

<u>Mein Freund</u> wollte Maler werden und er ist Picasso geworden.
<u>私の親友</u>は画家志望だったが, その彼がピカソになったってわけだ.
☞ <u>freundlich</u> <u>友好</u>的な, 好意的な / die <u>Freundschaft</u> <u>友好</u>[関係] / treu 誠実な

Woher kennst du <u>meine Freundin</u>? – Das war ein Zufall.
どうして<u>僕のガールフレンド</u>を知ってるの? —— 偶然だよ.
☞ das Vertrauen 信頼 / verraten* 裏切る / der Feind・die Feindin 敵

□ **früh** □ [ふリュー] □	形容詞	**早い** ein <u>früher</u> Sonnenuntergang <u>早い</u>日暮れ
	副詞	**朝に** von <u>früh</u> bis spät <u>朝</u>から晩まで
□ **frü·her** □ [ふリューァァ] □	形容詞	**より早い，かつての** ein <u>früherer</u> Zeitpunkt <u>より早い</u>時点
	副詞	**以前** Freunde von <u>früher</u> <u>以前</u>の友人たち
□ **Früh·ling** □ [ふリューりンク] □	名詞[男性] –s / ..lin·ge	**春** der Duft des <u>Frühlings</u> <u>春</u>の香り
□ **Früh·stück** □ [ふリュー・ □ シュテュック]	名詞[中性] –[e]s / ..stü·cke	**朝食** deutsches <u>Frühstück</u> ドイツ式の<u>朝食</u>
□ **fünf** □ [ふュンふ] □	数詞[基数]	**5，5つ(5人)の** die <u>fünf</u> Sinne <u>五</u>感
□ **fünft** □ [ふュンふト] □	数詞[序数]	**第5の，5番目の** der <u>fünfte</u> Planet des Sonnensystems <u>太陽系</u><u>第5</u>惑星
□ **fünf·zehn** □ [ふュンふ・ □ ツェーン]	数詞[基数]	**15，15[人]の** mit <u>15</u> (fünfzehn) Minuten Verspätung <u>15</u>分遅れで
□ **fünf·zehnt** □ [ふュンふ・ □ ツェーント]	数詞[序数]	**第15の，15番目の** die <u>15.</u> (fünfzehnte) Sitzung des Bundestags <u>第15回</u>連邦議会会議

Morgens <u>früh</u> um 6 Uhr koche ich immer für die Kinder.
早朝(毎朝早く)6 時にいつも子どもたちのためにごはんを作ります.
☞ <u>frühestens</u> [いちばん]早くても / der <u>Früh</u>herbst 早秋, 初秋 / spät 遅い

Morgen <u>früh</u> werde ich abreisen. Es wird ein langer Tag werden.
あす<u>朝</u>に私は出立するつもりです. 長い一日になりそうです.
☞ die <u>Frühe</u>《雅語》早朝

Er denkt oft an seine <u>frühere</u> Freundin.
彼はよく<u>かつて</u>の恋人のことを考える.
☞ später より遅く, あとで

<u>Früher</u> wohnten wir in Hiroshima ganz nah am Friedenspark.
<u>以前</u>, 私たちは広島の平和記念公園のすぐ近くに住んでいました.
☞ künftig 今後

Viele leiden <u>im Frühling</u> an Heuschnupfen.
多くの人が<u>春</u>に花粉症に悩まされる.
☞ die <u>Frühlings</u>rolle 春巻 / das Frühjahr (冬の終わりを含む)春 / der Sommer 夏

Ich esse Brot mit Käse und ein Ei <u>zum Frühstück</u>.
私は<u>朝食</u>にはチーズを載せたパンと卵を 1 つ食べます.
☞ <u>frühstücken</u> <u>朝食をとる</u> / das Mittagessen 昼食 / das Abendessen 夕食

Die Kirschen haben <u>fünf</u> Blütenblätter.
桜は花弁が <u>5</u> 枚ある.
☞ die <u>Fünf</u>tagewoche 週 5 日[労働]制 / das <u>Fünf</u>tel 5 分の 1

Der <u>fünf</u>te Finger heißt kleiner Finger.
<u>5 番目</u>の指を小指といいます.

Mit 15 (<u>fünfzehn</u>) kannst du deinen Mofa-Führerschein machen.
<u>15</u> になれば原付の免許が取れるよ.
☞ <u>fünfzehn</u>minütig <u>15</u> 分間の / <u>fünfzehn</u>minütlich <u>15</u> 分ごとの

Am 15. (<u>fünfzehn</u>ten) August ist Mariä Himmelfahrt.
8 月 15 日(<u>15 番目の日</u>)は聖母被昇天祭だ.

□ **fünf·zig** □ [ふュンふ・ □ ツィヒ]	数詞[基数]	**50，50[人]の** ein Mann Mitte <u>fünfzig</u> <u>50</u>代半ばの 男性
□ **für** □ [ふュ—ァ] □	前置詞[4格 支配]	**…のために，…にとって，…に 賛成して** Einer <u>für</u> alle! 1 人が皆の<u>ために</u>!
□ **Fuß** □ [ふ—ス] □	名詞[男性] Fu·ßes / Fü·ße	**(足首から下の)足** zu <u>Fuß</u> 徒歩(<u>足</u>)で
□ **ganz** □ [ガンツ] □	副詞	**まったく，すっかり** <u>Ganz</u> genau! <u>まったく</u>そのとおり!
□ □ □	形容詞	**全部の，完全な** in <u>ganz</u> Japan 日本中(日本<u>全部</u>)で (無冠詞の地名の前では無語尾)
□ **Gar·ten** □ [ガルテン] □	名詞[男性] –s / Gär·ten	**庭，庭園** im <u>Garten</u> arbeiten 庭仕事をする
□ **Gast** □ [ガスト] □	名詞[男性] –[e]s / Gäs·te	**客** <u>Gäste</u> empfangen* 客を迎える
□ **ge·ben*** □ [ゲ—ベン] □	動詞[他動] e→i ▷ gab, ge·ge·ben	**与える，《es gibt ...⁴》…がある** dem Hund Futter <u>geben</u> 犬にえさを <u>与える</u>
□ **ge·bo·ren** □ [ゲボーレン] □	形容詞	**…生まれの，生まれながらの** ein <u>geborener</u> Musiker <u>生まれなが</u> <u>らの</u>音楽家
□ **Ge·burts·tag** □ [ゲブ—ァツ・ □ タ—ク]	名詞[男性] –[e]s / ..ta·ge	**誕生日** <u>Geburtstag</u> feiern <u>誕生日</u>を祝う

Die Wahrscheinlichkeit ihres Sieges liegt bei eins zu <u>fünfzig</u>.
彼らが勝利する確率は <u>50</u> 分の 1 だ.
☞ *die* <u>Fünfziger</u>《複数》<u>50</u>[<u>歳</u>]代, 50 年代

Die absolute Mehrheit ist <u>für</u> die Reform.
過半数がその改革に賛成である.
☞ da<u>für</u> <u>そのために</u>, それに賛成して / gegen …に反対して

Die Schuhe haben die richtige Größe für meine <u>Füße</u>.
この靴は私の<u>足</u>にぴったりのサイズだわ.
☞ *der* <u>Fuß</u>gänger・*die* <u>Fuß</u>gängerin 歩行者(<u>足</u>で歩く人) / *das* Bein 脚

In Kyoto war ich wegen der Schwüle <u>ganz</u> erschöpft.
京都では蒸し暑さのせいで私は<u>すっかり</u>疲れ切っていました.
☞ total《口語》完全に / halb 半分 / etwas 少し

Am Sonntag war ich den <u>ganzen</u> Tag zu Hause.
日曜は私は一日じゅう(<u>全日</u>)家にいました.
☞ *das* <u>Ganze</u> 全体 / <u>ergänzen</u> 補足[して完全に]する

Das Schloss Charlottenburg hat einen <u>Garten</u> im barocken Stil.
シャルロッテンブルクの城館にはバロック式の<u>庭園</u>があります.
☞ *die* <u>Garten</u>arbeit 庭仕事 / *der* Blumen<u>garten</u> 花園 / *die* Terrasse テラス

Heute habe ich <u>Gäste</u>. Rufen Sie bitte morgen noch einmal an!
きょうは<u>客</u>が来ています. あすもう一度電話してください.
☞ *das* <u>Gäste</u>zimmer 客室 / *der* Kunde・*die* Kundin 顧客 / *die* Bedienung 給仕

In Berlin <u>gibt es</u> zwei Seen: den Wannsee und den Müggelsee.
ベルリンには湖が 2 つ<u>あります</u>. ヴァン湖とミュッゲル湖です.
☞ ab|<u>geben</u>* 引き渡す / nehmen* 受け取る / vor|kommen* 存在(出現)する

Marilyn Monroe, <u>geboren</u> am 1. Juni 1926* in Los Angeles.
マリリン・モンロー, 1926 年 6 月 1 日, ロサンゼルス<u>生まれ</u>.
* am ersten Juni neunzehnhundertsechsundzwanzig

2013* war Altkanzler Willy Brandts hundertster <u>Geburtstag</u>.
2013 年は元首相ヴィリー・ブラント生誕百年(100 回目の<u>誕生日</u>)でした.
* zweitausenddreizehn

☐ **ge·fạl·len*** ☐ [ゲふァれン] ☐	動詞[自動] a→ä ▷ ..fiel, ..fal·len	《...³ ～》…の気に入る Mir gefällt alles nicht! 私は何もかも気に入らない!
☐ **ge·gen** ☐ [ゲーゲン] ☐	前置詞[4格支配]	…に反対して，…へ向かって，…時ごろに dagegen sein* それに反対である
☐ **ge·hen*** ☐ [ゲーエン] ☐	動詞[自動] ▷ ging, ge·gan·gen	(歩いて)行く，去る，《es geht ...》調子が…である in die Schule gehen 学校に行く
☐ **ge·hö·ren** ☐ [ゲヘーれン] ☐	動詞[自動]	《...³ ～》…のものである，《zu ...³ ～》…に属している Das gehört mir. それは私のものだ.
☐ **gẹlb** ☐ [ゲるプ] ☐	形容詞	黄色の die Gelbe Karte イエローカード
☐ **Gẹld** ☐ [ゲるト] ☐	名詞[中性] –[e]s / Gel·der	お金 Geld sparen お金をためる
☐ **Ge·mü̈·se** ☐ [ゲミューゼ] ☐	名詞[中性] –s / –	《集合的に》野菜 frisches Gemüse 新鮮な野菜
☐ **ge·nụg** ☐ [ゲヌーク] ☐	副詞	十分に genug Geld haben* お金を十分持っている
☐ **ge·rạ·de** ☐ [ゲラーデ] ☐	形容詞	まっすぐな eine gerade Haltung まっすぐな姿勢
☐ ☐ ☐	副詞	ちょうど Sie duscht gerade. 彼女はちょうどシャワーを浴びているところです.

52

So etwas kann ich mir nicht gefallen lassen.
そんな事を私は容認(自分に気に入らせることが)できない.
☜ *der* Gefallen (人が気に入るような小さな)親切 / beliebt 好かれている

Mitte März geht gegen sechs Uhr morgens die Sonne auf.
3月の半ばは朝6時ごろに日が昇る.
☜ *der* Gegensatz 対立[関係] / dagegen それに[反]対して / für …に賛成して

Wie geht es Ihnen? – Danke, es geht mir sehr gut.
お元気(調子はどう)ですか? — ありがとう, とても元気(快調)です.
☜ *der* Gang 歩き方 / fahren* (乗り物に乗って)行く / kommen* 来る

Delfine gehören zur Klasse der Säugetiere.
イルカは哺乳類に属する.
☜ *der・die* Angehörige《ふつう複数》親族(所属している人)

In Deutschland sind die Briefkästen gelb.
ドイツでは郵便ポストは黄色です.
☜ grün 緑色の / blau 青い / rot* 赤い

Hast du Geld? – Nein. Du? Hast du auch kein Geld?
お金持ってる? — いや. 君は? 君もお金を持ってないの?
☜ *das* Taschengeld 小遣い銭 / *das* Portemonnaie 財布 / *die* Währung 通貨

Gemüse enthält viele Vitamine, Mineralien und Ballaststoffe.
野菜は多くのビタミン, ミネラル, そして食物繊維を含んでいる.
☜ *das* Wurzelgemüse 根菜 / *das* Obst《集合的に》果物

Jetzt ist's (ist es) aber genug! Ich will nichts mehr davon hören.
もうたくさん(十分)だ! そんなことはもう聞きたくない.
☜ genügen 十分である / aus|reichen 足りる / knapp 乏しい

Er kann ohne Lineal eine gerade Linie zeichnen.
彼は定規を使わずにまっすぐな線が描けるんだ.
☜ geradeaus 直進して(まっすぐ行って) / krumm 曲がった

Der Film fing an, als ich mich gerade gesetzt hatte.
私がちょうど腰を下ろしたとき, 映画が始まった.

☐ **gern***, **ger·ne***	副詞	**好んで，喜んで**
☐ ［ゲルン(..ネ)］	lie·ber, liebs·t..	<u>Gern</u> geschehen! どういたしまして
☐		(<u>喜んで</u>したことです)!

☐ **Ge·schäft**	名詞[中性]	**[商]店，商売**
☐ ［ゲシェふト］	–[e]s /	ein <u>Geschäft</u> gründen <u>店</u>を興す
☐	..schäf·te	

☐ **Ge·schenk**	名詞[中性]	**贈り物，プレゼント**
☐ ［ゲシェンク］	–[e]s /	ein persönliches <u>Geschenk</u> 心を込
☐	..schen·ke	めた<u>贈り物</u>

☐ **ges·tern**	副詞	**きのう**
☐ ［ゲスタァン］		<u>gestern</u> Abend <u>きのう</u>の晩
☐		

☐ **ge·sund***	形容詞	**健康な，健康によい**
☐ ［ゲズント］	ge·sün·der,	ein <u>gesunder</u> Körper <u>健康な</u>体
☐	ge·sün·des·t..	

☐ **Ge·tränk**	名詞[中性]	**飲み物**
☐ ［ゲトレンク］	–[e]s / ..trän·ke	alkoholfreie <u>Getränke</u> ノンアルコー
☐		ルの<u>飲み物</u>

☐ **ge·win·nen***	動詞[他動]	**(…に)勝つ，獲得する**
☐ ［ゲヴィンネン］	▷ ge·wann,	eine Wette <u>gewinnen</u> 賭けに<u>勝つ</u>
☐	ge·won·nen	
☐	動詞[自動]	**勝つ**
☐	(上と同じ変化)	im Spiel knapp <u>gewinnen</u> かろうじ
☐		て試合に<u>勝つ</u>

☐ **Glas**	名詞[中性]	**ガラス，グラス，…杯**
☐ ［グらース］	Gla·ses /	Schuhe aus <u>Glas</u> <u>ガラス</u>の靴
☐	Glä·ser	

☐ **glau·ben**	動詞[他動]	**(…と)思う，本当だと思う**
☐ ［グらオベン］		Was <u>glauben</u> Sie? あなたはどう<u>思</u>
☐		<u>います</u>か.

54

Ich hätte <u>gerne</u> einen Apfel und zwei Bananen.
りんご 1 個とバナナを 2 本頂きたい(好んで入手したい)のですが.
☞ <u>gern</u>|haben* <u>好ましく思う</u> / willkommen 歓迎される

Die Werbeagentur betreibt zweifelhafte <u>Geschäfte</u>.
あの広告代理店はうさんくさい<u>商売</u>をしている.
☞ <u>geschäftlich</u> <u>商売上の</u> / der Laden 店 / der Kaufmann・die Kauffrau 商人

Zu Weihnachten machen wir einander <u>Geschenke</u>.
クリスマスに私たちはお互いに<u>プレゼント</u>を渡します.
☞ <u>schenken</u> <u>プレゼントする</u> / das Geburtstags<u>geschenk</u> 誕生日の贈り物

Was hast du <u>gestern</u> gemacht? – Nichts Besonderes.
<u>きのう</u>は何をした? — 別に(特に何も).
☞ vorgestern おととい(一昨日) / die Vergangenheit 過去 / heute きょう

Grüner Tee ist <u>gesund</u>. Er enthält Catechin und Vitamine.
緑茶は<u>健康によい</u>. それにはカテキンとビタミン類が含まれる.
☞ die <u>Gesundheit</u> <u>健康</u> / fit 体調のよい / <u>ungesund</u>* <u>不健康な</u> / krank* 病気の

Zu viel süße <u>Getränke</u> machen dick.
甘い<u>飲み物</u>をとりすぎると太るよ.
☞ der Alkohol アルコール / die Milch 牛乳 / der Saft ジュース

Ich habe im Lotto 50 (fünfzig) Euro <u>gewonnen</u>.
宝くじで 50 ユーロ当たったんだ(<u>獲得した</u>).
☞ der <u>Gewinn</u> 利益(<u>獲得した分</u>) / verlieren* 負ける, 失う

Der FC Schalke 04 (null vier) hat wieder <u>gewonnen</u>.
FC シャルケ 04(Gelsenkirchen 市 Schalke 地区発祥のチーム)がまた<u>勝った</u>.
☞ siegen 勝利する

Trinkst du <u>ein Glas</u> Apfelsaft? – Ja, gerne.
りんごジュースを <u>1 杯</u>飲む? — はい, いただきます(喜んで).
☞ die <u>Glas</u>scheibe ガラス板 / das Bier<u>glas</u> ビール<u>グラス</u> / die Tasse カップ

Wer's (Wer das) <u>glaubt</u>, wird selig.
《口語・戯》そうは思わないね(それを<u>本当だと思う</u>人はおめでたい).
☞ der <u>Glaube</u> 信念(自分が<u>思うこと</u>) / überzeugen《sich⁴ ~》確信する

☐	（glauben の続き）	動詞[自動]	《an ...⁴ 〜》…の存在を信じる，…を信頼する
☐			
☐			Glaub an mich! 私を信頼してくれ!

☐	**gleich**	形容詞	**同じ**
☐	［グらイヒ］		die gleiche Größe 同じ大きさ
☐			
☐		副詞	**すぐ**
☐			Bis gleich! じゃあまたあとで(すぐあとまで)!
☐			

☐	**Glück**	名詞[中性]	**幸運，幸福**
☐	［グりュック］	–[e]s / Glü·cke	Viel Glück! (多くの)幸運を祈ります!
☐			

☐	**Gramm**	名詞[中性]	**グラム**(略: g)
☐	［グラム］	–s / Gram·me	hundert Gramm Butter バター 100 グラム
☐		(単位: –)	

☐	**grau**	形容詞	**灰色の**
☐	［グラオ］		graue Haare 白髪(灰色の髪)
☐			

☐	**groß***	形容詞	**大きい，…の大きさの**
☐	［グロース］	grö·ßer,	ein großes Geschäft 大きな仕事;
☐		größ·t..	《婉曲》大便

☐	**grün**	形容詞	**緑色の**
☐	［グリューン］		grüne Tomaten 緑色のトマト
☐			

☐	**Grup·pe**	名詞[女性]	**グループ，班**
☐	［グルッペ］	– / –n	eine Gruppe bilden グループを作る
☐			

☐	**Gruß**	名詞[男性]	**あいさつ**
☐	［グルース］	Gru·ßes /	Mit herzlichen Grüßen 敬具(心からのあいさつを込めて)
☐		Grü·ße	

Viele Menschen glauben noch an Gott.
多くの人がまだ神の存在を信じている.
☜ gläubig 信心深い / das Christentum キリスト教 / die Religion 宗教

Was möchtest du, Tequila oder Gin? – Das ist ganz gleich.
テキーラとジン, どっちがいい? — どっちでも(まったく同じだ).
☜ gleichfalls!(同じことを祈って:)あなたもね! / egal《口語》どうでもよい

Augenblick! Ich komme gleich.
ちょっと待って! すぐ行くから.
☜ bald* もうすぐ / sofort ただちに / später あとで

Wir haben Glück! Da kommt gerade der letzte Bus.
運がいいぞ(私たちには幸運がある). ちょうど最終バスが来た.
☜ glücklich 幸せな / das Unglück 災難 / der Glückwunsch 祝辞(幸福の祈念)

500 (fünfhundert) Gramm Rinderhackfleisch kosten vier Euro.
牛ひき肉 500 グラムの値段は 4 ユーロだ.
☜ das Kilogramm キログラム / das Milligramm ミリグラム

Heute ist der Himmel grau und der Wind ist kalt.
きょうは空が灰色で風が冷たい.
☜ weiß 白い / schwarz* 黒い

Ich bin 170 cm (hundertsiebzig Zentimeter) groß.
私は身長 170 cm(の大きさ)です.
☜ die Größe 大きさ / großzügig 寛大な / riesig 巨大な / klein 小さい

Die Soldaten der Infanterie tragen ein grünes Barett.
歩兵部隊の兵士たちは緑色のベレー帽をかぶっている.
☜ das Grün 緑[の草木] / blau 青い / rot* 赤い / gelb 黄色の

Zuerst diskutieren wir in Gruppen und später im Plenum.
私たちはまずグループごとに, その後, 全体で討論します.
☜ die Arbeitsgruppe 作業班 / das Team チーム / der Verein 協会

Bestellen Sie Ihrem Mann schöne Grüße von mir!
夫君によろしく(私からの丁重なあいさつを)お伝えください.
☜ grüßen あいさつする / begrüßen 歓迎する(あいさつして迎え入れる)

□ **gut***	形容詞	**よい，善良な**
□ ［グート］	bes·ser, best..	Gut! よし，承知した!
□		

□ **Haar**	名詞[中性]	**髪[の毛]**
□ ［ハール］	–[e]s / Haa·re	blondes Haar 金髪
□		

□ **ha·ben***	動詞[他動]	**持っている，所有する**
□ ［ハーベン］	hast, hat ▷	den Pass bei sich³ haben パスポー
□	hat·te, ge·habt	トを手元に持っている
□	助動詞[完了]	**…した[状態にある]**
□	(上と同じ変化)	Hast du das verstanden? わかった
□		(君はそれを理解した状態にあるか)?

□ **halb**	形容詞	**半分の，** (時刻を表して:)**30分前**
□ ［ハるプ］		halb und halb machen《口語》半分
□		こ(半分半分に)する

□ **hal·lo!**	間投詞	**やあ，** (呼びかけで:)**もしもし**
□ ［ハろー， (呼びか		Hallo, wie geht's (geht es)? やあ, 元
□ け で:)ハろ］		気?

□ **hal·ten***	動詞[他動]	**持っている，とり行う，**《...⁴ für
□ ［ハるテン］	hältst, hält ▷	...⁴ 〜》**…を…と見なす**
□	hielt, ge·hal·ten	Hältst du mal? 持っててくれる?
□	動詞[自動]	**止まる，停車する**
□	(上と同じ変化)	Halt! 止まれ!
□		
□	動詞[再帰]	《sich⁴ 〜》**持ちこたえる**
□	(上と同じ変化)	Das Wetter hält sich. 天気は持つ(持
□		ちこたえる).

□ **Hand**	名詞[女性]	**手**
□ ［ハント］	– / Hän·de	die Hände schütteln 握手をする(手
□		と手を揺する)

Der Versuch, ihn zu überreden, ist <u>gut</u> gelungen.
彼を説得する試みはうまくいった(<u>よく</u>成功した).
☞ ausgezeichnet 抜群の / wunderbar すばらしい / schlecht 悪い

Ich schneide mir selber die <u>Haare</u>.
私は<u>髪の毛</u>を自分で切ります.
☞ das Brust<u>haar</u> 胸毛 / der Bart ひげ / die Bürste ブラシ / rasieren (毛を)そる

Er <u>hat</u> in Grunewald eine Villa.
彼はグルーネヴァルト区(ベルリンの邸宅街)に豪邸を<u>所有している</u>.
☞ die <u>Hab</u>gier 強欲(<u>所有</u>することへの欲望) / lieb|<u>haben</u>* 愛する(好ましく<u>持つ</u>)

Gehst du jetzt essen? – Nein, ich <u>habe</u> schon gegessen.
これから食事?―いや, もう食べちゃった(食べ<u>た状態にある</u>).

Der Unterricht beginnt pünktlich um <u>halb</u> elf.
その授業はきっかり 10 時半(11 時 <u>30分前</u>)に始まる.
☞ die <u>Hälf</u>te 半分 / die <u>Halb</u>insel 半島 / doppelt 2 倍の

<u>Hallo</u>, Sie! Vergessen Sie Ihre Ware nicht!
<u>もしもし</u>, そこの方! 商品をお忘れにならないでください.
☞ tschüs[s]! じゃあね!

Er nahm sich³ eine große Portion Pasta. Ich <u>halte</u> das <u>für</u> unfair.
あいつはパスタをたっぷり取った. 僕はそれをずるい<u>と思う</u>.
☞ be<u>halten</u>* (手放さずに)持っておく / ent<u>halten</u>* 含んで(<u>中に持って</u>)いる

<u>Hält</u> der Zug in Kiel? – Ja, das ist die Endstation.
この列車はキールに<u>止まりますか</u>. ― はい, そこが終点です.
☞ die <u>Halte</u>stelle 停留所 / stoppen 止まる, 止める

Die Marmelade <u>hält</u> sich⁴ im Kühlschrank etwa zwei Wochen.
そのジャムは冷蔵庫で 2 週間ほど<u>持ちます</u>.
☞ <u>haltbar</u> 長持ちする / die <u>Haltung</u> 姿勢(<u>持ちこたえ</u>)

Meine Mutter hat den Kimono <u>mit</u> der <u>Hand</u> genäht.
母はこの着物を<u>手で</u>縫いました.
☞ der <u>Hand</u>werker・die <u>Hand</u>werkerin 職人(<u>手工</u>業者) / der Arm 腕

59

☐ **Hạn·dy** ☐ [ヘンディ] ☐	名詞[中性] –s / –s	**携帯電話** Fotos auf dem <u>Handy</u> speichern 写真を<u>携帯</u>に保存する
☐ **hän·gen**[1]* ☐ [ヘンゲン] ☐	動詞[自動] ▷ hing, ge·han·gen	**掛かって(垂れ下がって)いる** schief <u>hängen</u> 斜めに<u>掛かっている</u>
☐ **hän·gen**[2] ☐ [ヘンゲン] ☐	動詞[他動] (規則変化)	**掛ける** einen Kalender in die Küche <u>hän-</u> <u>gen</u> カレンダーを台所に<u>掛ける</u>
☐ **Haus** ☐ [ハオス] ☐	名詞[中性] Hau·ses / Häu·ser	**家，建物** nach <u>Hause</u> gehen* 家に帰る(Hause の e はかつての 3 格語尾の名残)
☐ **Haus·auf·ga·be** ☐ [ハオス・ ☐ アオふガーベ]	名詞[女性] – / –n	**《ふつう複数》宿題** viele <u>Hausaufgaben</u> haben* <u>宿題</u>が たくさんある
☐ **Haus·frau** ☐ [ハオス・ふラオ] ☐	名詞[女性] – / ..frau·en	**主婦** eine berufstätige <u>Hausfrau</u> 有職の<u>主</u> <u>婦</u>
☐ **Haus·mann** ☐ [ハオス・マン] ☐	名詞[男性] –[e]s / ..män·ner	**主夫** ein richtiger <u>Hausmann</u> れっきとし た<u>主夫</u>
☐ **hei·ra·ten** ☐ [ハイラーテン] ☐	動詞[自動]	**結婚する** jung <u>heiraten</u> 若くして<u>結婚する</u>
☐ ☐ ☐	動詞[他動]	**(…と)結婚する** einen Millionär <u>heiraten</u> 百万長者と <u>結婚する</u>
☐ **heiß** ☐ [ハイス] ☐	形容詞	**暑(熱)い** <u>heiß</u>es Wasser お湯(<u>熱い</u>水)

Mein Vater hat auch ein Handy, aber ihn ruft nur sein Chef an.
父も携帯を持っていますが，電話をよこすのは上司だけです．
☞ die Handynummer 携帯電話番号 / das Smartphone スマートフォン

Ein Bild von Banksy hing an der Wand.
バンクシーの絵が 1 枚壁に掛かっていた．
☞ der Hang 斜面（垂れ下がった面）/ ab|hängen* 依存する（ある事に掛かっている）

Ich hatte das Bild vor Jahren an die Wand gehängt.
私はその絵を何年も前に壁に掛けていたのだった．
☞ der Anhänger（車両後部のフックに連結器を掛けてけん引する）トレーラー

Bist du heute zu Hause? – Nein, ich gehe zum Arzt.
今日は家にいるの? — いや，医者に行きます．
☞ der Haushalt 家政 / die Wohnung 住居 / der Keller 地下室

Ich mache jetzt meine Hausaufgaben. Kannst du mir helfen?
今，宿題をやってるんだけど，手伝ってくれる?
☞ die Aufgabe 課題，任務 / die Klassenarbeit 授業中に書く作文

Meine Mutter ist Hausfrau und ist stolz darauf.
母は主婦で，そのことに誇りを持っています．

Seit drei Jahren bin ich Hausmann und führe den Haushalt.
3 年前から私は主夫をしていて，家事を切り盛りしています．

Sie haben sehr früh geheiratet und zwei Töchter bekommen.
彼らはごく若くして結婚し，娘を 2 人授かった．
☞ die Hochzeit 結婚式 / die Ehe 結婚[生活] / schwanger 妊娠した

Er heiratet die Tochter seines Chefs. – Ist das eine Zweckehe?
彼は自分の上司の娘と結婚するんだよ．— それは政略結婚かい?
☞ verheiratet 結婚している / geschieden 離婚した / ledig 独身の

Schalte bitte die Klimaanlage ein! Mir ist ganz heiß.
エアコンをつけてちょうだい．私すごく暑いわ．
☞ die Hitze 暑（熱）さ / warm* 暖（温）かい / kalt* 寒い，冷たい

☐ **hei·ßen*** ☐ [ハイセン] ☐	動詞[自動] heißt, – ▷ hieß, ge·hei·ßen	(…という)**名(名称)である**，(…という)**ことである** Ich <u>heiße</u> Oka. 岡[<u>という名</u>]です．
☐ ☐ ☐	動詞[他動] (上と同じ変化)	(…と)**呼ぶ** den Mann einen Lügner <u>heißen</u> その男を嘘つきと**呼ぶ**
☐ **hel·fen*** ☐ [へるふェン] ☐	動詞[自動] e→i ▷ half, ge·hol·fen	**手を貸す，助ける，役立つ** Das <u>hilft</u> nicht. そんなの<u>役に立た</u>ないよ．
☐ **hell** ☐ [へる] ☐	形容詞	**明るい** ein <u>helles</u> Zimmer <u>明るい</u>部屋
☐ **Herbst** ☐ [へるプスト] ☐	名詞[男性] –[e]s / Herbs·te	**秋** ein goldener <u>Herbst</u> 黄金色の<u>秋</u>
☐ **Herr** ☐ [へル] ☐	名詞[男性] –n / Her·ren	**男性，紳士，…さん(氏)** <u>Herren</u> (トイレの表示で:)<u>男性</u>
☐ **heu·te** ☐ [ホイテ] ☐	副詞	**きょう，今日**(こんにち) die Zeitung von <u>heute</u> <u>きょう</u>の新聞
☐ **hier** ☐ [ヒーァ] ☐	副詞	**ここで，ここに** von <u>hier</u> bis dorthin <u>ここ</u>からあそこまで
☐ **Hil·fe** ☐ [ヒるふェ] ☐	名詞[女性] – / –n	**助け，助力** <u>Hilfe</u>! <u>助けて</u>!
☐ **hin·ter** ☐ [ヒンタァ] ☐	前置詞[3/4格 支配]	**…の後ろで(へ)，…のあとに** <u>hinter</u> der Mauer stehen* 壁の向こうに(<u>後ろに</u>)立っている

62

Was soll das heißen, was du da gesagt hast? – Nichts.
君が今言ったことはどういうことだ? — 何でもない.
☞ bedeuten …という意味である

Damals hießen sie mich einen Bengel.
当時はみんな私のことをわんぱく小僧と呼んだものさ.
☞ nennen* (…と)名付ける, (…と)呼ぶ

Bitte, helfen Sie mir! Holen Sie bitte das Gepäck aus dem Auto!
お願い, 手を貸してちょうだい. 荷物を車から出してくださいな.
☞ die Hilfe 助け / fördern 援助する / unterstützen 支援する / nützlich 有益な

Draußen ist es schon hell. Bald ist Sommersonnenwende.
外はもう明るい. もうすぐ夏至だ.
☞ grell ぎらぎらする / dunkel 暗い

In Japan gefällt es mir im Herbst am besten.
日本では私は秋がいちばん好きだ(あれこれが秋に最も私に好ましくなる).
☞ die Herbst-Tagundnachtgleiche 秋分 / der Winter 冬

Guten Tag, Herr Schmidt! Wohin geht's (geht es)?
シュミットさん, こんにちは. どちらへ?
☞ die Dame 女性, 婦人 / die Frau 女性, …さん(夫人)

Heute feiern wir unseren 5. (fünften) Hochzeitstag.
きょう私たちは5回目の結婚記念日を祝います.
☞ heutzutage 今日では / aktuell 今日的な / die Gegenwart 現在 / morgen あす

Ist das hier dein Portemonnaie?
ここにあるのは君の財布か.
☞ hierher こちらへ / dort あそこに / anwesend 出席の / nirgends どこにもない

Ich habe mir die Hand verletzt. Ich brauche jetzt deine Hilfe.
手をけがしてしまったのよ. 今はあなたの助けが必要なの.
☞ hilflos 途方に暮れた(救いのない) / die Rettung 救助 / der Beitrag 貢献

Bei der Theaterführung kann man hinter die Kulissen schauen.
劇場ガイドツアーで舞台裏(書き割りの後ろ)を見ることができます.
☞ hinterher 後ろ(あと)から / hinten 後方に / vor …の前で(へ)

☐ **hịn·te·r..** ☐ [ヒンテル..] ☐	形容詞	**後ろの，裏の** der hintere Eingang 裏の入り口
☐ **Họb·by** ☐ [ホビ] ☐	名詞[中性] –s / –s	**趣味** mit Hobbys Geld verdienen 趣味で 金を稼ぐ
☐ **hoch*** ☐ [ホーホ] ☐	形容詞 hö·her, höchs·t..	**高い，…の高さの** einen hohen Preis bezahlen 高い代 金を支払う（母音が続くと c が落ちる）
☐ **ho·len** ☐ [ホーれン] ☐	動詞[他動]	**(行って)持ってくる，呼んでくる** Teller aus dem Schrank holen 食器 棚から皿を出して持ってくる
☐ **hö·ren** ☐ [ヘーレン] ☐	動詞[他動]	**聞こえる，聴く** nichts hören 何も聞こえない
☐ ☐ ☐	動詞[自動]	**聞き知る** von dem Vorfall hören その出来事 のことを聞き知る
☐ **Ho·tẹl** ☐ [ホテる] ☐	名詞[中性] –s / –s	**ホテル** in einem Hotel übernachten ホテル に宿泊する
☐ **Hụnd** ☐ [フント] ☐	名詞[男性] –[e]s / Hun·de	**犬** Vorsicht! Bissiger Hund! 猛犬注意 (注意せよ！ かみつく犬あり)！
☐ **hụn·dert** ☐ [フンダァト] ☐	数詞[基数]	**100，100[人]の** hundert Grad Celsius セ氏 100 度
☐ **Hụn·ger** ☐ [フンガァ] ☐	名詞[男性] –s /	**空腹** vor Hunger sterben* 飢え死にする (空腹で死ぬ)

Der Student sitzt immer in der hintersten Reihe und liest Comics.
あの学生はいつも一番後ろの列に座ってまんがを読んでいます.
☞ *der* Hintergrund 背景 / mittler.. 中間の / vorder.. 前の

Meine Hobbys sind Häkeln und Stricken.
私の趣味はかぎ針編みと棒針編みです.
☞ *der* Hobbyraum ホビールーム / *die* Freizeit 余暇 / *der* Klub クラブ

Der Fernsehturm ist 368 m (dreihundertachtundsechzig Meter) hoch.
あのテレビ塔は 368 メートルの高さがある.
☞ *die* Höhe 高さ / höchstens せいぜい（最高でも）/ niedrig 低い

Bitte holen Sie schnell einen Arzt!
どうか急いで医者を呼んできてください.
☞ überholen 追い越す（引き寄せて越える）

Ich höre Musik beim Lernen. Das erhöht die Konzentration.
私は勉強中に音楽を聴きます. それで集中力が高まります.
☞ *das* Gehör 聴覚 / *der* Hörer・*die* Hörerin 聞き手 / zu|hören 傾聴する

Ich habe von der Veranstaltung gehört. Ich gehe mal hin.
私はその催しのことは聞いて知っています. まあ行ってみます.
☞ *das* Hörensagen 聞き伝え

Ich habe schon ein Hotel in Frankfurt gebucht.
私はもうフランクフルトのホテルを予約しました.
☞ *die* Rezeption フロント / *die* Unterkunft 宿 / *die* Pension ペンション

Mein Hund bellt wie verrückt, wenn es an der Tür klingelt.
ドアチャイムが鳴ると, 私の犬は狂ったようにほえるんですよ.
☞ *die* Hündin 雌犬 / *der* Dachshund ダックスフント / *die* Katze 猫

Darf man auf der Autobahn über 100 (hundert) km/h* fahren?
アウトバーンでは時速 100 キロ超で走れるのですか?
* Kilometer pro Stunde

Hunger ist der beste Koch.
《ことわざ》すきっ腹にまずいものなし（空腹は最良の料理人）.
☞ hungrig おなかのすいた / *der* Durst のどの渇き

□	**ich**	代名詞[人称]	**私が**
□	[イヒ]	mir³, mich⁴	Wie du mir, so ich dir! 目には目を
□			だ(君が私にするように私は君にする)!

□	**ihr**¹	代名詞[人称]	**君たちが**
□	[イーァ]	euch³, euch⁴	Hallo, ihr beide! やあ, ご両人(君た
□			ち 2 人)!

□	**ihr**²	冠詞[所有]	《女性名詞を受けて》**彼女の**, 《複
□	[イーァ]		数名詞を受けて》**彼[女]らの**
□			ihr liebes Kind 彼女の愛する子ども

□	**Ihr**	冠詞[所有]	**あなた[がた]の**
□	[イーァ]		Ihren Personalausweis, bitte! (あな
□			たの)身分証明書を拝見します.

□	**im·mer**	副詞	**いつも**, 《比較級とともに》**どん**
□	[インマァ]		**どん**, 《～ noch》**いまだに**
□			immer klagen いつも文句を言う

□	**in**	前置詞[3/4 格	**…[の中]で(へ)**, …(時間)**後に**
□	[イン]	支配]	den Schlüssel im (in + dem) Schloss
□			drehen 錠の中で鍵を回す

□	**In·for·ma·tion**	名詞[女性]	**情報**, **案内所**
□	[インふォル	– / ..tio·nen	neue Informationen bekommen*
□	マツィオーーン]		新しい情報を手に入れる

□	**in·ter·na·tio-**	形容詞	**国際的な**
□	**nal** [インタァ		an einem internationalen Kongress
□	ナツィオナーる]		teil|nehmen* 国際会議に参加する

□	**In·ter·net**	名詞[中性]	**インターネット**
□	[インタァネット]	–s /	im Internet surfen ネット[で]サー
□			フィンをする

□	**ja**	副詞	**はい**, **…じゃないか**
□	[ヤー]		zu allem ja sagen 何にでもはいと
□			言う

Ich stelle mich vor: Mein Name ist Bond – James Bond.
自己紹介(私は自分を紹介)しよう. ボンドだ — ジェイムズ・ボンド.
☞ du 君が / Sie あなた[がた]が

Kennt ihr euch schon lange? – Nein, erst seit zehn Minuten.
君たちは知り合ってもう長いの? — いや, ほんの 10 分前から.
☞ wir 私たちが

Das ist doch nicht unsere Sache, sondern ihre.
それは私たちの問題じゃなくて, 彼らのでしょ.
☞ sein 彼の, それの

Ihre Mutter war meine Lehrerin. Sie war streng, aber auch lieb.
あなたのお母様が私の先生でした. 厳しいけど優しさもあったわ.
☞ mein 私の / unser 私たちの

Am morgen war es bewölkt, aber das Wetter wird immer besser.
朝は曇っていましたが, 天気はどんどんよくなっています.
☞ immergrün 常緑の / oft* しばしば

Ich bekomme den Schlüssel nicht ins (in + das) Schloss!
鍵が錠に(錠の中へ)入らない!
☞ darin その中に / innen 中で / innerhalb …の内に / inzwischen その間に

Den Stadtplan bekommen Sie bei der Information dort.
市街地図ならあそこの案内所でもらえますよ.
☞ informieren 情報を与える / die Auskunft 情報 / der Bescheid 通知

Der UN-Generalsekretär forderte internationale Kooperation.
国連事務総長は国際協調を求めた.
☞ national 国内的な / global グローバルな / weltweit 世界的な

In meinem Land ist der Anschluss ans Internet sehr begrenzt.
私の国ではインターネットへの接続はとても制限されています.
☞ der Anschluss 接続 / das Netz ネットワーク / online オンラインの

Ach, da ist ja der Schlüssel!
あ, こんな所に鍵があるじゃないか.
☞ bejahen はいで答える / einverstanden! 了解! / positiv 肯定の / nein いいえ

☐ **Ja·cke** ☐ ［ヤッケ］ ☐	名詞［女性］ – / –n	**上着，ジャケット** die <u>Jacke</u> auf den Bügel hängen <u>上着</u>をハンガーに掛ける
☐ **Jahr** ☐ ［ヤール］ ☐	名詞［中性］ –[e]s / Jah·re	**年，…歳** ein <u>Jahr</u> lang 1 <u>年</u>間にわたり
☐ **Ja·nu·ar** ☐ ［ヤヌアール］ ☐	名詞［男性］ –[s] / ..a·re	**1 月** Anfang <u>Januar</u> <u>1 月</u>初めに
☐ **je·der** ☐ ［イェーダァ］ ☐	代名詞［不定］ （定冠詞と同類 の変化）	**毎…，どの…も，…ごとに** <u>jedes</u> Mal <u>毎</u>回
☐ **jetzt** ☐ ［イェット］ ☐	副詞	**今** bis <u>jetzt</u> <u>今</u>まで
☐ **Ju·li** ☐ ［ユーり］ ☐	名詞［男性］ –[s] / –s	**7 月** das Sternenfest am 7. (siebten) <u>Juli</u> <u>7 月</u> 7 日の七夕祭り（星のお祭り）
☐ **jung*** ☐ ［ユング］ ☐	形容詞 jün·ger, jüngs·t..	**若い** Ihr seid noch zu <u>jung</u>. 君たちはまだ<u>若</u>すぎる.
☐ **Jun·ge** ☐ ［ユンゲ］ ☐	名詞［男性］ –n / –n	**少年，男の子** ein schneller <u>Junge</u> すばしこい<u>少年</u>
☐ **Ju·ni** ☐ ［ユーニ］ ☐	名詞［男性］ –[s] / –s	**6 月** die Sonnenwende im <u>Juni</u> <u>6 月</u>の夏至（太陽の回帰）
☐ **Kaf·fee** ☐ ［カふェ］ ☐	名詞［男性］ –s / –s	**コーヒー** starker <u>Kaffee</u> 濃い<u>コーヒー</u>

Im Koffer hat meine <u>Jacke</u> hässliche Falten bekommen.
スーツケースの中で私の<u>上着</u>にひどいしわができてしまった.
☞ *die* Leder<u>jacke</u> 革のジャケット / *die* Hose ズボン

<u>Mit</u> dreißig <u>Jahren</u> habe ich meine Heimat verlassen.
30 <u>歳で</u>私は故郷を去りました.
☞ *die* <u>Jahres</u>zeit 季節(<u>年の時期</u>) / *das* Geburts<u>jahr</u> 生年 / *der* Monat 月

Der 1. (erste) <u>Januar</u> ist in Deutschland auch ein Feiertag.
<u>1月</u> 1 日はドイツでも祝日です.
☞ *der* Jänner《オーストリア》1 月 / *die* <u>Januar</u>nacht ある <u>1 月の夜</u> / *der* Februar 2 月

In <u>jedem</u> Zimmer ist ein Internetanschluss vorhanden.
<u>どの</u>部屋から<u>も</u>インターネットに接続できます.
☞ <u>jeder</u>zeit いつでも(<u>どの時でも</u>) / <u>jeden</u>falls いずれにせよ(<u>どの場合でも</u>)

Ich habe <u>jetzt</u> keinen Hunger, trinke aber ein Glas Wein mit dir.
私は<u>今</u>おなかはすいてないけど, ワインを 1 杯つきあうわ.
☞ <u>jetzig</u>.. <u>今の</u> / nun 今[や] / vorhin さきほど / nachher あとで

Julius Caesar wurde <u>im Juli</u> geboren.
ジュリアス・シーザーは<u>7月</u>に生まれた.
☞ *die* <u>Juli</u>hitze <u>7 月の</u>暑さ / *der* August 8 月

„Die Leiden des <u>jungen</u> Werther" wurde zu einem großen Erfolg.
『<u>若き</u>ウェルテルの悩み』は大好評を博した. （J. W. v. Goethe の小説）
☞ *der* <u>Jung</u>brunnen <u>若返りの泉</u> / alt* 年老いた, 古い

Heute interessieren sich[4] auch <u>Jungen</u> für das Kochen.
今日では<u>男子</u>も料理に関心があります.
☞ *das* Mädchen 少女, 女の子 / *der* Mann 成人男性

<u>Im Juni</u> regnet es hier sehr viel.
<u>6 月に</u>ここでは雨が非常にたくさん降ります.
☞ *der* <u>Juni</u>nachmittag ある <u>6 月の</u>午後 / *der* Juli 7 月

Ich trinke nicht gern <u>Kaffee</u>. <u>Kaffee</u> macht mich nervös.
<u>コーヒー</u>は好きではありません. <u>コーヒー</u>で神経が高ぶるので.
☞ *die* <u>Kaffee</u>bohne コーヒー豆 / *das* Café 喫茶店 / *der* Tee 紅茶

☐ **kalt***	形容詞	寒い，冷たい
☐ ［カ ルト］	käl·ter,	<u>kalte</u> Füße haben* 足が<u>冷たい</u>
☐	käl·tes·t..	

☐ **ka·putt**	形容詞	《口語》壊れている，割れた
☐ ［カプット］		eine <u>kaputte</u> Uhr <u>壊れた</u>時計
☐		

☐ **Kar·te**	名詞［女性］	カード，メニュー，券
☐ ［カ ルテ］	– / –n	<u>Karten</u> spielen トランプ(<u>カードゲー</u>ム)をする
☐		

☐ **Kar·tof·fel**	名詞［女性］	じゃがいも
☐ ［カルトッふェる］	– / –n	Schweinebraten mit <u>Kartoffeln</u> ローストポーク <u>じゃがいも</u>添え
☐		

☐ **Kat·ze**	名詞［女性］	猫
☐ ［カッツェ］	– / –n	Die <u>Katze</u> miaut. <u>猫</u>がニャオと鳴く。
☐		

☐ **kau·fen**	動詞［他動］	買う，《sich³ ...⁴ ～》(自分用に)…を買う
☐ ［カオふェン］		Lebensmittel <u>kaufen</u> 食料品を<u>買う</u>
☐		

☐ **kein**	冠詞［否定］	[1つも]…ない，…すらない
☐ ［カイン］		Auf <u>keinen</u> Fall! ありえません(<u>1つ</u>の場合<u>もない</u>)!
☐		

☐ **ken·nen***	動詞［他動］	(経験して)知っている
☐ ［ケンネン］	▷ kann·te,	die Gegend gut <u>kennen</u> その土地をよく<u>知っている</u>
☐	ge·kannt	

☐ **ken·nen|ler-**	動詞［他動］	知り合いになる
☐ **nen** ［ケンネン・		Land und Leute <u>kennen|lernen</u> 土地と人を<u>知るようになる</u>
☐ れルネン］		

☐ **Ki·lo**	名詞［中性］	キロ[グラム]
☐ ［キーろ］	–s / –s	ein <u>Kilo</u> Kartoffeln じゃがいも 1 <u>キロ</u>
☐	(単位：–)	

70

Es ist mir <u>kalt</u>. – Vielleicht hast du dich erkältet.
（私は）<u>寒い</u>. ― ひょっとしたらかぜをひいたんじゃないの.
☞ *die* <u>Kälte</u> 寒さ, 冷たさ / heiß 暑（熱）い / kühl 涼しい, ひんやりした

Du, pass auf! Die Tasse ist <u>kaputt</u>.
君, 気をつけて! そのカップは<u>割れてる</u>よ.
☞ <u>kaputt</u>|gehen*《口語》壊れる / <u>kaputt</u>|machen《口語》壊す

Entschuldigung, die <u>Karte</u> (Speise<u>karte</u>), bitte!
すみません, <u>メニュー</u>をお願いします.
☞ *die* Kredit<u>karte</u> クレジットカード / *die* Scheck<u>karte</u> キャッシュカード

Schäl bitte die <u>Kartoffeln</u>! Inzwischen bereite ich den Salat zu.
<u>じゃがいも</u>の皮をむいてくれよ. その間に僕はサラダを作るから.
☞ *der* <u>Kartoffel</u>salat <u>ポテト</u>サラダ / *die* Salz<u>kartoffel</u>（皮なしの）塩ゆでポテト

Die männliche <u>Katze</u> heißt „Kater".
雄<u>猫</u>のことを Kater といいます.
☞ *die* Wild<u>katze</u> 山猫 / *der* Hund 犬 / *die* Maus ねずみ

Ich denke daran, <u>mir</u> eine Smartwatch zu <u>kaufen</u>.
私は（<u>自分用に</u>）スマートウォッチを<u>買おう</u>と思います.
☞ *das* <u>Kauf</u>haus 百貨店（買い物をする建物）/ <u>verkaufen</u> 売る（「買う」の反対）

Das ist <u>kein</u> Café; das ist eine Bäckerei.
これは喫茶店ではありません（<u>ない</u>です）. パン屋です.
☞ <u>keiner</u> 1人も…ない / <u>kein[e]s</u> 1つも…ない

<u>Kennst</u> du die Band? – Welche? – Sie heißt „die Band".
バンドって<u>知ってる</u>? ― どの? ― ザ・バンドっていうバンド.
☞ *die* <u>Kenntnisse</u>《複数》知識 / *das* <u>Kenn</u>zeichen 目印（知るための記号）

Auf einer Party habe ich deine Schwester <u>kennengelernt</u>.
あるパーティーで君の妹と<u>知り合いになった</u>よ.
☞ vor|stellen 紹介する / bekannt 既知の / fremd 見知らぬ

Das Fahrrad mit dem Magnesiumrahmen wiegt nur sieben <u>Kilo</u>.
このマグネシウムフレームの自転車の重量はわずか 7 <u>キロ</u>です.
☞ *das* Gramm グラム / *das* Pfund ポンド（500 g）(略: Pfd.) / *das* Gewicht 重さ

□ **Kind** □ [キント] □	名詞[中性] –[e]s / Kin·der	**子ども** ein kleines <u>Kind</u> 小さな<u>子ども</u>
□ **Ki·no** □ [キーノ] □	名詞[中性] –s / –s	**映画館** ins <u>Kino</u> gehen* 映画を見に(映画館 へ)行く
□ **Klei·dung** □ [クらイドゥング] □	名詞[女性] – / ..dun·gen	**《集合的に》衣服，服装** warme <u>Kleidung</u> 暖かい<u>衣服</u>
□ **klein** □ [クらイン] □	形容詞	**小さい** von <u>klein</u> auf <u>小さい</u>ころから
□ **ko·chen** □ [コッヘン] □	動詞[他動]	**ゆでる，沸かす** Spinat <u>kochen</u> ほうれんそうを<u>ゆで</u> <u>る</u>
□ □ □	動詞[自動]	**沸く，料理をする** Das Wasser <u>kocht</u>. お湯が<u>沸く</u>.
□ **Kof·fer** □ [コッふァァ] □	名詞[男性] –s / –	**スーツケース，トランク** den <u>Koffer</u> packen <u>スーツケース</u>に 荷物を詰める
□ **Kol·le·ge** □ [コれーゲ] □	名詞[男性] –n / –n	**(男性の)同僚(同業者)** über die <u>Kollegen</u> schimpfen <u>同僚</u> たちの悪口を言う
□ **Kol·le·gin** □ [コれーギン] □	名詞[女性] – / ..gin·nen	**女性の同僚(同業者)** den <u>Kolleginnen</u> zu|hören <u>女性の同</u> <u>僚</u>たちの声に耳を傾ける
□ **kom·men*** □ [コンメン] □	動詞[自動] ▷ kam, ge·kom·men	**来る，(相手の所に)行く** Essen <u>kommen</u>! ごはんですよ(食べ に<u>来る</u>こと)!

In der Welt leiden über hundert Millionen <u>Kinder</u> an Hunger.
世界では１億人以上の<u>子どもたち</u>が飢えに苦しんでいる.
☞ *der* <u>Kinder</u>garten 幼稚(子供)園 / *das* Baby 赤ん坊

Was läuft jetzt <u>im Kino</u>? – „Manche mögen's (mögen es) heiß".
今, <u>映画館</u>で何やってる?―『<u>お熱いのがお好き</u>』(M. Monroe 主演).
☞ *der* Film 映画 / *die* Leinwand スクリーン / *die* Vorstellung 上映, 上演

Warum kaufen viele Leute mehr <u>Kleidung</u> als sie benötigen?
なぜ多くの人々が必要以上にたくさんの<u>衣服</u>を買うのだろう.
☞ *das* <u>Kleidung</u>sstück (個々の)服 / *die* Arbeits<u>kleidung</u> 作業服

Ein <u>klein</u>es Haus kann auch praktisch sein.
<u>小さな</u>家が使いやすいということもある.
☞ *das* <u>Klein</u>geld 小銭 / winzig 非常に小さい / groß* 大きい

Ich <u>koche</u> uns erst mal einen Kaffee.
まずはコーヒーを１杯<u>沸かし</u>ましょう.
☞ backen* (オーブンで)焼く / braten* ソテーする / dünsten 蒸す / roh 生の

Meine Frau und ich <u>kochen</u> abwechselnd.
妻と私は交替で<u>料理をします</u>.
☞ *der* <u>Koch</u>・*die* <u>Köchin</u> 料理人, コック / *das* <u>Koch</u>rezept レシピ(料理法)

Den <u>Koffer</u> bekomme ich nicht zu!
<u>スーツケース</u>が閉まらない!
☞ *der* <u>Koffer</u>raum (車の)<u>トランク</u>ルーム / *der* Rucksack リュックサック

Der Arzt berät sich⁴ mit seinen <u>Kollegen</u>.
その医者はほかの<u>医師</u>(同業者)たちの意見を求める.
☞ *der* Zimmer<u>kollege</u>・*die* Zimmer<u>kollegin</u> ルームメート

Aus einer <u>Kollegin</u> wurde eine Freundin.
<u>女性の同僚</u>が私の友人の１人になった.
☞ *der* Chef・*die* Chefin (部・課などの)長(上司)

Hans, dein Freund wartet schon auf dich! – Ja, ich <u>komme</u>.
ハンス君, お友達がもう待っているよ!―うん, すぐ<u>行く</u>.
☞ zurecht|<u>kommen</u>* うまく<u>やっていく</u> / gehen* 行く

□ **kön·nen***	助動詞[話法]	…できる，…でありうる
□ [ケンネン]	kann, –st, – ▷	schwimmen <u>können</u> 泳ぐことが<u>でき</u>
□	konn·te, kön·nen	<u>る</u>

□ **Kopf**	名詞[男性]	**頭**
□ [コプふ]	–[e]s / Köp·fe	<u>Kopf</u> hoch! 奮い立て(<u>頭</u>を高く)!
□		

□ **kos·ten**	動詞[他動]	《...⁴ ～》(費用などが) …**かかる**，
□ [コステン]		(値段が) …**する**
□		viel <u>kosten</u> 金が多く<u>かかる</u>

□ **krank***	形容詞	**病気の**
□ [クランク]	krän·ker,	<u>krank</u> im Bett liegen* <u>病</u>で臥(ふ)せ
□	kränks·t..	っている

□ **Kran·ken·haus**	名詞[中性]	**病院**
□ [クランケン・	..hau·ses /	im <u>Krankenhaus</u> liegen* 入院して
□ ハオス]	..häu·ser	(<u>病院</u>で臥(ふ)せって)いる

□ **krie·gen**	動詞[他動]	《口語》**もらう，手に入れる**
□ [クリーゲン]		eine Ohrfeige <u>kriegen</u> 平手打ちを食
□		らう(<u>もらう</u>)

□ **Kü·che**	名詞[女性]	**台所，キッチン**
□ [キュッヒェ]	– / –n	die <u>Küche</u> sauber halten* <u>台所</u>を清
□		潔に保つ

□ **Ku·gel·schrei-**	名詞[男性]	**ボールペン**(略: Kuli)
□ **ber** [クーゲる・	–s / –	Der <u>Kugelschreiber</u> schreibt nicht.
□ シュライバァ]		この<u>ボールペン</u>は書けない.

□ **kühl**	形容詞	**涼しい，ひんやりした，冷静な**
□ [キューる]		ein <u>kühler</u> Morgen <u>涼しい</u>朝
□		

□ **kurz***	形容詞	**短い，簡潔な**
□ [クルツ]	kür·zer,	<u>kurze</u> Haare <u>短髪</u>
□	kür·zes·t..	

Manche Dinge <u>kann</u> man <u>nicht</u> begreifen.
人には理解できないこともある.
☞ mögen* …かもしれない

Der <u>Kopf</u> tut mir weh. – Nimm Aspirin!
私は頭が痛い. — アスピリンを飲みなさい.
☞ *das* <u>Kopf</u>kissen 枕（頭のクッション）/ *der* <u>Kopf</u>schmerz《ふつう複数》頭痛

Was <u>kostet</u> so ein Kuli (Kugelschreiber)? – Keine 5 (fünf) Euro.
そういうボールペンはいくら<u>する</u>の. — 5ユーロもしません.
☞ <u>kosten</u>los 無料（費用なし）の / *die* Neben<u>kosten</u>《複数》雑費 / *der* Betrag 金額

Er sieht blass aus. Wahrscheinlich ist er <u>krank</u>.
彼は顔が青白い. たぶん彼は<u>病気にかかっている</u>.
☞ *die* <u>Krankheit</u> 病気 / *die* <u>Kranken</u>kasse 健康（疾病）保険 / verletzt けがをした

Er ist im Krankenwagen. Kein <u>Krankenhaus</u> nimmt ihn auf.
彼は救急車の中だよ. どの<u>病院</u>も彼を受け入れてくれないんだ.
☞ *die* Klinik 専門病院 / *die* Praxis 医院 / *der* Krankenwagen 救急車

Diese Ohrringe habe ich von meinem Freund <u>gekriegt</u>.
このイヤリングはカレシから<u>もらった</u>の.
☞ bekommen* もらう / erhalten* 受け取る / geben* 与える

Wir frühstücken <u>in</u> der <u>Küche</u> und gehen gleich zur Universität.
<u>キッチンで</u>朝食をとると私たちはすぐに大学に出かけます.
☞ *das* <u>Küche</u>ngerät（台所の）調理器具 / *der* Herd レンジ

Bitte füllen Sie das Formular <u>mit</u> dem <u>Kugelschreiber</u> aus!
この用紙に<u>ボールペンで</u>記入してください.
☞ *der* Bleistift 鉛筆 / *der* Filzstift フェルトペン / *der* Füller 万年筆

Diese Entscheidung war das Ergebnis <u>kühl</u>er Überlegungen.
この決断は<u>冷静な</u>考量の結果だった.
☞ *der* <u>Kühl</u>schrank 冷蔵庫 / kalt* 寒い, 冷たい / warm* 暖（温）かい

Um es <u>kurz</u> zu sagen, kein Tag ist wie der andere.
<u>簡潔に</u>言うと, 1日たりと同じ日はない.
☞ <u>kürz</u>lich 先日（短期間前に）/ ab|<u>kürz</u>en 短縮する / lang* 長い

□ **la·chen**	動詞[自動]	**笑う**
□ [らッヘン]		Das ist zum Lachen. それはお笑い
□		草だ(笑うにふさわしい).

□ **Land**	名詞[中性]	**国, 州, 土地, 田舎**
□ [らント]	–[e]s / Län·der	ein Land ohne Steuern 税金のない
□		国

□ **lang***	形容詞	**長い, …の長さの, …**(時間・期
□ [らング]	län·ger,	間)**にわたり**
□	längs·t..	lange Beine 長い脚

□ **lang·sam**	形容詞	**のろい, ゆっくりした**
□ [らングザーム]		ein langsamer Mensch のろい人間
□		

□ **lau·fen***	動詞[自動]	**走る, 歩く**
□ [らオふェン]	au→äu ▷ lief,	Ski laufen スキーをする(スキーで走
□	ge·lau·fen	る)

□ **laut**	形容詞	(音が)**大きい, やかましい**
□ [らオト]		Etwas lauter bitte! もう少し大きな
□		声でお願いします!

□ **Le·ben**	名詞[中性]	**生命, 人生, 生活**
□ [れーベン]	–s / –	dem Verletzten das Leben retten
□		負傷者の命を救う

□ **le·gen**	動詞[他動]	(寝かせるように)**置く, 横たえる**
□ [れーゲン]		eine Fußmatte vor die Tür legen 足
□		ふきマットをドアの前に置く

□	動詞[再帰]	《sich⁴ ... ～》**…に横になる**
□		Leg dich! (犬に:)伏せ(横になれ)!
□		

□ **Leh·rer**	名詞[男性]	(男性の)**教師**
□ [れーラァ]	–s / –	ein Lehrer mit viel Erfahrung 経験
□		豊富な教師

Sie <u>lachte</u> so heftig, dass ihr die Tränen kamen.
彼女は涙が出るほど大笑いをした（激しく<u>笑った</u>）.
☞ <u>lächeln</u> ほほえむ / <u>lächerlich</u> ばかばかしい（<u>笑える</u>）/ weinen 泣く

Die Bundesrepublik Deutschland hat 16 (sechzehn) <u>Länder</u>.
ドイツ連邦共和国は 16 の<u>州</u>がある.
☞ die <u>Landschaft</u> 風景（土地の景観）/ das <u>Ausland</u> 外国 / die <u>Gegend</u> 地方

Die Brücke ist die <u>längste</u> Fußgänger-Hängebrücke der Welt.
あの橋は世界<u>最長</u>の歩行者用つり橋です.
☞ <u>lange</u>* 長い間 / die <u>Länge</u> 長さ / <u>verlängern</u> 延長する / kurz* 短い

Fahr bitte <u>langsam</u>! – Wozu ist die Autobahn da?
<u>ゆっくり</u>運転してよ！ー 何のためにアウトバーンがあるんだよ？
☞ die Geschwindigkeit 速度 / flink 敏しょうな / schnell 速い

Er <u>läuft</u> zum Bahnhof und fährt mit dem Zug in die Stadt.
彼は駅まで<u>歩いて</u>, 電車で市内へ行きます.
☞ <u>verlaufen</u>*（道路などが…を）<u>走っている</u> / rennen* 疾走する

Der Fernseher ist <u>zu laut</u>. Stell ihn bitte leiser!
テレビの音が<u>大きすぎる</u>わ. ボリュームを下げてちょうだい.
☞ der <u>Laut</u>sprecher ラウドスピーカー / groß*（形が）大きい / leise（音が）小さい

Ein Onkel von mir führte ein seltsames <u>Leben</u>.
叔父の 1 人はたぐいまれな<u>人生</u>を送った.
☞ das <u>Lebens</u>mittel《ふつう複数》食料品（命の糧）/ die Existenz 存在

Er <u>legte</u> das Baby aufs Sofa und es fing wieder an, zu schreien.
彼が赤ん坊をソファーに<u>横たえる</u>と赤ん坊はまた泣き始めた.
☞ liegen* 横たわっている / stellen 立てる

Er <u>legte sich</u>⁴ aufs Sofa und schlief gleich ein.
彼はソファーに<u>横になる</u>とすぐに眠り込んだ.
☞ <u>hin|legen</u>《sich⁴ ～》<u>横になる</u>

Unser <u>Lehrer</u> trägt in der Schule immer einen Weißkittel.
私たちの<u>先生</u>は学校ではいつも白衣を着ています.
☞ der Deutsch<u>lehrer</u> · die Deutsch<u>lehrerin</u> ドイツ語<u>教師</u> / <u>lehren</u> 教える

□ **Leh·re·rin**	名詞[女性]	**女性教師**
□ [れーレリン]	– / ..rin·nen	eine <u>Lehrerin</u> mit Herz und Seele
□		思いやりと真心のある<u>女性教師</u>

□ **leicht**	形容詞	**軽い，易しい**
□ [らイヒト]		ein <u>leicht</u>er Mantel <u>軽い</u>コート
□		

□ **lei·der**	副詞	**残念ながら，心苦しいのだが**
□ [らイダァ]		<u>Leider</u> regnet es. <u>残念ながら</u>雨が降
□		っている．

□ **lei·se**	形容詞	**(音が)小さい，かすかな**
□ [らイゼ]		<u>leise</u> sprechen* <u>小さい</u>声で話す
□		

□ **ler·nen**	動詞[他動]	**学ぶ，覚える**
□ [れルネン]		ein Gedicht auswendig <u>lernen</u> 詩を
□		暗記する(そっくりそのまま<u>覚える</u>)
□	動詞[自動]	**学ぶ**
□		fleißig <u>lernen</u> 一生懸命に<u>学ぶ</u>
□		

□ **le·sen***	動詞[他動]	**読む**
□ [れーゼン]	liest, – ▷ las,	einen Roman <u>lesen</u> 長編小説を<u>読む</u>
□	ge·le·sen	
□	動詞[自動]	**読む，本を読む**
□	(上と同じ変化)	Ich <u>lese</u> gern. 私は<u>本を読む</u>のが好
□		きだ．

□ **letz·t..**	形容詞	**最後の，最近の，この前の**
□ [れツト..]		der <u>letzt</u>e Zug 終電(<u>最後の</u>電車)；最
□		終列車

□ **Leu·te**	名詞[複数]	**人々**
□ [ろイテ]		die jungen <u>Leute</u> von heute 今日の
□		若い<u>人々</u>

Morgens vor der Schule joggt die <u>Lehrerin</u> eine halbe Stunde.
朝, 始業前にその先生(<u>女性教師</u>)は 30 分ジョギングをします.
☞ *der* Schüler・*die* Schülerin 生徒 / *der* Student・*die* Studentin 大学生

Die Hausaufgaben waren <u>leicht</u>. In einer Stunde war ich fertig.
宿題は<u>易し</u>かった. 1 時間でできちゃった.
☞ <u>erleichtern</u> (負担を)<u>軽く</u>する / <u>leicht</u>sinnig 軽率な / schwer 重い, 難しい

<u>Leider</u> habe ich jetzt keine Zeit. Komm bitte morgen wieder!
<u>残念だけど</u>今は時間がないんだ. あしたまた来てくれよ.
☞ <u>leiden</u>* 苦しむ / <u>leid</u>|tun* 残念がらせる

Ich spüre einen <u>leisen</u> Windhauch.
私は<u>かすかな</u>風を感じる.
☞ ruhig 静かな / still 静寂な / klein (形が)小さい / laut (音が)大きい

Erst an der Universität habe ich Deutsch <u>gelernt</u>.
ドイツ語を<u>学んだ</u>のは大学に入ってからです.
☞ <u>verlernen</u> (学んだことを)忘れる(「<u>学ぶ</u>」の反対) / lehren 教える

Der neue Lehrling <u>lernt</u> schnell.
今度の見習いは飲み込みが(<u>学ぶ</u>のが)早い.
☞ *die* <u>Lern</u>methode <u>学習</u>方法

Welche Zeitung <u>lesen</u> Sie? – „DIE ZEIT".
どの新聞を<u>読んで</u>いますか? ―『ディー・ツァイト』です.
☞ *der* Leser・*die* Leserin 読者 / vor|<u>lesen</u>* <u>読ん</u>で聞かせる

Ohne Brille <u>kann</u> ich <u>nicht lesen</u>. Haben Sie eine Lesebrille?
眼鏡がないと<u>読めない</u>んです. 老眼鏡は置いてありますか.
☞ *das* <u>Lese</u>buch <u>読</u>本 / *der* <u>Lese</u>saal (図書館の)閲覧室(<u>読書</u>用のホール)

<u>Das letzte Mal</u>, dass wir uns sahen, ist schon lange her.
<u>最後[の回]</u>に私たちが会ったのはもうずいぶん前のことです.
☞ zu<u>letzt</u> <u>最後</u>に / erst.. 最初の

Wie viele <u>Leute</u> kommen zur Party? – Etwa dreißig.
パーティーには何人[の<u>人々が</u>]来るのですか. ― 約 30 人です.
☞ *die* Lands<u>leute</u> 《複数》同郷<u>人たち</u> / *der* Mensch 人間 / *die* Person 人物

□ **Licht** □ [**リ**ヒト] □	名詞[中性] –[e]s / Lich·ter	**光，明かり** <u>Licht</u> und Schatten <u>光</u>と影
□ **lieb** □ [**リ**ープ] □	形容詞	**親愛なる，好ましい，優しい** <u>Liebe</u> Uta, <u>lieber</u> Ken, ... （手紙で:） <u>親愛なる</u>歌さん，<u>親愛なる</u>健君，…
□ **Lied** □ [**リ**ート] □	名詞[中性] –[e]s / Lie·der	**歌** ein <u>Lied</u> komponieren <u>歌</u>を作曲する
□ **lie·gen*** □ [**リ**ーゲン] □	動詞[自動] ▷ lag, ge·le·gen	**横たわっている，[置いて]ある** auf dem Sofa <u>liegen</u> ソファーに<u>横 たわっている</u>
□ **Li·ter** □ [**リ**ータァ] □	名詞[男性 / 中性] –s / –	**リットル**(略: l) ein Eimer von zehn <u>Litern</u> 10 <u>リット ル</u>のバケツ
□ **ma·chen** □ [**マ**ッヘン] □	動詞[他動]	**作る，する** das Essen <u>machen</u> 食事を<u>作る</u>
□ **Mäd·chen** □ [**メ**ーティヒェン] □	名詞[中性] –s / –	**少女，女の子** ein niedliches <u>Mädchen</u> かわいらし い<u>少女</u>
□ **Mai** □ [**マ**イ] □	名詞[男性] –[e]s または – / –e	**5 月** Komm, lieber <u>Mai</u>! <u>5 月</u>よ来い!(W. A. Mozart 作曲，『春へのあこがれ』より)
□ **man** □ [**マ**ン] □	代名詞[不定] ei·nem³, ei·nen⁴	**人は** In Japan isst <u>man</u> viel Fisch. 日本 では[<u>人は</u>]魚をたくさん食べます.
□ **Mann** □ [**マ**ン] □	名詞[男性] –[e]s / Män·ner	**男性，男，夫** Ein <u>Mann</u>, ein Wort. <u>男子</u>の一言， 金鉄のごとし.

80

Wie lange benötigt das Licht von der Sonne zur Erde?
太陽から地球まで光はどれほどの時間を要しますか.
☞ *das* Mondlicht 月光 / *der* Schein 輝き / *der* Blitz 稲光 / *die* Kerze ろうそく

Es wäre mir lieb, wenn Sie mir den Weg zeigen würden.
道を教えていただければありがたいです(私にとって好ましい).
☞ *der* Liebling お気に入り[の人] / lieben 愛する / brav 行儀のよい

Die Japanerin singt ein deutsches Lied.
その日本人女性はドイツの歌を歌う.
☞ *das* Kinderlied わらべうた / *das* Weihnachtslied クリスマスの讃美歌

Suchst du deine Tasche? Sie liegt hier auf dem Stuhl.
君はバッグを探しているの? それならここのいすの上にあるよ.
☞ liegen|lassen* 置き忘れる / befinden*《sich⁴ ... ～》…にある

In Süddeutschland sagt man „eine Maß" für einen Liter Bier.
南ドイツでは1リットルのビールのことを eine Maß と言う.
☞ *der* (*das*) Hektoliter ヘクトリットル / *der* (*das*) Milliliter ミリリットル

Was machst du am Wochenende? – Ich jobbe.
週末は何するの?— バイト.
☞ bekannt|machen 公表する(公にする) / unternehmen* 企てる

Die Mädchen spielen mit Puppen, die Jungen mit Bauklötzen.
女の子たちは人形で,男の子たちは積み木で遊んでいます.
☞ *der* Junge 少年,男の子 / *die* Frau 成人女性

Im Mai werden die Berge grün.
5月に山々は緑になります.
☞ *der* Maikäfer こふきこがね虫(5月の甲虫) / *der* Juni 6月

In diesem Gebäude wird einem gleich schlecht.
この建物に入るとすぐに気持ちが悪くなる(人に不快な気持ちが起こる).

Ich würde meinen Mann immer wieder heiraten.
私は夫とは何度でも結婚したいと思うわ.
☞ männlich 男の / *die* Mannschaft チーム(男(臣下)の集団) / *die* Frau 女性,妻

□ **März**	名詞[男性]	**3 月**
□ [メルツ]	–[es] / Mär·ze	Ende <u>März</u> <u>3 月</u>末に
□		

□ **Meer**	名詞[中性]	**海，大洋**
□ [メーァ]	–[e]s / Mee·re	im <u>Meer</u> schwimmen* <u>海</u>で泳ぐ
□		

□ **mehr**	形容詞	**より多い**
□ [メーァ]		Je <u>mehr</u>, desto besser. 多ければ多
□		いほどよい(<u>より多い</u>とよりよい).
□	副詞	**より多く，《nicht ～》もう…ない**
□		immer <u>mehr</u> ますます(絶えず<u>より多</u>
□		<u>く</u>)

□ **mein**	冠詞[所有]	**私の**
□ [マイン]		<u>Mein</u> Gott! なんということだ(<u>私の</u>
□		神様)!

□ **meis·t..**	形容詞	**いちばん多い，たいていの**
□ [マイスト..]		die <u>meisten</u> Stimmen bekommen*
□		<u>いちばん多い</u>票を獲得する

□ **meist**	副詞	**たいてい**
□ [マイスト]		<u>meist</u> zu Hause sein* <u>たいてい</u>家に
□		いる

□ **Mensch**	名詞[男性]	**人間**
□ [メンシュ]	Men·schen /	ein schwieriger <u>Mensch</u> 気難しい<u>人</u>
□	Men·schen	<u>間</u>

□ **Me·ter**	名詞[男性 /	**メートル**(略: m)
□ [メータァ]	中性]	hundert <u>Meter</u> in zehn Sekunden
□	–s / –	laufen* 100 <u>メートル</u>を 10 秒で走る

□ **mie·ten**	動詞[他動]	**賃借する**
□ [ミーテン]		[sich³] ein Auto <u>mieten</u> 車を 1 台レ
□		ンタルする(<u>賃借する</u>)

Im März schmilzt der Schnee.
3月には雪が解けます.
☞ die Märzsonne 3月の日の光 / der April 4月

Nächste Woche fahren wir ans Meer.
来週, 私たちは海に行きます.
☞ das Mittelmeer 地中海 / die Insel 島 / die Küste 海岸 / der Strand 浜

Mein großer Bruder will immer mehr haben als ich.
お兄ちゃんはいつも僕より多く取ろうとするんだ.
☞ mehrere 複数の(一定の多さの) / die Mehrwertsteuer 付加価値税 / viel* 多い

Er lernt nicht mehr Deutsch. Er meint, es gemeistert zu haben.
彼はもうドイツ語を習ってない. もうマスターしたんだってさ.
☞ vielmehr むしろ(それだけにとどまらずさらに多く)

Ist das mein Wörterbuch? – Nein, das ist meins!
これ私の辞書かな. — いや, それは僕の[もの]だよ!
☞ dein 君の

Die meiste Zeit verbringe ich am Computer.
たいていの時間を私はコンピューターに向かって過ごします.
☞ viel* 多い / mindest.. いちばん少ない

Von Anfang Juni bis Mitte Juli ist es in Tokio meist regnerisch.
6月初めから7月半ばは東京はたいてい雨模様です.
☞ meistens たいてい / oft* しばしば / selten めったに…ない

Du hast Nessie gesehen?! Das glaubt kein Mensch.
君はネッシーを見たって?! そんなの誰も(1人の人間も)信じないよ.
☞ menschlich 人間の, 人間的な / das Menschenrecht 人権 / der Affe 猿

Wie weit kannst du schwimmen? – Dreitausend Meter.
君はどれくらい泳げる? — 3000 メートル.
☞ der(das) Zentimeter センチメートル / der(das) Kilometer キロメートル

Wir mieten uns ein Ferienhaus in Tirol.
私たちはチロル地方に別荘を借ります(賃借する).
☞ die Miete 家賃 / vermieten 賃貸する / der Makler・die Maklerin 不動産業者

☐ **Milch** ☐ [ミるヒ] ☐	名詞[女性] – /	**牛乳, 乳** Milch mit viel Fett 脂質の多い牛乳	

☐ **Mil·liạr·de** ☐ [ミりアルデ] ☐	名詞[女性] – / –n	**10億, 10億[人]の** 1,4 (eins Komma vier) Milliarden Inder 14億(1.4 × 10億)のインド人

☐ **Mil·lion** ☐ [ミりオーン] ☐	名詞[女性] – / ..lio·nen	**100万, 100万[人]の** ein Monatsgehalt von einer Million Euro 月給100万ユーロ

☐ **Mi·nu·te** ☐ [ミヌーテ] ☐	名詞[女性] – / –n	**分(ふん)** mit einem Abstand von zwei Mi- nuten 2分間隔で

☐ **mit** ☐ [ミット] ☐	前置詞[3格 支配]	**…と[いっしょに], …の付いた, …で** mit Mutti お母さんといっしょに

☐ **mit|brin·gen*** ☐ [ミット・ ☐ ブリンゲン]	動詞[他動] ▷ brach·te, ge·bracht	**(携えて)持ってくる, 連れてくる** Freunde zur Party mit|bringen 友だ ちをパーティーに連れてくる

☐ **mịt|neh·men*** ☐ [ミット・ ☐ ネーメン]	動詞[他動] eh→im ▷ nahm, ge·nom·men	**(携えて)持っていく, 連れていく** Brot für unterwegs mit|nehmen 弁 当の(道中食べる)パンを持っていく

☐ **Mịt·tag** ☐ [ミッターク] ☐	名詞[男性] –[e]s / ..ta·ge	**正午, 昼** gegen Mittag 正午ごろ

☐ **Mịt·te** ☐ [ミッテ] ☐	名詞[女性] – / –n	**中央, 真ん中, 《副詞的に》中ご ろに** die Mitte eines Kreises 円の中心

☐ **Mịtt·woch** ☐ [ミット・ ☐ ヴォッホ]	名詞[男性] –[e]s / ..wo·che	**水曜** Morgen ist Mittwoch. あしたは水曜 だ.

Zum Frühstück trinke ich ein Glas <u>Milch</u>.
朝食に私は<u>牛乳</u>を1杯飲みます.
☞ *der* <u>Milch</u>zahn 乳歯 / *die* Mutter<u>milch</u> 母乳 / *die* Voll<u>milch</u> 成分無調整牛乳

Die Villa des Premierministers kostet zwei <u>Milliarden</u> Yen!
総理大臣の豪邸は20億(2 × <u>10億</u>)円もする!
☞ *das* <u>Milliarden</u>geschäft 10億単位の取引

Das Defizit des Warenhauses beträgt hundert <u>Millionen</u> Euro.
そのデパートの赤字額は1億(100 × <u>100万</u>)ユーロに上る.
☞ *der* <u>Millionär</u> ・ *die* <u>Millionärin</u> 百万長者 / *die* <u>Millionen</u>stadt 百万都市

Wir müssen uns beeilen. In fünf <u>Minuten</u> geht unser Zug.
急がないと. あと<u>5分</u>で僕たちの乗る列車が出るぞ.
☞ *die* Schweige<u>minute</u> 黙とう(沈黙の<u>1分</u>) / *die* Sekunde 秒 / *die* Stunde 時間

Wenn wir japanisch essen, essen wir <u>mit</u> Ess-Stäbchen.
和食を食べるとき, 私たちは箸(はし)<u>で</u>食べます.
☞ da<u>mit</u> それ<u>で</u> / ohne …なしに

Jeder Gast hat etwas <u>mitgebracht</u> – Kuchen, Salat, Wein, ...
お客は皆, 何かを<u>持ってきました</u> — ケーキ, サラダ, ワイン, …
☞ *das* <u>Mitbringsel</u> 土産(携えて持ってくる物)

Wir <u>nehmen</u> die Kinder auf die Reise <u>mit</u>.
私たちは子どもたちを旅行に<u>連れていきます</u>.
☞ zurück|lassen* 置いていく

Ich habe morgen <u>Mittag</u> einen Termin bei meinem Hausarzt.
あすの<u>昼</u>はかかりつけ医のところに行く予定があります.
☞ <u>mittags</u> 正午に / *das* <u>Mittag</u>essen 昼食 / *der* Vormittag 午前 / *der* Morgen 朝

In der <u>Mitte</u> des Toya-Sees sind vier Inseln.
洞爺湖の真ん<u>中</u>に4つの島があります.
☞ <u>mitten</u> 真ん中に / *der* Durchschnitt 平均 / *das* Zentrum 中心 / *der* Rand 縁

Am <u>Mittwoch</u> ist die Woche halb geschafft.
<u>水曜日</u>で1週間は半分終わったようなものだ.
☞ <u>mittwochs</u> (反復的に:)<u>水曜に</u> / *der* <u>Mittwoch</u>nachmittag 水曜の午後

□ **Mö·bel** □ [メーべる] □	名詞[中性] –s / –	《ふつう複数》家具 antike <u>Möbel</u> アンティークの<u>家具</u>
□ **möch·te** □ [メヒテ] □	助動詞[話法] möch·te, –st, – ▷（なし）	…したい[のだが]，欲しい[のだが] Was <u>möchtest</u> du? 何が<u>欲しい</u>?
□ **mö·gen*** □ [メーゲン] □	助動詞[話法] mag, –st, – ▷ moch·te, mö·gen	…かもしれない，…するならするがいい，好む Das <u>mag</u> sein. そうかもしれない.
□ **Mo·ment** □ [モメント] □	名詞[男性] –[e]s / ..men·te	瞬間，一瞬 Einen <u>Moment</u>, bitte! ちょっと待ってください(<u>一瞬</u>の猶予を)!
□ **Mo·nat** □ [モーナット] □	名詞[男性] –[e]s / ..na·te	(暦の)月 alle zwei <u>Monate</u> ひと<u>月</u>おきに
□ **Mon·tag** □ [モーン・ターク] □	名詞[男性] –[e]s / ..ta·ge	月曜 letzten <u>Montag</u> この間の<u>月曜</u>に
□ **mor·gen** □ [モルゲン] □	副詞	あす Bis <u>morgen</u>! またあした(<u>あすまで</u>)!
□ **Mor·gen** □ [モルゲン] □	名詞[男性] –s / –	朝 Guten <u>Morgen</u>! おはようございます(よい<u>朝</u>を)!
□ **mü·de** □ [ミューデ] □	形容詞	疲れた，眠い <u>müde</u> von der Arbeit 仕事に<u>疲れて</u>
□ **Mund** □ [ムント] □	名詞[男性] –[e]s / Mün·der	口 den <u>Mund</u> halten* <u>口</u>をつぐむ

Mein Vater ist kein Tischler, baut aber einfache <u>Möbel</u> selber.
父は家具職人ではありませんが，簡単な<u>家具</u>なら自分で作ります．
☞ <u>möbliert</u> 家具付きの / das Küchen<u>möbel</u> 厨房家具

Ich <u>möchte</u> einmal in den Schwarzwald fahren.
一度シュヴァルツヴァルト (黒い森) へ行っ<u>てみたい</u>と思います．
☞ der <u>Möchte</u>gern 高慢ちき (偉そうに<u>したい</u>人) / wollen* …するつもりである

Ich trinke gerne frische Milch, aber ich <u>mag</u> keine Sauermilch.
私は新鮮な牛乳はよく飲むけど，サワーミルクは<u>好き</u>じゃないな．
☞ <u>möglich</u> ありうる，可能な

Knips! Aber genau <u>in</u> dem <u>Moment</u> sprang die Katze weg.
[カメラで]パチリ! でもちょうどその<u>瞬間</u>に猫は跳んで逃げちゃった．
☞ <u>momentan</u> 目下 (<u>この瞬間において</u>) / der Augenblick 瞬間

Welche <u>Monate</u> haben 28 (achtundzwanzig) Tage? – Alle.
28 日あるのは何<u>月</u>だ? ― 全部さ．
☞ <u>monatlich</u> 毎月 / die Woche 週 / das Jahr 年 / der Kalender カレンダー

<u>Am</u> <u>Montag</u> war Vollmond.
<u>月曜[に]</u>は満月だった．
☞ <u>montags</u> (反復的に:) <u>月曜に</u> / der Oster<u>montag</u> 復活祭月曜日

Das geht nicht von heute auf <u>morgen</u>.
きょう<u>あす</u> (きょうからあしたへ) というわけにはいきません．
☞ <u>über</u>morgen あさって (<u>あす</u>の向こうに) / die Zukunft 未来 / gestern きのう

<u>Am</u> <u>Morgen</u> hatte ich Halsweh, aber jetzt nicht mehr.
<u>朝[に]</u>はのどの痛みがありましたが，今はもうないです．
☞ <u>morgens</u> (反復的に:) <u>朝に</u> / der Mittag 昼 / der Abend 晩 / die Nacht 夜

Hast du nicht gut geschlafen? Du siehst noch <u>müde</u> aus.
よく眠れなかった? まだ<u>眠た</u>そうだね．
☞ die Müdigkeit 疲れ / tod<u>müde</u> 死ぬほど<u>疲れた</u> / munter 元気な，眠くない

Mit vollem <u>Mund</u> spricht man nicht!
食べ物を口に入れたまま (いっぱいに詰まった<u>口</u>で) しゃべらないの!
☞ <u>mündlich</u> 口頭による / schriftlich 筆記による / das Maul (動物の) 口

☐ **Mu·sik**	名詞[女性]	音楽
☐ [ムズィーク]	– / ..si·ken	<u>Musik</u> machen （数人で）<u>音楽</u>を演奏
☐		する

☐ **müs·sen***	助動詞[話法]	…せねばならぬ，…に違いない
☐ [ミュッセン]	muss, –t, – ▷	Ich <u>muss</u> mal. 《口語》ちょっと失礼
☐	musste, müs·sen	（トイレに行か<u>なければならない</u>）.

☐ **Mut·ter**	名詞[女性]	母，母親
☐ [ムッタァ]	– / Müt·ter	<u>Mutter</u> werden* <u>母</u>になる
☐		

☐ **nach**	前置詞[3 格	…[の方]へ，…のあとで，…に
☐ [ナーハ]	支配]	従って
☐		<u>nach</u> Naha fahren* 那覇<u>へ</u>行く

☐ **Nach·mit·tag**	名詞[男性]	午後
☐ [ナーハ・	–[e]s / ..ta·ge	heute <u>Nachmittag</u> きょうの<u>午後</u>
☐ ミッターク]		

☐ **nächs·t..**	形容詞	いちばん近い，次の
☐ [ネーヒスト..]		der <u>nächste</u> Briefkasten <u>いちばん近</u>
☐		<u>い</u>郵便ポスト

☐ **Nacht**	名詞[女性]	夜
☐ [ナハト]	– / Näch·te	Gute <u>Nacht</u>! Schlaf gut! おやすみ
☐		（よい<u>夜</u>を）! ぐっすり寝なさい!

☐ **Na·me**	名詞[男性]	名前
☐ [ナーメ]	–ns / –n	Wie ist Ihr <u>Name</u>? あなたのお<u>名前</u>
☐		は?

☐ **neh·men***	動詞[他動]	[手に]取る，受け取る，選び取
☐ [ネーメン]	eh→im ▷ nahm,	る，使う
☐	ge·nom·men	Hier <u>nimm</u>! さあ<u>受け取れ</u>!

☐ **nein**	副詞	いいえ，《否定疑問への答えで》は
☐ [ナイン]		い
☐		<u>nein</u> sagen 拒否する（<u>いいえ</u>と言う）

88

Manche Leute möchten <u>Musik</u> mit großer Lautstärke <u>hören</u>.
音楽を大きな音で聴きたがる人もいます.
☞ *der* <u>Musiker</u> · *die* <u>Musikerin</u> 音楽家 / *das* Instrument 楽器 / *die* Note 音符

Du <u>musst</u> zur Universität gehen! Es sind keine Ferien mehr.
大学に行か<u>なければいけません</u>よ. もう休みじゃないんだから.
☞ dürfen* …してよい

<u>Meine</u> <u>Mutter</u> ist größer als mein Vater.
母は父より背が高い.
☞ *die* <u>Mutter</u>sprache 母語 / *die* Mama ママ / *der* Vater 父

<u>Nach</u> dem Unterricht haben wir Training im Fußballklub.
放課後, 私たちはサッカー部の練習があります.
☞ da<u>nach</u> そのあとで / <u>nach</u>her あとで / vor …の前に

Einen schönen <u>Nachmittag</u> mit Kaffee und Kuchen!
コーヒーとケーキですてきな午後をお過ごしください.
☞ <u>nachmittag</u>s (反復的に:) 午後に / *der* Vormittag 午前

Am <u>nächsten</u> Tag haben sie sich[4] wieder versöhnt.
次の日, 彼らはまた仲直りした.
☞ zu<u>nächst</u> 最初に (<u>直近の</u>ものとして) / letzt.. 最後の, 最近の

Ich habe gestern die ganze <u>Nacht</u> durchgearbeitet.
私はきのう徹夜しました (<u>夜</u>をすべて働き通した).
☞ <u>nacht</u>s 夜に / *die* Mitter<u>nacht</u> 真夜中 / *der* Tag 昼

Ich kenne ihn nur dem <u>Namen</u> nach.
私は彼の<u>名前</u>を聞いたことがあるだけだ.
☞ <u>näm</u>lich 具体的に言うと (<u>名称を挙げて言うと</u>) / unterschreiben* 署名する

Ich <u>nehme</u> dieses T-Shirt mit dem japanischen Schriftzeichen.
この日本語の文字が書いてあるTシャツにします (を<u>選び取る</u>).
☞ zu|<u>nehme</u>n* 太る (追加の体重を<u>受け取る</u>) / *die* Ausnahme 例外 (<u>取り除き</u>)

Kommst du heute nicht zur Uni (Universität)? – <u>Nein</u>.
きょうは大学に来ないの? ── はい (行かない).
☞ <u>verneinen</u> いいえで答える / negativ 否定の / ab|lehnen 拒絶する / ja はい

☐ **nẹtt** ☐ [ネット] ☐	形容詞	**感じのいい，親切な** ein nettes Restaurant 感じのいいレストラン
☐ **neu** ☐ [ノイ] ☐	形容詞	**新しい，初めての** ein neues Modell von Mercedes ベンツの新しいモデル
☐ **neun** ☐ [ノイン] ☐	数詞[基数]	**9，9つ（9人）の** von neun bis fünf 9時から5時まで
☐ **neunt** ☐ [ノイント] ☐	数詞[序数]	**第9の，9番目の** Beethovens Neunte ベートーベンの第9[の交響曲]
☐ **neun·zehn** ☐ [ノイン・ ☐ ツェーン]	数詞[基数]	**19，19[人]の** Geöffnet bis 19 (neunzehn) Uhr 19時まで営業中
☐ **neun·zehnt** ☐ [ノイン・ ☐ ツェーント]	数詞[序数]	**第19の，19番目の** im 19. (neunzehnten) Jahrhundert 19[番目の]世紀に
☐ **neun·zig** ☐ [ノイン・ツィヒ] ☐	数詞[基数]	**90，90[人]の** zu 90 (neunzig) Prozent fix 9割方（90パーセント）確定の
☐ **nịcht** ☐ [ニヒト] ☐	副詞	**…ない，《～ wahr?》でしょう？** Nein, gar nicht. いえ，全然（そうではない）.
☐ **nịchts** ☐ [ニヒツ] ☐	代名詞[不定]	**何も…ない** Es gibt nichts Neues. 何も目新しいことはない.
☐ **nie** ☐ [ニー] ☐	副詞	**決して（一度も）…ない** Jetzt oder nie! 今でしょ（今やらなければ決してチャンスはない）!

Die Flugbegleiterin war sehr aufmerksam und <u>nett</u>.
その女性客室乗務員はよく気がつく人で<u>親切</u>でした.

☞ <u>freundlich</u> 親切な / sympathisch 好感の持てる / frech 生意気な

Der Premier ist zurückgetreten. – Was? Das ist mir <u>neu</u>.
首相が辞任したぞ. — 何? それは[私にとって]初耳だ(耳<u>新しい</u>).

☞ <u>neu</u>lich 先日(まだ<u>新しく</u>) / <u>neu</u>gierig 好奇心の強い(<u>新</u>奇を好む) / alt* 古い

<u>Neun</u> ist eine ungerade Zahl.
9 は奇数である.

☞ <u>neun</u>fach 9 倍の / das <u>Neun</u>auge やつめうなぎ(9 つの目)

Das <u>neunte</u> Lebensjahr ist ein Alter, in dem sich[4] viel ändert.
生後 9 年目(<u>9 番目の年</u>)は多くの変化が生じる年齢である.

In Niedersachsen macht man mit 19 (<u>neunzehn</u>) Jahren Abitur.
ニーダーザクセン州では <u>19</u> 歳で高校卒業試験を受けます.

☞ 1919 (<u>neunzehn</u>hundert<u>neunzehn</u>) <u>1919</u> 年に

In Australien schied Senna* in der 19. (<u>neunzehnten</u>) Runde aus.
オーストラリアでセナは 19 周目(第 <u>19</u> 周)でリタイアした.

* Ayrton Senna da Silva レーシングドライバー(1960–1994)

Mit 1,90 m* Größe habe ich in Japan manchmal Schwierigkeiten.
上背が 1 メートル <u>90</u> あるので私は日本で時々苦労します.

* einem Meter <u>neunzig</u>

Sie sind ein Android, <u>nicht wahr</u>? – Nein, ich bin ein Cyborg.
あなたはアンドロイド<u>でしょう</u>? — いえ, サイボーグです.

☞ <u>nicht</u>rostend ステンレスの(さび<u>ない</u>) / das Vergissmein<u>nicht</u> 忘れな草

<u>Nichts</u> sehen, <u>nichts</u> hören, <u>nichts</u> sagen.
見ざる聞かざる言わざる(<u>何も見ない</u>, <u>何も聞かない</u>, <u>何も言わない</u>).

☞ der <u>Nichts</u>könner・die <u>Nichts</u>könnerin 無能な人間(<u>何もできない</u>人)

Ich habe noch <u>nie</u> Weinbergschnecken gegessen.
私はまだ<u>一度も</u>エスカルゴを食べたことが<u>ありません</u>.

☞ <u>nie</u>mals <u>決して(一度も)…ない</u> / oft* しばしば

☐ **noch** ☐ ［ノッホ］ ☐	副詞	**あと, まだ, さらに** <u>Noch</u> drei Minuten und du bist tot! <u>あと</u> 3 分でお前は地獄行きだ(死ぬ).
☐ **Nor·den** ☐ ［ノルデン］ ☐	名詞［男性］ –s /	**北** von <u>Norden</u> nach Süden <u>北</u>から南 へ
☐ **No·vem·ber** ☐ ［ノヴェンバァ］ ☐	名詞［男性］ –[s] / –	**11 月** der Grabbesuch am 1. (ersten) <u>No- vember</u> <u>11 月</u> 1 日(万聖節)の墓参り
☐ **null** ☐ ［ヌる］ ☐	数詞［基数］	**0, ゼロの** in <u>null</u> Komma nichts《口語》あっ という間に(<u>ゼロコンマ</u>皆無のうちに)
☐ **Num·mer** ☐ ［ヌンマァ］ ☐	名詞［女性］ – / –n	**番号, ナンバー** die unangefochtene <u>Nummer</u> eins 無敵の<u>ナンバー</u>ワン(の選手など)
☐ **nur** ☐ ［ヌーァ］ ☐	副詞	**ただ…だけ, …しかない** <u>Nur</u> so! <u>ただ</u>何となくです!
☐ **oben** ☐ ［オーベン］ ☐	副詞	**上に** nach <u>oben</u> <u>上</u>の方へ
☐ **Obst** ☐ ［オープスト］ ☐	名詞［中性］ –[e]s /	**《集合的に》果物, フルーツ** <u>Obst</u> ernten <u>果物</u>を収穫する
☐ **oder** ☐ ［オーダァ］ ☐	接続詞［並列］	**…または…, …それとも…** tot <u>oder</u> lebendig 生死不問(死んだ 状態<u>または</u>生きた状態で)
☐ **öff·nen** ☐ ［エふネン］ ☐	動詞［他動］	**開ける** Wir haben <u>geöffnet</u>. 営業中(当店は <u>開けられている</u>).

Mein Kleiner kann noch nicht laufen.
うちのちび君はまだ歩けないのよ.
☞ nochmals もう(あと)一度 / schon もう / mehr《nicht ~》もはや…ない

Im Norden hat es viel geschneit.
北部ではたくさん雪が降りました.
☞ nördlich 北方の / der Nordosten 北東 / der Süden 南

In Japan gibt es den ersten Frost im November.
日本では 11 月に初霜が降ります.
☞ das Novemberwetter (どんよりとした)11 月の天気 / der Dezember 12 月

Unsere Mannschaft hat eins zu null gewonnen.
わがチームは 1 対 0 で勝った.
☞ der Nullmeridian グリニッジ子午線(経度 0) / minus マイナス / plus プラス

Ihr Zimmer ist Nummer 4 (vier). Eine angenehme Nachtruhe!
お客様のお部屋は 4 号室(番号 4)です. ごゆっくりお休みください.
☞ die Hausnummer 家屋番号 / die Zahl 数 / die Ziffer 数字

Ich habe nur drei Euro bei mir. Kannst du für mich bezahlen?
僕は手元に 3 ユーロしかない. 君が払っておいてくれるか?
☞ allein《雅語》ただ…だけ / auch …も

Oben sind noch ein paar Sitze frei.
上[の階に]はまだ席がいくつか空いていますよ.
☞ ober.. 上の / unten 下に

Meine Freundin isst gerne Obst, aber Kiwis mag sie nicht.
僕の彼女はフルーツをよく食べるけど, キウイは苦手なんだよ.
☞ die Frucht 果実 / die Ernte 収穫 / das Gemüse《集合的に》野菜 / reif 熟した

Du hast Durst, oder? – Ja, meine Kehle ist wie ausgetrocknet.
のどが渇いているんだろ(それとも)? — ああ, のどがカラカラだ.
☞ und そして / aber しかし / entweder《~ A oder B》A か B のどちらか

Kannst du mal die Weinflasche öffnen? – Ja, kein Problem.
ちょっとこのワインボトルの栓を開けてくれる? — うん, いいよ.
☞ eröffnen 開店する / schließen* 閉める / ab|schließen* 鍵をかけて閉める

□ （öffnen の続き）	動詞[自動]	**開く**
□		Die Bank öffnet um neun Uhr. 銀行
□		は 9 時に開く.
□	動詞[再帰]	《sich⁴ ～》**開く**
□		Die Blumen öffnen sich. 花が開く.
□		
□ **oft***	副詞	**しばしば，頻繁に**
□ ［オ ふト］	öf·ter,	eine oft wiederholte Behauptung
□	am öf·tes·ten	しばしば繰り返される主張
□ **oh·ne**	前置詞[4 格	**…なしに**
□ ［オーネ］	支配]	Pommes frites ohne alles 素の（調味
□		料まったくなしの）フライドポテト
□	接続詞	《zu 不定詞句と》**…せずに**
□		ohne zu zögern ためらわずに
□		
□ **Ok·to·ber**	名詞[男性]	**10 月**
□ ［オクトーバァ］	–[s] / –	der Schulbeginn am 1. (ersten) Ok-
□		tober 10 月 1 日の学校の授業開始
□ **Ort**	名詞[男性]	**場所，地域**
□ ［オルト］	–[e]s / Or·te	Ort und Zeit 場所と時間
□		
□ **Os·ten**	名詞[男性]	**東**
□ ［オステン］	–s /	Im Osten dämmert es. 東の空が明
□		けかけている.
□ **Pa·pier**	名詞[中性]	**紙，書類**
□ ［パピーァ］	–s / ..pie·re	handgemachtes japanisches Papier
□		手すき和紙
□ **Part·ner**	名詞[男性]	**パートナー[の男性]**
□ ［パルトナァ］	–s / –	den Partner wechseln パートナーを
□		替える

Wir <u>öffnen</u> täglich um elf Uhr und freuen uns auf Ihr Kommen.
当店は毎日 11 時に<u>開い</u>てお客様のお越しをお待ちしております.
☞ schließen* 閉まる

In Japan <u>öffnen</u> <u>sich</u>⁴ die Türen der Taxis automatisch.
日本ではタクシーのドアは自動で<u>開く</u>んだよ.
☞ *die* <u>Öffnung</u> <u>開くこと</u>, 開口部 / schließen*《<u>sich</u>⁴ ～》閉まる

Wie <u>oft</u> waren Sie schon in Deutschland? – Zehnmal.
これまで何度(どれほど<u>頻繁に</u>)ドイツに行きましたか. — 10 回です.
☞ immer 常に / manchmal 時々 / selten めったに…ない / nie 決して…ない

Die Kekse schmecken auch <u>ohne</u> Puderzucker sehr gut.
このクッキーはパウダーシュガー<u>なし</u>でもとてもおいしいです.
☞ <u>ohn</u>mächtig 気絶した(力の<u>ない</u>) / mit …と[いっしょに]

Was soll das? Er ist gegangen, <u>ohne</u> die Tür <u>zu</u> schließen.
何なんだ? あいつはドアも閉め<u>ずに</u>出て行きやがった.
☞ statt《<u>zu</u> 不定詞句と》…せず(する代わり)に

<u>Im</u> <u>Oktober</u> 1990* trat die DDR* der Bundesrepublik bei.
1990 年 <u>10 月</u>にドイツ民主共和国は連邦共和国に編入された.
* neunzehnhundertneunzig; Deutsche Demokratische Republik

Wollen Sie die deutsche Küche genießen? Hier ist der <u>Ort</u>.
ドイツ料理をお楽しみになりたいのですか? ここがその<u>場所</u>です.
☞ *der* Geburts<u>ort</u> 出生地 / *der* Vor<u>ort</u> 郊外(町の手前の<u>地域</u>)

Die Löhne im Westen und <u>Osten</u> des Landes sind ungleich.
国の西と<u>東</u>の賃金は同じではない.
☞ östlich 東方の / *der* Südosten 南東 / *der* Westen 西

Aus einem Blatt <u>Papier</u> kannst du auch eine Schildkröte falten.
1 枚の<u>紙</u>で亀(かめ)も折ることができるんだよ.
☞ *der* <u>Papier</u>korb 紙くずかご / *das* Formular 用紙 / *der* Zettel 紙片

Für Deutschland ist Japan ein wichtiger <u>Partner</u> in Fernost.
ドイツにとって日本は極東の重要な<u>パートナー</u>だ.
☞ *der* Ehe<u>partner</u> · *die* Ehe<u>partnerin</u> 配偶者(結婚の<u>パートナー</u>)

☐ ☐ ☐	**Part·ne·rin** [パルトネリン]	名詞[女性] – / ..rin·nen	**パートナーの女性** eine zuverlässige Partnerin 信頼できるパートナーの女性
☐ ☐ ☐	**Pass** [パス]	名詞[男性] Pas·ses / Päs·se	**パスポート，峠** Ihren Pass bitte! パスポートの提示をお願いします．
☐ ☐ ☐	**Pau·se** [パオゼ]	名詞[女性] – / –n	**休憩** in der Pause etwas essen* 休憩中に何かを食べる
☐ ☐ ☐	**Plan** [プらーン]	名詞[男性] –[e]s / Plä·ne	**計画** der Plan einer Weltreise 世界一周旅行の計画
☐ ☐ ☐	**Platz** [プラッツ]	名詞[男性] Plat·zes / Plät·ze	**場所，広場，席** viel Platz ein|nehmen* かさばる（多くの場所を取る）
☐ ☐ ☐	**Po·li·zei** [ぽりツァイ]	名詞[女性] – / ..zei·en	**警察** sich⁴ der Polizei stellen 警察に出頭する
☐ ☐ ☐	**Post** [ポスト]	名詞[女性] – / Pos·ten	**郵便局，郵便[物]** zur Post gehen* 郵便局に行く
☐ ☐ ☐	**Preis** [プライス]	名詞[男性] Prei·ses / Prei·se	**値段，賞** den Preis erhöhen 値上げする
☐ ☐ ☐	**Prob·lem** [プロブれーム]	名詞[中性] –s / ..le·me	**問題** Kein Problem! 大丈夫です（何の問題もありません）！
☐ ☐ ☐	**Pro·zent** [プロツェント]	名詞[中性] –[e]s / ..zen·te （単位: –）	**パーセント** sechs Prozent Zinsen verlangen 6パーセントの利息を請求する

Er besitzt mit seiner <u>Partnerin</u> zusammen ein Haus.
彼はパートナーの<u>女性</u>といっしょに家を所有している.
☞ *die* <u>Partner</u>schaft パートナーシップ / *die* <u>Partner</u>stadt 姉妹都市

Wir fahren über mehrere <u>Pässe</u> bis nach Genf.
私たちはいくつもの<u>峠</u>を越えてジュネーブまで行きます.
☞ *die* <u>Pass</u>kontrolle パスポート検査 / *das* Visum ビザ / *der* Ausweis 証明書

Machen wir eine <u>Pause</u>! Mein Gehirn braucht jetzt Glukose.
<u>休憩</u>することにしよう. 僕の脳にはぶどう糖が必要だ.
☞ *die* <u>Kaffeepause</u> コーヒーブレイク(<u>休憩</u>) / *die* <u>Mittagspause</u> 昼休み

Hast du schon <u>Pläne</u> für den Sommer? – Na, klar!
夏の<u>計画</u>はもうあるの? ― もちろんさ!
☞ <u>planen</u> <u>計画</u>する / <u>plan</u>mäßig <u>計画</u>どおりの / *das* Projekt プロジェクト

Auf dem <u>Platz</u> vor der Kirche versammeln sich⁴ Demonstranten.
教会前の<u>広場</u>にデモの参加者が集まります.
☞ *die* <u>Platz</u>karte 座席指定券 / *der* Arbeits<u>platz</u> 職場

Die <u>Polizei</u> ist verantwortlich für die Sicherheit der Bürger.
<u>警察</u>は市民の安全のために責任がある.
☞ *der* <u>Polizist</u>・*die* <u>Polizistin</u> 警察官 / *der* <u>Polizei</u>hund 警察犬

Hier ist <u>Post</u> für dich. – Oh, sie hat mir endlich geantwortet!
君あての<u>郵便</u>があるよ. ― おお, 彼女がやっと返事をくれた!
☞ *die* <u>Post</u>karte 郵便はがき / *die* <u>Post</u>leitzahl 郵便番号 / *der* Schalter 窓口

Den Computer habe ich zu einem günstigen <u>Preis</u> bekommen.
このコンピューターを私は手ごろな<u>値段</u>で手に入れた.
☞ <u>preis</u>wert 割安な(<u>値段の割に価値のある</u>) / *die* Gebühr 料金 / *der* Rabatt 割引

Zwischenmenschliche <u>Probleme</u> sind nicht einfach zu lösen.
人間関係の<u>問題</u>は解決が容易ではない.
☞ <u>problematisch</u> <u>問題</u>のある / *die* Frage 案件 / behandeln 取り扱う

Die Methode ist zu 100 (hundert) <u>Prozent</u> sicher.
その方法は 100 <u>パーセント</u>確かである.
☞ zehn<u>prozent</u>ig 10 <u>パーセント</u>の(略: 10%ig)

☐ **Prü·fung** ☐ ［プリューふング］ ☐	名詞［女性］ – / ..fun·gen	**試験，検査** in der Prüfung durch|fallen* 試験に 落ちる
☐ **Rad** ☐ ［ラート］ ☐	名詞［中性］ –[e]s / Rä·der	**車輪，自転車** ein Rad am Auto wechseln 車の車 輪を 1 つ交換する
☐ **rau·chen** ☐ ［ラオヘン］ ☐	動詞［自動］	**たばこを吸う，喫煙する** Darf man hier rauchen? ここでたば こを吸ってもいいですか.
☐ **Raum** ☐ ［ラオム］ ☐	名詞［男性］ –[e]s / Räu·me	**部屋，空間** den Raum ab|schließen* 部屋に鍵 をかける
☐ **Re·gen** ☐ ［レーゲン］ ☐	名詞［男性］ –s / –	**雨** wegen Regen aus|fallen* 雨のせい で中止になる
☐ **reg·nen** ☐ ［レーグネン］ ☐	動詞［非人称］	**《ふつう es を主語に》雨が降る** Es regnet wie aus Eimern. バケツ をひっくり返したように雨が降る.
☐ **Reis** ☐ ［ライス］ ☐	名詞［男性］ Rei·ses / Rei·se	**ごはん，米，稲** Reis kochen ごはんを炊く
☐ **Rei·se** ☐ ［ライゼ］ ☐	名詞［女性］ – / –n	**旅行** viel auf Reisen sein* よく旅行に出 る
☐ **rei·sen** ☐ ［ライゼン］ ☐	動詞［自動］ reist, –	**旅行する** dienstlich reisen 出張する（業務で旅 行する）
☐ **re·pa·rie·ren** ☐ ［レパリーレン］ ☐	動詞［他動］	**修理（修復）する** Brandschäden reparieren 火災によ る損傷を修復する

Hoffentlich werde ich die <u>Prüfung</u> <u>bestehen</u>.
私, 試験に合格するといいんだけど.
☞ <u>prüfen</u> 試験する / die Kontrolle 点検 / der Test 検査 / das Zeugnis 成績表

Jeden Morgen fährt er <u>mit</u> dem <u>Rad</u> ins Büro.
毎朝, 彼は<u>自転車</u>で通勤する.
☞ das Wasser<u>rad</u> 水車 / der Reifen タイヤ / die Felge ホイール

Ich habe mir das <u>Rauchen</u> abgewöhnt.
私は<u>喫煙</u>の習慣を断った.
☞ der <u>Rauch</u> 煙 / der <u>Raucher</u> · die <u>Raucherin</u> 喫煙者 / die Zigarette たばこ

Leg deine Sachen hierhin! Hier ist noch genug <u>Raum</u>.
持ち物はここに置きなよ. ここにまだ十分空き(<u>空間</u>)があるから.
☞ der Welt<u>raum</u> 宇宙空間 / der Bereich 領域 / die Halle ホール

Mir scheint, der <u>Regen</u> hört nie auf.
<u>雨</u>がずっとやまないような気がする.
☞ der <u>Regen</u>schirm 雨傘 / das Gewitter 雷雨 / der Sturm 嵐

Seit Tagen <u>regnet</u> es nahezu ununterbrochen.
何日も前からほとんどひっきりなしに<u>雨が降っている</u>.
☞ gießen* 大雨が降る / nieseln 霧雨が降る / bewölkt 曇りの / sonnig 晴れの

In Japan wird immer weniger <u>Reis</u> angebaut.
日本では<u>米</u>の作付けがだんだん減っています.
☞ das <u>Reis</u>feld 稲田 / das Getreide《集合的に》穀物 / der Weizen 小麦

Ich denke gerne an die <u>Reise</u> nach Japan vor drei Jahren zurück.
3 年前の日本<u>旅行</u>を思い出しては懐かしく思います.
☞ das <u>Reise</u>büro 旅行会社 / das Gepäck 荷物 / das Souvenir 旅の記念品(土産)

Diesmal <u>reisen</u> wir nach Italien und genießen dort die Sonne.
今回, 私たちはイタリアへ<u>旅行して</u>太陽を満喫してきます.
☞ <u>verreisen</u> 旅行に出かける / der Tourist · die Touristin 観光客

Das Fahrrad habe ich selber <u>repariert</u>. Jetzt fährt es geradeaus!
自転車は自分で<u>修理した</u>よ. 今度はまっすぐ走るようになった!
☞ die <u>Reparatur</u> 修理 / die Panne (突然の)故障 / die Werkstatt 修理工場

□ **Res·tau·rant**	名詞[中性]	レストラン，料理店
□ ［レストラーン］	–s / –s	ins <u>Restaurant</u> gehen* （行きつけの） <u>レストラン</u>に行く
□		

□ **rich·tig**	形容詞	正しい，本式の
□ ［リヒティヒ］		die <u>richtige</u> Antwort <u>正しい</u>答え
□		

□ **rot***	形容詞	赤い
□ ［ロート］	rö·ter, rö·tes·t..	das <u>Rote</u> Kreuz <u>赤</u>十字
□		

□ **ru·hig**	形容詞	静かな，落ち着いた
□ ［ルーイヒ］		ein <u>ruhiger</u> Stadtteil <u>静か</u>な市区
□		

□	副詞	気がねせず
□		Nehmen Sie <u>ruhig</u> etwas mehr! <u>気がねせず</u>もう少しお取りください.
□		

□ **Saft**	名詞[男性]	ジュース，果汁
□ ［ザふト］	–[e]s / Säf·te	<u>Saft</u> und Fruchtfleisch trennen <u>果汁</u>と果肉を分離する
□		

□ **sa·gen**	動詞[他動]	言う
□ ［ザーゲン］		[Du,] <u>sag</u> mal, ... ねえねえ, 聞かせてよ, …（<u>言っ</u>てちょうだい, …）
□		

□ **Sa·lat**	名詞[男性]	サラダ，サラダ菜
□ ［ザらート］	–[e]s / ..la·te	<u>Salat</u> mit Dressing an|machen <u>サラダ</u>とドレッシングを混ぜ合わせる
□		

□ **Salz**	名詞[中性]	塩
□ ［ザるツ］	Sal·zes / Sal·ze	<u>Salz</u> über die Kartoffeln streuen じゃがいもに<u>塩</u>を振る
□		

□ **Sams·tag**	名詞[男性]	土曜
□ ［ザムス・ターク］	–[e]s / ..ta·ge	der Großeinkauf am <u>Samstag</u> <u>土曜</u>のまとめ買い
□		

Heute Abend essen wir im Restaurant „Zur Linde".
今晩は私たちはレストラン『菩提樹』で食事をします.
☞ *das* Chinarestaurant 中華料理店 / *das* Lokal 飲食店 / *die* Kneipe 飲み屋

In dieser Schule kann man lernen, wie man richtig kocht.
この学校で本式の料理のしかたが学べます.
☞ recht 適切な(適正な) / fair フェアな / falsch 間違った

Ich werde schnell rot im Gesicht.
私はすぐ顔が赤くなっちゃうのよ.
☞ gelb 黄色の / grün 緑色の / blau 青い

Das Zimmer im Hotel war tadellos: groß, sauber und sehr ruhig.
ホテルの部屋は文句なしでした. 大きく清潔でとても静かでした.
☞ *die* Ruhe 静けさ / laut (音が)大きい / nervös いらだった

Ich heiße Emma. Du kannst mich ruhig duzen.
私の名前はエマ. 気がねせず du (2人称親称)で呼んでいいわよ.

Der Saft besteht nur zu 10 (zehn) Prozent aus Melonen.
このジュースには 10 パーセントしかメロンが含まれていない.
☞ saftig ジューシーな / *der* Orangensaft オレンジジュース

Wie sagt man „Sushi" auf Deutsch? – Wir sagen auch „Sushi".
寿司をドイツ語では何て言うの? — 僕たちも Sushi って言うよ.
☞ *die* Aussage 発言 / *die* Durchsage (鉄道などの)アナウンス / *die* Angabe 言明

Wie kann man Salat frisch halten?
どうやったらサラダ菜を新鮮なままで保存できるだろう?
☞ *das* Salatdressing サラダドレッシング / *der* Kartoffelsalat ポテトサラダ

Salz ist nicht gleich Natriumchlorid.
塩イコール塩化ナトリウムではない.
☞ salzig 塩辛い / *der* Pfeffer こしょう / *die* Sauce (Soße) ソース

Ich wünschte, jeder Tag wäre ein Samstag!
毎日が土曜ならいいのになぁ!
☞ samstags (反復的に:)土曜に / *der* Samstagnachmittag 土曜の午後

☐ **Ṣ-Bahn** ☐ ［エス・バーン］ ☐	名詞［女性］ – / S-Bah·nen	**都市高速鉄道，近郊線** mit der S-Bahn (Schnellbahn, Stadt-bahn) fahren* 都市高速鉄道で行く	

☐ **schei·nen*** ☐ ［シャイネン］ ☐	動詞［自動］ ▷ schien, ge·schie·nen	**輝く，《zu 不定詞句と》…するように見える** Die Sonne scheint. 太陽が輝く.	

☐ **schi·cken** ☐ ［シッケン］ ☐	動詞［他動］	**送る** einen Boten schicken 使者を送る	

☐ **schla·fen*** ☐ ［シュらーふェン］ ☐	動詞［自動］ a→ä ▷ schlief, ge·schla·fen	**眠っている** fest schlafen ぐっすり眠っている	

☐ **schlecht** ☐ ［シュれヒト］ ☐	形容詞	**悪い，だめな** schlechte Zähne haben* 歯が悪い	

☐ **schlie·ßen*** ☐ ［シュりーセン］ ☐ ☐	動詞［他動］ schließt, – ▷ schloss, ge·schlos·sen	**閉める，終える，結ぶ** die Tür schließen ドアを閉める	
☐ ☐ ☐	動詞［自動］ （上と同じ変化）	**閉まる，終わる** Der Schalter schließt um acht Uhr. この窓口は 8 時に閉まります.	
☐ ☐ ☐	動詞［再帰］ （上と同じ変化）	**《sich⁴ ～》閉まる，閉じる** Die Tür schließt sich. 扉が閉まる.	

☐ **Schluss** ☐ ［シュるス］ ☐	名詞［男性］ Schlus·ses / Schlüs·se	**終わり，結論** der Schluss des Krieges 戦争の終結	

☐ **Schlüs·sel** ☐ ［シュりュッセる］ ☐	名詞［男性］ –s / –	**鍵** den Schlüssel fallen lassen* 鍵を落とす	

102

Die S-Bahn hält an jeder Station! Steht „S" nicht für „schnell"?
この都市高速鉄道は各駅停車だ! S は「速い」の意味じゃないのか?
☞ *die* U-Bahn 地下鉄 / *die* Straßenbahn 路面電車

Er scheint, mich nicht wiederzuerkennen.
彼は私のことを思い出せないようだ(ように見える).
☞ anscheinend 見たところ(照らしてみると) / erscheinen* 現れる(見えてくる)

Er schickte ihr einen Liebesbrief. Den warf sie einfach weg.
彼は彼女にラブレターを送った. それを彼女は無造作に捨てた.
☞ *der* Absender・*die* Absenderin 差出人 / empfangen* 受け取る

Pst, meine Eltern schlafen schon.
シーッ, うちの親たちはもう眠っているわ.
☞ ein|schlafen* 寝入る / übernachten 宿泊する / zelten キャンプする

Es gab schon immer gute und schlechte Schüler.
いつだってできる生徒とだめな生徒がいたものだ.
☞ schlimm ひどい / übel 気分が悪い / blöd[e]《口語》腹立たしい / gut* よい

Er schloss sein Testament mit Dankesworten an seine Frau.
彼は妻への感謝の言葉で遺言状を終えた.
Er schließt mit dem Kabel den Stromkreis.
彼は電線で回路を結ぶ.

Ich bin auch froh, wenn ein Film mit einem Happyend schließt.
映画がハッピーエンドで終わると僕もうれしいんだ.
☞ schließlich 結局(最終的に) / öffnen 開く

Bei einer Sonnenfinsternis schließen sich⁴ auch die Blumen.
日食のときは花も閉じます.

Er kam zu dem Schluss, dass er die Versuche einstellen sollte.
彼はこれらの実験を中止すべきであろうとの結論に至った.
☞ *der* Abschluss 終了 / *das* Ende 終わり / *der* Anfang 始め

Hast du den Schlüssel im Auto stecken lassen? – Ja. Oh nein!
キーを車の中に挿したままにしたの? — うん. ああ, どうしよう!
☞ *das* Schlüsselloch 鍵穴 / *der* Hausschlüssel 家の鍵 / *das* Schloss 錠

□ **schmẹ·cken**	動詞[自動]	おいしい，《nach ...³ ～》…の味
□ [シュメッケン]		がする
□		<u>Schmeckt</u>'s?（'s = es）<u>おいしい</u>?

□ **schnẹll**	形容詞	速い，すばやい
□ [シュネる]		<u>schnell</u> fahren*（車などで:）スピー
□		ドを出す（<u>速く</u>走る）

□ **schọn**	副詞	もう，必ず
□ [ショーン]		Das mache ich <u>schon</u>.（必ず）私がや
□		りますから（ご心配なく）.

□ **schön**	形容詞	美しい，すばらしい，すてきな
□ [シェーン]		<u>Schönes</u> Wochenende! <u>すてきな</u>週
□		末を!

□ **Schrank**	名詞[男性]	たんす，戸棚
□ [シュランク]	–[e]s /	ein Hemd aus dem <u>Schrank</u> neh-
□	Schrän·ke	men* シャツを<u>たんす</u>から取り出す

□ **schrei·ben***	動詞[他動]	書く
□ [シュライベン]	▷ schrieb,	einen Roman <u>schreiben</u> 長編小説を
□	ge·schrie·ben	<u>書く</u>
	動詞[自動]	**手紙（はがき・メール）を書く**
	（上と同じ変化）	einem Freund <u>schreiben</u> 友達の1人
		に<u>手紙を書く</u>

□ **Schuh**	名詞[男性]	靴
□ [シュー]	–[e]s / Schu·he	<u>Schuhe</u> an|ziehen* <u>靴</u>を履く
□		

□ **Schu·le**	名詞[女性]	学校，授業
□ [シューれ]	– / –n	aus der <u>Schule</u> kommen* <u>学校</u>から
□		帰ってくる

□ **Schü·ler**	名詞[男性]	（男子の）**生徒**
□ [シューらァ]	–s / –	ein eifriger <u>Schüler</u> 熱心な<u>生徒</u>
□		

Der Salat schmeckt nach nichts. Geben Sie mir bitte das Salz!
このサラダは何の味もしない. 塩を取ってください.
☞ schmackhaft おいしい / der Geschmack 味, 味覚 / lecker おいしい

Ich muss noch schnell einkaufen gehen.
私はこれから急いで（すばやく）買い物に行かなければなりません.
☞ eilig 急いで / beeilen《sich⁴ ～》急ぐ / dringend 緊急の / langsam ゆっくり

Bist du schon wach? – Nein, noch nicht.
もう目が覚めた? — いや, まだだ.
☞ noch まだ

Diese Jeans macht eine schöne Figur.
このジーンズをはくとスタイルがよく（美しく）なるのよ.
☞ die Schönheit 美しさ / hübsch きれいな, かわいい / hässlich 醜い

Im Schrank hängen viele alte Kleider.
たんすには古い服がたくさん掛かっている.
☞ der Bücherschrank 本箱（書籍用の戸棚）/ der Geschirrschrank 食器戸棚

Weihnachtskarten schreibe ich mit der Hand.
クリスマスカードは私は手書きします（手で書く）.
☞ beschreiben* 記述する / auf|schreiben* 書き留める / notieren メモする

Schreiben Sie mir bitte wieder! Herzliche Grüsse, *Ihr Golo*
またお便りください（私に手紙を書いてください）.　敬具 五郎拝
☞ das Schreiben 書簡, 文書 / schreibfaul 筆不精の（書くのを怠ける）

Soll ich dir die Schuhe zuschnüren? – Das kann ich selber!
靴のひもを結んであげようか. — 自分でできるもん!
☞ der Stiefel ブーツ / die Sandale サンダル / der Pantoffel スリッパ

Die Schule beginnt um acht Uhr. Ich bin immer pünktlich da.
授業は 8 時に始まります. 私はいつも遅刻せずに登校しています.
☞ die Grundschule 基礎学校（初等学校）/ die Hauptschule 基幹学校（中等学校）

Bis Juni war ich noch Schüler. Ab Oktober bin ich Student.
6 月まではまだ学校の生徒でした. 10 月からは大学生です.
☞ der Grundschüler・die Grundschülerin 基礎学校生

☐ **Schü·le·rin** ☐ [シューれリン] ☐	名詞[女性] – / ..rin·nen	**女生徒** eine faule <u>Schülerin</u> 怠け者の<u>女生徒</u>
☐ **schwarz*** ☐ [シュヴァルツ] ☐	形容詞 schwär·zer, schwär·zes·t..	**黒い，黒っぽい** <u>schwarzer</u> Kaffee <u>ブラック</u>コーヒー
☐ **schwer** ☐ [シュヴェーァ] ☐	形容詞	**重い，…の重さの，難しい** eine <u>schwere</u> Verletzung 重傷
☐ **Schwes·ter** ☐ [シュヴェスタァ] ☐	名詞[女性] – / –n	**姉，妹，女性看護師** die Romane der <u>Schwestern</u> Bron- thë ブロンテ<u>姉妹</u>の長編小説
☐ **schwim·men*** ☐ [シュヴィンメン] ☐	動詞[自動] ▷ schwamm, ge·schwom·men	**泳ぐ，浮かんでいる** <u>schwimmen</u> gehen* <u>泳ぎ</u>に行く
☐ **sechs** ☐ [ゼクス] ☐	数詞[基数]	**6，6つ(6人)の** um <u>6</u> (sechs) Uhr auf|stehen* <u>6</u>時 に起きる
☐ **sechst** ☐ [ゼクスト] ☐	数詞[序数]	**第6の，6番目の** der <u>6.</u> (sechste) Kontinent <u>第6の</u>大 陸(die Antarktis 南極大陸)
☐ **sech·zehn** ☐ [ゼヒ・ツェーン] ☐	数詞[基数]	**16，16(人)の** <u>16</u> (sechzehn) Stunden fasten <u>16</u>時 間断食する
☐ **sech·zehnt** ☐ [ゼヒ・ ☐ ツェーント]	数詞[序数]	**第16の，16番目の** die <u>16.</u> (sechzehnte) Episode von Pokémon ポケモン<u>第16</u>話
☐ **sech·zig** ☐ [ゼヒ・ツィヒ] ☐	数詞[基数]	**60，60(人)の** ein Winkel von <u>60</u> (sechzig) Grad <u>60</u>度の角度

Die <u>Schüler</u>in hat ihr Abitur mit 1,0 (eins Komma null) bestanden.
その<u>女生徒</u>は高校卒業試験に 1.0（全科目「秀」）の成績で合格した.
☞ *der* Haupt<u>schüler</u>・*die* Haupt<u>schülerin</u> 基幹学校生

Meine Tussi hat sich³ ihre schönen <u>schwarz</u>en Haare blondiert.
おれの彼女がきれいな<u>黒髪</u>を金髪に染めちまった.
☞ *der* <u>Schwarz</u>-Weiß-Film 白黒映画 / grau 灰色の / weiß 白い

Eine Kuh wird über 500 kg (fünfhundert Kilogramm) <u>schwer</u>.
乳牛は体重が 500 kg 以上<u>[の重さ]</u>になる.
☞ <u>beschweren</u>《sich⁴ ～》（重い負担に思うことについて）<u>苦情を言う</u> / leicht 軽い

Ich lasse mir von einer <u>Schwester</u> den Blutdruck messen.
私は<u>女性看護師</u>に血圧を測ってもらいます.
☞ *der* Bruder 兄, 弟 / *die* Geschwister《複数》兄弟姉妹

Die Blätter der Lotosblumen <u>schwimmen</u> auf dem Wasser.
はすの葉が水に浮かんでいる.
☞ *das* <u>Schwimm</u>bad スイミングプール / brust|<u>schwimmen</u>* 平泳ぎで<u>泳ぐ</u>

Ein Insekt hat <u>sechs</u> Beine. Die Spinne ist also kein Insekt.
昆虫は脚が <u>6</u> 本ある. くもはしたがって昆虫ではない.
☞ <u>sechs</u>bändig 全 <u>6</u> 巻の / *das* <u>Sechs</u>tagerennen（自転車の）<u>六日間</u>レース

Sie glaubt an einen <u>sechst</u>en Sinn.
彼女は第六感（<u>6 番目</u>の知覚）なるものを信じている.

Meine Kusine ist jetzt 16 (<u>sechzehn</u>) und sehr hübsch.
僕の従妹（ˤ⁾ᵗ⁾は今 <u>16</u> 歳でとてもかわいいよ.
☞ *der* <u>Sechzehn</u>meterraum（サッカーの）ペナルティー（<u>16</u> メートル）エリア

Ludwig XVI. (der <u>Sechzehn</u>te) wurde enthauptet.
ルイ 16 世（<u>16 番目</u>の代）は断頭台にかけられた.

Früher arbeitete man 60 (<u>sechzig</u>) Stunden in der Woche.
昔は週に <u>60</u> 時間も働いていた.
☞ *die* <u>Sechzig</u>er《複数》<u>60</u>[歳]代, 60 年代

□ **See** □ ［ゼー］ □	名詞［男性］ –s / Se·en	**湖** auf dem <u>See</u> rudern <u>湖</u>でボートをこぐ
□ **se·hen*** □ ［ゼーエン］ □	動詞［他動］ e→ie ▷ sah, ge·se·hen	**見る，見える，会う** Gespenster <u>sehen</u> お化けを<u>見る</u>
	動詞［自動］ （上と同じ変化）	**目が見える，目をやる，わかる** <u>Sehen</u> Sie? ほら，言ったとおりでしょう（<u>おわかり</u>でしょう）?
□ **sehr*** □ ［ゼーァ］ □	副詞 mehr, am meis·ten	**とても** sich⁴ <u>sehr</u> freuen <u>とても</u>喜ぶ
□ **sein**¹* □ ［ザイン］ □ □	動詞［自動］ bin, bist, ist, sind, seid, sind ▷ war, ge·we·sen	**ある，いる，…である** Lass das <u>sein</u>! やめておきなさい（<u>あ</u>るがままにせよ）!
	助動詞［完了］ （上と同じ変化）	**…した［状態にある］** gekommen <u>sein</u> 来<u>た</u>［状態にある］
□ **sein**² □ ［ザイン］ □	冠詞［所有］	《男性名詞・中性名詞を受けて》**彼の，それの** <u>sein</u> Freund sein* <u>彼の</u>友人でいる
□ **seit** □ ［ザイト］ □	前置詞［3 格 支配］	**…以来，…前から** <u>seit</u> zehn Jahren 10 年<u>前から</u>
	接続詞［従属］	**…して以来，…してから** <u>Seit</u> er tot war, war sie einsam. 彼が死んで<u>から</u>, 彼女は孤独だった.
□ **Se·kun·de** □ ［ゼクンデ］ □	名詞［女性］ – / –n	**秒，瞬間** in <u>Sekunden</u> machbar ほんの数<u>秒</u>あればできる

Der Umfang des Zürich<u>sees</u> beträgt 90 km (neunzig Kilometer).
チューリッヒ<u>湖</u>の外周は 90 km あります.
☞ der Boden<u>see</u> ボーデン湖 / die <u>See</u> 海 / das Ufer 岸

<u>Sehen</u> Sie den schönen jungen Mann dort? – Den Geck?!
あそこのすてきな若い男性が<u>見えます</u>? — あのきざな男?!
☞ die <u>Sehens</u>würdigkeit (一見する価値のある) 名所 / merken 気づく

<u>Seht</u> nach links und rechts, bevor ihr über die Straße lauft!
君たち,道路を横切る前に左右を<u>見なさい</u>!
☞ die <u>Sicht</u> 視界 / die <u>Rück</u>sicht 配慮 (顧みること) / ein|<u>sehen</u>* 悟る (中を<u>見る</u>)

Bier ist in Japan <u>sehr</u> teuer, weil es stark besteuert ist.
ビールが日本で<u>とても</u>高いのは,高い税が掛けられているからだ.
☞ ziemlich かなり / unheimlich《口語》ものすごく

Der Professor <u>ist</u> normalerweise in seinem Büro.
その教授は通常,研究室に<u>います</u>.

Der Mensch <u>ist</u> ein denkendes Schilfrohr.
人間は考える葦(あし)<u>である</u>. (フランスの思想家, B. Pascal の言葉)

Ich <u>bin</u> noch <u>nie</u> in Rom <u>gewesen</u>.
僕はまだ<u>一度も</u>ローマに行ったことがない(<u>いた状態にない</u>).

Mein Wecker ist kaputt. <u>Sein</u> Alarm hört nicht auf.
私の目覚ましが壊れました.[<u>それの</u>]アラームが<u>止まり</u>ません.
☞ ihr 彼女の

<u>Seit</u> gestern liegt meine Frau mit Fieber im Bett.
きのうから(きのう<u>以来</u>)妻は熱を出して寝込んでいます.
☞ <u>seit</u>dem それ以来

<u>Seit</u> ich dich kenne, bin ich glücklich.
君を知って<u>以来</u>,私は幸せだ.
☞ <u>seit</u>dem ... …<u>して以来</u>

Unser Herz schlägt etwa einmal pro <u>Sekunde</u>.
私たちの心臓は 1 <u>秒</u>に約 1 回,拍動する.
☞ der <u>Sekunden</u>zeiger (時計の)秒針 / die Minute 分 / die Stunde 時間

□ **sẹlbst** □ [ぜるプスト] □	代名詞[指示]	[自分]**自身**, [それ]**自体**, **自分 で** Erkenne dich selbst! 己自身を知れ!
	副詞	**…すら** selbst die Lebensgefahr missachten 命の危険すら気に掛けない
□ **Sep·tẹm·ber** □ [ゼプテンバァ] □	名詞[男性] –[s] / –	**9月** die Tag-und-Nacht-Gleiche im Sep- tember 9月の秋分
□ **sich** □ [ズィヒ] □	代名詞[再帰] (3人称以外は人 称代名詞と同形)	**自分[自身]に(を)** sich⁴ vor|stellen 自己紹介する(自分 自身を紹介する)
□ **sie¹** □ [ズィー] □	代名詞[人称] ihr³, sie⁴	**彼女が** Sie ist mein. 彼女は私のものだ.
□ **sie²** □ [ズィー] □	代名詞[人称] ihnen³, sie⁴	**彼[女]らが, それらが** Sie lieben sich⁴. 彼らは愛し合って いる.
□ **Sie** □ [ズィー] □	代名詞[人称] Ihnen³, Sie⁴	**あなた[がた]が** eine Person mit Sie an|reden 人に 「あなた」(2人称敬称)で話しかける
□ **sie·ben** □ [ズィーベン] □	数詞[基数]	**7, 7つ(7人)の** die sieben Weltwunder 世界七不思 議
□ **siebt** □ [ズィープト] □	数詞[序数]	**第7の, 7番目の** das siebte Gebot (モーセの十戒の)第 七戒
□ **sieb·zehn** □ [ズィープ・ □ ツェーン]	数詞[基数]	**17, 17[人]の** Ein Haiku besteht aus 17 (siebzehn) Silben. 俳句は17音から成る.

Meine Oma wird bald neunzig und macht noch alles <u>selbst</u>.
祖母はもうすぐ 90 ですが, まだ何でも<u>自分で</u>やります.
☜ die <u>Selbst</u>bedienung セルフサービス / <u>selber</u> 自分で / eigen 自分自身の

<u>Selbst</u> der Lehrer konnte die Aufgabe nicht lösen.
先生<u>ですら</u>その問題を解けなかったんだ.
☜ auch …もまた

Am 23. (dreiundzwanzigsten) <u>September</u> beginnt der Herbst.
<u>9 月</u> 23 日が秋の始まりだ.
☜ der <u>September</u>tag ある<u>9 月の</u>一日 / der Oktober 10 月 / der November 11 月

Er wäscht <u>sich</u>⁴ erst und zieht <u>sich</u>³ ein neues Hemd an.
彼はまず体を(<u>自分を</u>)洗って新しいシャツを着る(<u>自分に着せる</u>).

Er verspricht <u>ihr</u>, nach einem Jahr zu <u>ihr</u> zurückzukommen.
彼は<u>彼女に</u>, 1 年たったら<u>彼女</u>の下(ﾓﾄ)に戻ると約束する.
☜ er 彼が / es それが

Ich habe zwei Brüder; <u>sie</u> sind beide Pfarrer.
男の兄弟が 2 人いて, <u>彼ら</u>はともに牧師です.

Sind <u>Sie</u> aus Japan? Gefällt es <u>Ihnen</u> hier?
(<u>あなたは</u>)日本の方? 当地はお気に召しますか(<u>あなたに気に入るか</u>).
☜ ich 私が / wir 私たちが

Ich bin über die <u>sieben</u> Meere gesegelt.
私は<u>七つ</u>の海を[帆船で]航海した.
☜ die <u>Sieben</u>sachen《複数》身の回りの品々(<u>7 つの物</u>)

Nach dem Sieg fühlte er <u>sich</u>⁴ wie im <u>sieb</u>ten Himmel.
勝利のあと彼は天にも昇る(<u>7 番目の天国</u>にいるような)心地だった.

17 (<u>siebzehn</u>) ist eine Primzahl.
<u>17</u> は素数である.
☜ das <u>Siebzehn</u>undvier (トランプの)トゥエンティワン(<u>17</u> + 4)

111

☐ **sieb·zehnt** ☐ ［ズィープ・ ☐ ツェーント］	数詞［序数］	**第 17 の，17 番目の** die Straße des 17. (siebzehnten) Juni 6 月 17 日 (17 番目の日) 通り (道路名)
☐ **sieb·zig** ☐ ［ズィープ・ ☐ ツィヒ］	数詞［基数］	**70，70 [人] の** 70 (siebzig) Kilo wiegen* 体重が 70 キロある
☐ **sit·zen*** ☐ ［ズィッツェン］ ☐	動詞［自動］ sitzt, – ▷ saß, ge·ses·sen	**座っている** hinter Gittern sitzen 《口語》刑務所 に入っている (格子の陰に座っている)
☐ **so** ☐ ［ゾー］ ☐	副詞	**そのように，それほど，《～ ...** **wie A》A と同じほど…** Na, so [et]was! そんなのありかよ!
☐ **So·fa** ☐ ［ゾーふァ］ ☐	名詞［中性］ –s / –s	**ソファー** ein Sofa mit Lederbezug 革張りの ソファー
☐ **so·fort** ☐ ［ゾ・ふォルト］ ☐	副詞	**ただちに，すぐ** sofort nach der Ankunft 到着後ただ ちに
☐ **Sohn** ☐ ［ゾーン］ ☐	名詞［男性］ –[e]s / Söh·ne	**息子** mein ältester Sohn 私の長男 (最年長 の息子)
☐ **sol·len*** ☐ ［ゾれン］ ☐	助動詞［話法］ soll, –st, – ▷ soll·te, sol·len	**…すべきである，…だそうだ** Was soll ich tun? 私はどうすべき だろう?
☐ **Som·mer** ☐ ［ゾンマァ］ ☐	名詞［男性］ –s / –	**夏** das Eintreffen des Sommers 夏の到 来
☐ **son·dern** ☐ ［ゾンダァン］ ☐	接続詞［並列］	**《nicht A，～ B》A ではなくて B** Es regnet nicht, sondern es gießt. 雨ではなくて大雨だ.

Einst war der 17. (siebzehnte) Juni der Tag der deutschen Einheit.
かつては 6 月 17 日（17 番目の日）がドイツ統一の日でした.

Ein afrikanischer Strauß kann mit 70 (siebzig) km/h* laufen.
だちょうは時速 70 キロで走ることができる.
* Kilometer pro Stunde

Unser Sohn sitzt den ganzen Tag am Schreibtisch und arbeitet.
息子は一日じゅう机に向かって（座って）勉強しています.
☞ der Sitz 座席 / die Sitzung 会議（会合のために座ること）/ setzen 座らせる

Jetzt bin ich so groß wie mein Vater.
今, 私は背丈が父と同じほどです.
☞ sowieso どっちみち（そうであれああであれ）/ genauso まったくそのように

Papa, auf dem Sofa liegt die Katze vom Nachbarn!
パパ, ソファー［の上］にお隣の猫が寝てる!
☞ die Couch ソファー［ベッド］/ der Sessel 安楽いす / das Kissen クッション

Es ist schon halb neun. Geht sofort ins Bett!
もう 8 時半だぞ. すぐにベッドに入りなさい.
☞ bald* もうすぐ / gleich すぐに

Müllers Sohn soll jetzt in die Schule kommen.
ミュラーさんの息子さんは今度, 学校に上がるそうだ.
☞ der Schwiegersohn 義理の息子 / die Tochter 娘

Heute Nacht soll es schneien. Morgen räume ich den Schnee.
今夜, 雪が降るそうだ. あす僕が雪かきをするよ.
☞ wollen* …するつもりである, …したい

Im Sommer fahren viele Deutsche nach Spanien.
夏には多くのドイツ人がスペインに行く.
☞ die Sommerferien《複数》（学校の）夏休み / der Herbst 秋 / die Saison 最盛期

Er spricht nicht nur Japanisch, sondern auch Chinesisch.
彼は日本語だけではなく, 中国語も話します.

□ **Sonn·abend** □ [ゾン・ □ アーベント]	名詞[男性] –s / ..aben·de	**土曜** von Sonnabend auf Sonntag 土曜から日曜にかけて
□ **Son·ne** □ [ゾンネ] □	名詞[女性] – / –n	**太陽，陽光** die untergehende Sonne 沈みゆく太陽
□ **Sonn·tag** □ [ゾン・ターク] □	名詞[男性] –[e]s / ..ta·ge	**日曜** Der Sonntag ist ein Ruhetag. 日曜は休息日である.
□ **spät** □ [シュペート] □	形容詞	**遅い** zu spät kommen* 遅刻する(過度に遅くやって来る)
□ **spä·ter** □ [シュペータァ] □	形容詞	**あとの，より遅い** früher oder später 遅かれ早かれ(先であれあとであれ)
□ □ □	副詞	**あとで** Bis später! また後ほど(あとで会うときまで)!
□ **spie·len** □ [シュピーれン] □	動詞[他動]	(球技・試合などを)**する**，(楽器を)**弾く**，(役を)**演じる** Fußball spielen サッカーをする
□ □ □	動詞[自動]	**遊ぶ** im Sandkasten spielen 砂場で遊ぶ
□ **Sport** □ [シュポルト] □	名詞[男性] –[e]s / Spor·te	**スポーツ**，(スポーツの)**種目** Sport machen 《口語》スポーツをする
□ **Spra·che** □ [シュプラーへ] □	名詞[女性] – / –n	**言語，言葉** tote und lebende Sprachen 死語と現代語(死んだ言語と生きている言語)

114

<u>Sonnabend</u> grillen wir im Garten.
<u>土曜</u>に庭でバーベキューをします.
☞ <u>sonnabends</u>（反復的に：）<u>土曜</u>に / <u>sonnabendlich</u> 土曜ごとの

Nach dem Frühstück setzte ich mich gemütlich <u>in</u> die <u>Sonne</u>.
朝食後, 私はのんびりひなたぼっこをしました（<u>陽光の中へ座った</u>）.
☞ <u>sonnig</u> 日の当たる / *der* <u>Sonnen</u>schein 日光 / *der* Mond 月 / *die* Erde 地球

In Deutschland ist Rasenmähen <u>am</u> <u>Sonntag</u> verboten.
ドイツでは日曜の（<u>日曜における</u>）芝刈りは禁止されています.
☞ <u>sonntags</u>（反復的に：）<u>日曜</u>に / *das* <u>Sonntags</u>kind 日曜生まれの人, 幸運児

Es ist schon <u>spät</u>. Ruf ihn doch morgen an!
もう<u>遅い</u>わよ. あの人に電話するのはあしたになさい.
☞ <u>spätestens</u> [いちばん]<u>遅く</u>とも / *die* <u>Ver</u>spätung 遅れ / *der* <u>Spät</u>herbst 晩秋

Gehen Sie ruhig vor! Ich nehme einen <u>späteren</u> Flug als Sie.
どうぞ先にいらしてください. 私はあなたより<u>あとの</u>便ですから.
☞ verschieben* 延期する / früher 前の, より早い

Ich traf die Dame <u>später</u> am Bahnhof wieder.
私はその女性に<u>あのあと</u>駅でまた会ったよ.
☞ früher 前に, より早く

Mozart <u>spielte</u> einen Hammerflügel von A. Walter.
モーツァルトはA・ヴァルター作のフォルテピアノを<u>弾いていた</u>.
☞ *der* <u>Spiel</u>er・*die* <u>Spiel</u>erin プレーヤー

Mein Mann <u>spielt</u> immer noch mit seiner Eisenbahn.
夫はいまだに鉄道模型で<u>遊んでいる</u>んですよ.
☞ *das* <u>Spiel</u> 遊び / *das* <u>Spiel</u>zeug 玩具（遊び道具）/ *der* <u>Spiel</u>platz 遊び場

Tischtennis ist ein gesunder <u>Sport</u>.
卓球は健康によい<u>種目</u>だ.
☞ <u>sportlich</u> スポーティーな / *die* Bewegung 運動 / *der* Wettbewerb 競争

Die meisten deutschen Studenten verstehen drei <u>Sprachen</u>.
たいていのドイツ人大学生は3<u>言語</u>を理解します.
☞ *der* <u>Sprach</u>kurs 語学講習 / *die* Umgangs<u>sprache</u> 口語 / *das* Latein ラテン語

☐ **spre·chen*** ☐ ［シュプレッ ☐ 　ヒェン］	動詞［自動］ e→i ▷ sprach, ge·spro·chen	**話す，しゃべる** schnell sprechen 速くしゃべる
☐ ☐ ☐	動詞［他動］ （上と同じ変化）	**話す，言う，面会する** etwas Deutsch sprechen 少しドイツ 語を話す
☐ **Stadt** ☐ ［シュタット］ ☐	名詞［女性］ – / Städ·te	**町，都市** in der Stadt wohnen 町中に住む
☐ **ste·hen*** ☐ ［シュテーエン］ ☐	動詞［自動］ ▷ stand, ge·stan·den	**立っている，**（乗り物が）**止まって** **いる，**（書物などに）**載っている** gerade stehen まっすぐ立っている
☐ **Stel·le** ☐ ［シュテれ］ ☐	名詞［女性］ – / –n	**場所，立場，勤め口** eine Stelle suchen 勤め口を探す
☐ **stel·len** ☐ ［シュテれン］ ☐	動詞［他動］	**立てる，**（立てるように）**置く** das Buch ins Regal stellen 本を棚 に置く（立てる）
☐ ☐ ☐	動詞［再帰］	《sich⁴ 〜》**立つ** sich auf die Zehenspitzen stellen つま先で立つ
☐ **Stra·ße** ☐ ［シュトラーセ］ ☐	名詞［女性］ – / –n	**道路，**［大］**通り** über die Straße gehen* 道路を渡る
☐ **Stra·ßen·bahn** ☐ ［シュトラー ☐ 　セン・バーン］	名詞［女性］ – / ..bah·nen	**路面電車** in die Straßenbahn steigen* 路面電 車に乗車する
☐ **Stück** ☐ ［シュテュック］ ☐	名詞［中性］ –[e]s / Stü·cke （単位: –）	（全体の）**一部**（一かけら・一切れ）， …**個** ein Stück Kuchen ケーキを一切れ

116

Er spricht so leise, dass niemand ihn versteht.
彼は誰も彼の言うことが理解できないほど小さな声で話す.
☞ *das* Gespräch 対話 / an|sprechen* 話しかける / besprechen* (事を)話し合う

Er sprach kein Wort und verließ das Zimmer.
彼はひと言も話すことなく, 部屋を出ていった.
☞ aus|sprechen* 発音する(声に出して言う) / *die* Sprechstunde 面会時間

Heute fahre ich in die Stadt und hole Schinken und Käse.
きょうは町へ行ってハムとチーズを買ってくる.
☞ *der* Stadtplan 市街地図 / *die* Hauptstadt 首都 / *die* Innenstadt 中心街

Das Wort „unmöglich" steht in meinem Wörterbuch nicht.
余の辞書に不可能の文字はない(載っていない). (Napoleon 1 世の言葉)
☞ auf|stehen* 立ち上がる, 起きる / kopf|stehen* 逆立ちする(頭で立つ)

Die engste Stelle der Straße von Gibraltar ist nur 14 km* breit.
ジブラルタル海峡の最も狭い場所は幅 14 キロメートルしかない.
* vierzehn Kilometer

Mitten in den Brunnen wurde die Statue von Aphrodite gestellt.
噴水の真ん中にアフロディーテ像が置かれた.
☞ ein|stellen 雇い入れる(中に配置する) / her|stellen 製造する(立ち上げる)

Ein Wächter stellt sich⁴ vor das Tor und bewacht den Eingang.
警備員が門の前に立ち, 入り口を警護する.
☞ *die* Stellung 姿勢(立ち方) / *die* Stelle 場所(立ち位置)

Fontane lebte bis zu seinem Tode in der Potsdamer Straße.
フォンターネ(ドイツの作家)は死ぬまでポツダム通りで暮らした.
☞ *die* Einbahnstraße 一方通行道路 / *die* Ampel 信号機 / *das* Schild 標識

Zum Bahnhof können Sie auch mit der Straßenbahn fahren.
駅へは路面電車でも行くことができますよ.
☞ *das* Gleis 軌道, 線路 / *die* Oberleitung 架線

Eier aus Freilandhaltung kosten etwa dreißig Cent das Stück.
放し飼いの鶏の卵は 1 個約 30 セントです.
☞ stückweise 1 個ずつ / *das* Lendenstück (牛肉・豚肉の)腰の部位

☐ **Stu·dent** ☐ [シュトゥ**デント**] ☐	名詞[男性] ..den·ten / ..den·ten	(男子の)**大学生** ein <u>Student</u> der Wirtschaftswissen- schaften 経済学の<u>学生</u>
☐ **Stu·den·tin** ☐ [シュトゥ ☐ **デンティン**]	名詞[女性] – / ..tin·nen	**女子学生** Liebe <u>Studentinnen</u> und <u>Studenten</u>! <u>女子学生</u>, <u>男子学生</u>の皆さん!
☐ **stu·die·ren** ☐ [シュトゥ ☐ **ディーレン**]	動詞[自動]	**大学で勉強する** an der Universität Kobe <u>studieren</u> 神戸<u>大学で勉強している</u>
☐ ☐	動詞[他動]	**専攻する，詳しく調べる** zwei Fächer <u>studieren</u> 2つの学科を <u>専攻する</u>
☐ **Stuhl** ☐ [シュトゥーる] ☐	名詞[男性] –[e]s / Stüh·le	(背もたれのある)**いす** sich⁴ auf einen <u>Stuhl</u> setzen <u>いすに</u> 腰掛ける
☐ **Stun·de** ☐ [シュトゥンデ] ☐	名詞[女性] – / –n	**時間** acht <u>Stunden</u> schlafen* 8<u>時間眠る</u>
☐ **su·chen** ☐ [ズーヘン] ☐	動詞[他動]	**探す** den Polarstern <u>suchen</u> 北極星を<u>探す</u>
☐ ☐ ☐	動詞[自動]	《nach ...³ ～》…**を探し求める** <u>nach</u> einer Lösung <u>suchen</u> 解決策を <u>探し求める</u>
☐ **Sü·den** ☐ [ズューデン] ☐	名詞[男性] –s /	**南** von <u>Süden</u> nach Norden <u>南</u>から北へ
☐ **Tag** ☐ [ターク] ☐	名詞[男性] –[e]s / Ta·ge	**日，昼間** der <u>Tag</u> der Deutschen Einheit ドイ ツ統一の<u>日</u>(10月3日)

Den Roman habe ich mir von einem anderen <u>Studenten</u> geliehen.
その小説はほかの<u>学生</u>から借りました.
☞ *der* Medizin<u>student</u>・*die* Medizin<u>studentin</u> 医<u>学生</u>

In dem Seminar sind mehr <u>Studentinnen</u> als <u>Studenten</u>.
あのゼミは<u>男子学生</u>より<u>女子学生</u>のほうが多い.
☞ *der* Austausch<u>student</u>・*die* Austausch<u>studentin</u> 交換留学生

Ich <u>studiere</u> jetzt im siebten Semester, also bin ich bald fertig.
私は今,<u>大学で勉強して</u> 7 学期目ですから,もうすぐ卒業です.
☞ *das* <u>Studium</u> 大学での学業 / lernen 学習する

Ich habe Pädagogik <u>studiert</u> und den Bachelor-Grad erworben.
私は教育学を<u>専攻し</u>[<u>ました</u>,そして],学士号を取得しました.
☞ beschäftigen《sich⁴ mit ...³ ～》…に取り組む / analysieren 分析する

Auf einem so niedrigen <u>Stuhl</u> kann niemand lange sitzen.
こんな低いいすには誰も長くは座れないよ.
☞ *der* Roll<u>stuhl</u> 車いす / *der* Sessel ひじ掛けいす / *der* Hocker スツール

Die Arbeitszeit darf acht <u>Stunden</u> nicht überschreiten.
労働時間は 8 <u>時間</u>を超えてはならない.
☞ *die* Über<u>stunde</u> 超過勤務[時間] / *die* Minute 分 / *die* Sekunde 秒

Ich <u>suche</u> meinen Hund! – Soll ich mit <u>suchen</u>? Wie heißt er?
僕の犬を<u>探している</u>んだ.―いっしょに<u>探そう</u>か.犬の名前は?
☞ *die* <u>Such</u>maschine 検索エンジン / nach|schlagen*（単語などを）引く

Ich <u>suche nach</u> einem richtigen Mädchen für mich.
僕にぴったりの女の子<u>を探している</u>んだけどな.
☞ *die* <u>Suche</u> 探索 / bewerben*《sich⁴ [um ...⁴] ～》[…に]応募する

Im <u>Süden</u> von Italien ist es ziemlich trocken.
イタリアの<u>南部</u>[<u>で</u>]はかなり乾燥しています.
☞ <u>südlich</u> 南の / *der* <u>Süd</u>westen 南西 / *der* Norden 北

Der Student schläft <u>am Tag</u> und arbeitet in der Nacht.
その学生は<u>昼間</u>[<u>に</u>]は寝ていて夜中に勉強します.
☞ <u>täglich</u> 毎日の / *der* All<u>tag</u>（単調な）日常 / *das* Datum 日付 / *die* Woche 週

□ **tan·zen**	動詞[自動]	踊る
□ [タンツェン]	tanzt, –	singen* und tanzen zugleich 歌って
□		踊る(歌い,そして同時に踊る)

□ **Ta·sche**	名詞[女性]	バッグ,ポケット
□ [タッシェ]	– / –n	auf die Tasche auf|passen バッグに
□		気をつける

□ **tau·send**	数詞[基数]	1000,1000[人]の
□ [タオゼント]		Tausend Küsse ✏! (手紙などの結び
□		に:)1000 のキスを[あなたに]!

□ **Ta·xi**	名詞[中性]	タクシー
□ [タクスィ]	–s / –s	ein Taxi bestellen タクシーを頼む
□		

□ **Tee**	名詞[男性]	茶,紅茶
□ [テー]	–s / –s	den Tee vier Minuten ziehen las-
□		sen* 紅茶を 4 分間浸出させる

□ **Teil**	名詞[男性 /	(男性:)部分,(中性:)部品
□ [タイる]	中性]	ein Puzzle mit 500 (fünfhundert)
□	–[e]s / Tei·le	Teilen 500 ピース(部品)のパズル

□ **Te·le·fon**	名詞[中性]	電話[機]
□ [テーれふォーン]	–s / ..fo·ne	das Klingeln des Telefons 電話の鳴
□		る音

□ **teu·er**	形容詞	(値段が)高い,高価な
□ [トイアァ]	teu·rer,	teu[e]res Parfüm 高価な香水
□	teu·ers·t..	

□ **Tisch**	名詞[男性]	机,テーブル
□ [ティッシュ]	–[e]s / Ti·sche	Kinder, kommt zu Tisch! 子どもた
□		ち,テーブルに着きなさい.

□ **Toch·ter**	名詞[女性]	娘
□ [トホタァ]	– / Töch·ter	die einzige Tochter 一人娘
□		

Bis wann habt ihr gestern <u>getanzt</u>? – So bis um drei Uhr.
君たちはきのう何時まで<u>踊って</u>たの?— 3 時くらいまでかな.
✏ *der* <u>Tanz</u> 踊り, ダンス / *die* Disko ディスコ / *der* Walzer ワルツ

Ein Junge stand mit einer Hand in der <u>Tasche</u> an der Wand.
若者が 1 人, 片手を<u>ポケット</u>に突っ込んで壁際に立っていた.
✏ *das* <u>Tasche</u>ntuch ハンカチ(ポケットの布) / *die* Brief<u>tasche</u> 札入れ[バッグ]

Hier sind die wichtigsten 1000 (<u>tausend</u>) deutschen Wörter.
ここに最も重要なドイツ語 <u>1000</u> 単語があります.
✏ *der* <u>Tausend</u>füßler むかで(千本脚) / *das* Jahr<u>tausend</u> ミレニアム(1000 年)

Nach Partys fahre ich oft <u>mit</u> dem Taxi nach Hause.
パーティーのあとはよく<u>タクシーで</u>家に帰ります.
✏ *der* <u>Taxi</u>stand タクシー乗り場 / *das* Funk<u>taxi</u> 無線タクシー

Aus Versehen habe ich meinen <u>Tee</u> verschüttet.
誤って私の<u>紅茶</u>をこぼしてしまいました.
✏ *die* <u>Tee</u>kanne ティーポット / *der* Kräuter<u>tee</u> ハーブティー

Den größten <u>Teil</u> des Buches habe ich geschrieben.
その本の<u>大部分</u>を私が書きました.
✏ <u>teil</u>en [部分に]分ける / *das* Ersatz<u>teil</u> 予備部品 / *das* Gegen<u>teil</u> 反対[の物]

Zu Hause haben wir kein <u>Telefon</u> mehr.
私たちの家にはもう<u>電話</u>はありません.
✏ <u>telefon</u>ieren 電話で話す / *das* Handy 携帯 / *das* Fax ファクス

Das Auto ist so <u>teuer</u> wie unser Haus.
あの車は僕らの家と同じくらいの値段だ(<u>高価だ</u>).
✏ kostbar 高価な / billig 安い / preiswert 割安の

Mein <u>Tisch</u> hat drei tiefe und eine flache Schublade.
私の<u>机</u>には深い引き出しが 3 つと平たい引き出しが 1 つあります.
✏ *die* <u>Tisch</u>decke テーブルクロス / *der* Schreib<u>tisch</u> 書き物机

<u>Meine</u> <u>Tochter</u> meint, sie will Youtuberin werden.
<u>娘</u>はユーチューバーになりたいだなんて言うんです.
✏ *die* Schwieger<u>tochter</u> 義理の娘 / *der* Sohn 息子

□ **Toi·let·te** □ [トアれッテ] □	名詞[女性] – / –n	トイレ，化粧室 auf die <u>Toilette</u> gehen* <u>トイレ</u>に行く

□ **To·ma·te** □ [トマーテ] □	名詞[女性] – / –n	トマト reife <u>Tomaten</u> 熟した<u>トマト</u>

□ **tot** □ [トート] □	形容詞	死んで[いる] auf der Stelle <u>tot</u> sein* 即<u>死</u>する(その場で<u>死ん</u>でいる)

□ **tra·gen*** □ [トラーゲン] □	動詞[他動] a→ä ▷ trug, ge·tra·gen	持って運ぶ，担う，着ている den Koffer ins Haus <u>tragen</u> スーツケースを家の中に<u>運ぶ</u>

□ **tref·fen*** □ [トレッふェン] □	動詞[他動] e→i ▷ traf, ge·trof·fen	会う eine alte Freundin <u>treffen</u> 古い女友達の1人と<u>会う</u>
□ □ □	動詞[自動] (上と同じ変化)	当たる，《auf ...⁴ ～》…と出くわす Der Schuss hat <u>getroffen</u>. 弾が<u>当たった</u>.
□ □ □	動詞[再帰] (上と同じ変化)	《sich⁴ [mit ...³] ～》[…と](示し合わせて)**会う** Wo <u>treffen</u> wir <u>uns</u>? どこで<u>会おう</u>?

□ **Trep·pe** □ [トレッペ] □	名詞[女性] – / –n	階段 die <u>Treppe</u> zum Dachboden 屋根裏部屋への<u>階段</u>

□ **trin·ken*** □ [トリンケン] □	動詞[他動] ▷ trank, ge·trun·ken	飲む ein Glas Wasser <u>trinken</u> 水を1杯<u>飲む</u>
□ □ □	動詞[自動] (上と同じ変化)	飲酒する，酒を飲む Er <u>trinkt</u> wieder. 彼はまた<u>酒を飲んでいる</u>.

Wo ist die <u>Toilette</u>? – Im Erdgeschoss, neben der Treppe.
トイレはどこですか. — 1 階の階段の脇です.
☞ *das* <u>Toiletten</u>papier トイレットペーパー / *das* Klo トイレ / *das* WC トイレ

Kannst du mir ein paar <u>Tomaten</u> aus dem Garten holen?
庭から<u>トマト</u>を何個か取ってきてくれる?
☞ *der (das)* <u>Tomaten</u>ketchup トマトケチャップ / *die* Aubergine なす

Mein Vater ist schon 10 Jahre <u>tot</u>.
父が亡くなって(死んで)もう 10 年になります.
☞ <u>töten</u> 殺す(死なせる) / *der* <u>Tod</u> 死 / *der* Mord 殺人 / lebendig 生きて[いる]

Der Nachrichtensprecher <u>trägt</u> immer dieselben Kleider.
このニュースキャスターはいつも同じ服を<u>着ている</u>.
☞ *der* Brief<u>träger</u>・*die* Brief<u>trägerin</u> 郵便配達員(手紙を持って運ぶ人)

Ich habe noch nie einen so netten Menschen <u>getroffen</u> wie dich.
君ぐらい親切な人間に<u>出会った</u>ことは一度もないよ.
☞ *das* <u>Treffen</u> 会合 / *die* Versammlung 集会

In der Metro in Paris bin ich <u>auf</u> einen alten Freund <u>getroffen</u>.
パリの地下鉄で私は古い友人に<u>出くわした</u>.
☞ zu|<u>treffen</u>* (主張などが)的を<u>射ている</u> / begegnen 偶然出会う

Heute <u>treffe</u> ich <u>mich</u> <u>mit</u> meiner Freundin am Marktplatz.
きょう僕は彼女<u>と</u>町の中央広場で会うんだ.
☞ *der* <u>Treff</u>punkt 待ち合わせ場所(会う地点) / *die* Verabredung 会う約束

Ich gehe die <u>Treppen</u> hoch. Das ist gesund.
私は<u>階段</u>を上ります. 健康にいいですから.
☞ *die* Roll<u>treppe</u> エスカレーター(回転する<u>階段</u>) / *die* Stufe 段

Möchtest du etwas <u>trinken</u>? – Ja, was kannst du mir anbieten?
何か<u>飲む</u>? — うん, 何をいただけるかな?
☞ *das* <u>Getränk</u> 飲み物 / saufen* (動物が)飲む / schlucken 飲み込む

Er konnte früher viel vertragen, aber jetzt <u>trinkt</u> er nicht mehr.
彼は以前は相当行けた口だが, 今はもう<u>飲酒する</u>ことはない.
☞ <u>betrunken</u> 酔った(酒に飲まれた) / *das* <u>Trink</u>geld チップ(飲み代)

□ **tschüs!**	間投詞	**じゃあね，また**
□ [チュース]		Bis zum nächsten Mal, <u>tschüs</u>! 次
□ （別形: **tschüss**）		回また，<u>じゃあね</u>!

□ **tun***	動詞[他動]	**する，（…へ）入れる（置く）**
□ [トゥーン]	▷ tat, ge·tan	Ich habe viel zu <u>tun</u>. 私は忙しい（<u>す</u>
□		<u>る</u>ことをたくさん持っている）.

□ **Tür**	名詞[女性]	**ドア，戸**
□ [テューァ]	– / Tü·ren	die <u>Tür</u> öffnen <u>ドア</u>を開ける
□		

□ **U-Bahn**	名詞[女性]	**地下鉄**
□ [ウー・バーン]	– / U-Bah·nen	mit der <u>U-Bahn</u> (Untergrundbahn)
□		fahren* <u>地下鉄</u>で行く

□ **über**	前置詞[3/4 格 支配]	**…の上方で（へ），…を越えて （覆って），…に関して**
□ [ユーバァ]		
□		<u>über</u> den Wolken 雲<u>の上方で</u>
□	副詞	**…を上回る[数・量の]**
□		bei Temperaturen <u>über</u> vierzig
□		Grad 40 度<u>を上回る</u>気温の下(½)で

□ **Uhr**	名詞[女性]	**時計，…時**
□ [ウーァ]	– / Uh·ren	auf die <u>Uhr</u> sehen* <u>時計</u>を見る
□		

□ **um**	前置詞[4 格 支配]	**…の周りに（を），…(の分量)だ け，…時に**
□ [ウム]		
□		ums (um + das) Dorf 村<u>の周りに（を）</u>
□	接続詞	**《zu 不定詞句と》…するために**
□		der Kampf, <u>um zu</u> überleben 生き
□		残る<u>ために</u>の闘い

□ **und**	接続詞[並列]	**…そして，…と…，…して**
□ [ウント]		<u>und</u> so weiter などなど（<u>そして</u>同様
□		に引き続き）(略: usw.)

Tschüss, auf Wiedersehen!
じゃあね, また会いましょう.
☞ hallo! やあ!

Ich werde noch etwas Salz <u>in</u> die Suppe tun.
塩をもう少しスープに入れようと思います.
☞ *die* Tat 行い / handeln 行動する / verhalten*《sich⁴ ～》ふるまう

Die <u>Tür</u> geht nicht auf! – Drücken Sie auf den Knopf da!
(列車の中で:) ドアが開きません. — そこのボタンを押すんですよ.
☞ *die* Tür<u>klinke</u> ドアの取っ手 / *die* Schiebe<u>tür</u> 引き戸 / klingeln ベルを鳴らす

<u>U-Bahnen</u> fahren auch mal über der Erde.
<u>地下鉄</u>が地上を走ることもある.
☞ *der* <u>U-Bahn</u>hof 地下鉄の駅 / *die* Bahn 鉄道 / *der* Tunnel トンネル

Die Maschine fliegt <u>über</u> Wien nach Frankfurt.
当機はウィーンを経由し(越えて)フランクフルトに向けて飛行します.
☞ <u>über</u>all いたるところ(すべてを覆って) / dar<u>über</u> その上方に, それに関して

Zu dem Vortrag waren <u>über</u> 200 (zweihundert) Leute gekommen.
その講演には 200 人を上回る人が来ていた.
☞ <u>übrig</u> 残って(量が上回って)いる / *die* <u>Über</u>stunde 超過勤務 / unter …未満の

Es ist zwei <u>Uhr</u>. Sie hören Nachrichten.
2 時になりました. ニュースをお伝えします.
☞ *die* Armband<u>uhr</u> 腕時計 / *die* Sand<u>uhr</u> 砂時計 / *der* Wecker 目覚まし時計

Den Rock werde ich <u>um</u> fünf Zentimeter kürzen.
このスカートを 5 センチ[だけ]短くしようと思うの.
☞ *die* <u>Um</u>gebung 周囲 / dar<u>um</u> その周りに, それゆえ / her<u>um</u> (周りを)回って

Welche Abiturnote braucht man, <u>um</u> Medizin <u>zu</u> studieren?
医学を勉強するためにどの程度の高校卒業試験成績が必要ですか.

Was darf es sein? – Zwei Orangen <u>und</u> fünf Bananen bitte.
何にいたしましょう. — オレンジを 2 つとバナナを 5 本ください.
☞ aber しかし / oder または

□ **un·ser**	冠詞[所有]	**私たちの**
□ [ウンザァ]		zu <u>unserer</u> Überraschung （私たちの）驚いたことに
□		
□ **un·ten**	副詞	**下に**
□ [ウンテン]		die Radieschen von <u>unten</u> sehen* 死んでいる(二十日大根を<u>下</u>から見る)
□		
□ **un·ter**	前置詞[3/4 格支配]	**…の下で(へ)，…の下(ᵗ)で，**
□ [ウンタァ]		**…の間に[混じって]**
□		<u>unter</u> einem Baum　1 本の木の<u>下で</u>
	副詞	**…未満の**
		bei Temperaturen <u>unter</u> fünf Grad 5 度<u>未満</u>の気温の下(ᵗ)で
□ **un·te·r..**	形容詞	**下の**
□ [ウンテル..]		die linke <u>untere</u> Schublade 左の<u>下</u>の引き出し
□		
□ **Un·ter·richt**	名詞[男性]	**授業**
□ [ウンタァ・リヒト]	–[e]s /	<u>Unterricht</u> geben* 授業をする
□		
□ **Ur·laub**	名詞[男性]	**(有職者の)休暇**
□ [ウーァらオプ]	–[e]s / ..lau·be	auf <u>Urlaub</u> sein* 休暇中である
□		
□ **Va·ter**	名詞[男性]	**父，父親**
□ [ふァータァ]	–s / Vä·ter	ein guter Ehemann und <u>Vater</u> よき夫にしてよき<u>父親</u>
□		
□ **ver·die·nen**	動詞[他動]	**(ある金額を)収入として得る，**
□ [ふェアディーネン]		**稼ぐ，(…に)値する**
□		Geld <u>verdienen</u> お金を<u>稼ぐ</u>
□ **ver·ges·sen***	動詞[他動]	**忘れる**
□ [ふェァゲッセン]	..gisst, – ▷	den Namen <u>vergessen</u> 名前を<u>忘れる</u>
□	..gaß, ..ges·sen	

Unser Deutschlehrer spricht im Unterricht fast nur Japanisch.
私たちのドイツ語の先生は授業中ほとんど日本語しか話しません.
☞ euer 君たちの

Unten sind alle Sitze besetzt.
下[の階で]は席が全部埋まっています.
☞ oben 上に

Die Aufführung fand **unter** der Leitung von Furtwängler statt.
その演奏会はフルトヴェングラーの指揮の下で行われた.
☞ unterwegs 途中で(道のりの間で) / darunter その下に, その間に混じって

Die Spieler sind alle **unter** 20 (zwanzig) Jahre alt.
選手たちはみな 20 歳未満だ.
☞ das Untergewicht 重量不足 / über …を上回る

Die **untere** Etage des Terminals ist für Ankünfte.
ターミナルビルの下の階は到着便用です.
☞ die Unterschrift (書類の下に記す)署名 / die Unterwäsche 下着 / ober.. 上の

Heute habe ich drei Stunden **Unterricht**. Es wird ein harter Tag!
きょうは授業が 3 時間ある. きつい一日になるぞ.
☞ der Deutschunterricht ドイツ語の授業 / die Tafel 黒板 / die Kreide 白墨

Er nimmt im Herbst **Urlaub** und fährt drei Wochen nach Japan.
彼は秋に休暇を取って 3 週間日本に行きます.
☞ der Urlauber・die Urlauberin 休暇中の旅行客 / der Aufenthalt 滞在

Mein Vater arbeitet abends meist im Garten.
父は夕方はたいてい庭仕事をします.
☞ väterlich 父親の / der Papa パパ / der Senior《戯》父 / die Mutter 母

Guter Service **verdient** Anerkennung.
よい接客は評価される(賛辞に値する).
☞ das Einkommen 収入 / das Gehalt 給料 / der Lohn 賃金 / netto 手取りで

O nein, ich habe meinen Pass **vergessen**!
なんてことだ. パスポートを忘れてきた!
☞ vergesslich 忘れっぽい / erinnern《sich⁴ ～》思い出す

□ **ver·ste·hen*** □ ［ふェァ □ 　シュテーエン］	動詞［他動］ ▷ ..stand, 　..stan·den	**理解する，わかる，聞き取れる** Deutsch verstehen ドイツ語が<u>わか</u> <u>る</u>
□ □ □	動詞［再帰］ （上と同じ変化）	《sich⁴ ～》**自明（当然）である** Das versteht sich von selbst. それは <u>自明のことである</u>.
□ **viel*** □ ［ふィーる］ □	形容詞 mehr, meis·t..	**多い** <u>Viel</u> Vergnügen! 大いに楽しんでき なさい(<u>多くの歓楽を</u>)!
□ □ □	副詞	《比較級とともに》**はるかに** <u>viel</u> billiger <u>はるかに</u>安い
□ **viel·leicht** □ ［ふィらイヒト］ □	副詞	**ひょっとしたら，…かもしれない** Bist du verrückt? – <u>Vielleicht</u>! お前, 気でも狂ったか? — <u>かもね</u>!
□ **vier** □ ［ふィーァ］ □	数詞［基数］	**4，4つ(4人)の** unter <u>vier</u> Augen 2人だけで(<u>4つ</u> <u>の</u>目の下(した)で)
□ **viert** □ ［ふィーァト］ □	数詞［序数］	**第4の，4番目の** mein <u>viertes</u> Kind 私の<u>第4</u>子
□ **Vier·tel** □ ［ふィァテる］ □	名詞［中性］ –s / –	**4分の1，**(町の)**一画(地区)** um <u>Viertel</u> vor acht 7時45分(8時 の<u>4分の1</u>時間前)に
□ **vier·zehn** □ ［ふィァ・ □ 　ツェーン］	数詞［基数］	**14，14[人]の** heute in <u>14</u> (vierzehn) Tagen 2週間 (<u>14日</u>)後のきょう
□ **vier·zehnt** □ ［ふィァ・ □ 　ツェーント］	数詞［序数］	**第14の，14番目の** im <u>14.</u> (vierzehnten) Band der Enzy- klopädie 百科事典の<u>第14</u>巻に

<u>Verstehen</u> Sie <u>nicht</u>? O. k., ich starte jetzt die Dolmetsch-App.
わかりませんか? オーケー, 今, 通訳アプリを起動します.
☞ *der* <u>Verstand</u> 理知 / *das* <u>Verständnis</u> 理解 / <u>missverstehen</u>* 誤解する

Du kannst gerne trampen – auf eigene Gefahr, <u>versteht sich</u>[4].
君はヒッチハイクしてもいいよ —自己責任でね, <u>当然</u>だけど.
☞ <u>selbstverständlich</u> 自明(当然)の

<u>Viele</u> sprechen <u>viel</u> <u>zu</u> <u>viel</u>.
<u>あまりにも多くしゃべりすぎる人が多い</u>.
☞ <u>viel</u>fach 何倍もの(多く重ね合わせた) / *die* <u>Viel</u>falt 多様さ / wenig(*) 少ない

Das Alte Rathaus ist <u>viel</u> schöner als das neue.
<u>旧市庁舎は新しいほうよりもはるかに美しい</u>.
☞ etwas 少し

Ich habe auch Fieber. <u>Vielleicht</u> bekomme ich eine Spritze.
熱もあるんだ. ひょっとしたら注射されるかな.
☞ eventuell 場合によっては / wohl たぶん[…ではないか] / bestimmt きっと

Um <u>vier</u> gibt's (gibt es) Kaffee.
<u>4</u> 時がコーヒータイムよ.
☞ <u>vier</u>eckig 四角形の / *der* <u>Vier</u>beiner 四つ足[動物] / *das* <u>Vier</u>tel 4 分の 1

Für den <u>vierten</u> Platz gibt es keine Medaille.
4 位(4 番目の順位)にはメダルはありません.
☞ *der* · *die* <u>Vierte</u> Offizielle (サッカーの)<u>第 4</u> 審判員

Im gotischen <u>Viertel</u> von Barcelona sind viele schöne Gebäude.
バルセロナのゴシック<u>地区</u>には多くの美しい建物がある.
☞ *die* <u>Viertel</u>note <u>4</u> 分音符 / *der* Block (町の)区画

Augustus, Roms erster Kaiser, starb 14 (<u>vierzehn</u>) nach Christus.
ローマの初代皇帝アウグストゥスは紀元後 <u>14</u> 年に崩御した.
☞ <u>vierzehn</u>tägig <u>14</u> 日間の / <u>vierzehn</u>täglich <u>14</u> 日ごとの

Im 14. (<u>vierzehn</u>ten) Jahrhundert brach die Pest in Europa aus.
<u>14</u>[番目の]世紀にペストが突然ヨーロッパに広まった.

□ vier·zig	数詞[基数]	**40，40[人]の**
□ [ふィァ・ツィヒ]		40 (vierzig) Stunden in der Woche
□		arbeiten 週40時間働く

□ **Vo·gel**	名詞[男性]	**鳥**
□ [ふォーゲる]	–s / Vö·gel	Vögel im Käfig かごの鳥
□		

□ **von**	前置詞[3格	**…から，…の，…によって，…**
□ [ふォン]	支配]	**について**
□		vom (von + dem) Fenster aus 窓から

□ **vor**	前置詞[3/4格	**…の前で(へ)，《時間的に》…前**
□ [ふォーァ]	支配]	**に**
□		vor einem Jahr 1年前に
□	副詞	**前方へ**
□		Drei Schritte vor, zwei zurück. 3
□		歩(前方へ)進んで2歩下がる.

□ **Vor·mit·tag**	名詞[男性]	**午前**
□ [ふォーァ・	–[e]s / ..ta·ge	den ganzen Vormittag schlafen* 午
□ ミッターク]		前中ずっと寝ている

□ **Vor·na·me**	名詞[男性]	**(姓の前に付く個々人の)名**
□ [ふォーァ・	–ns / –n	ein beliebter Vorname 好まれる名前
□ ナーメ]		

□ **Vor·sicht**	名詞[女性]	**用心，注意**
□ [ふォーァ・	– /	Vorsicht, Stufe! 段差に注意!
□ ズィヒト]		

□ **Wald**	名詞[男性]	**森**
□ [ヴァるト]	–[e]s / Wäl·der	tief im Wald 森の奥深くに
□		

□ **wann**	副詞[疑問]	**いつ，どういう場合に**
□ [ヴァン]		wann und wo いつどこで
□		

Mit 40 (vierzig) Jahren möchte ich mir ein Haus bauen.
40 歳で家を建てたいと思います.
☞ vierzigst 第 40 の, 40 番目の

Der Körper eines Vogels ist sehr leicht.
鳥の体はとても軽い.
☞ das Vogelnest 鳥の巣 / der Rabe からす / der Spatz すずめ / die Taube はと

Von wem wurde „Für Elise" komponiert?
『エリーゼのために』は誰によって作曲されたの?（L. v. Beethoven 作曲）
☞ davon そのことから

Die Stiefmutter sprach vor dem Spiegel: „Spieglein, Spieglein."
継母は鏡の前で語りかけた:「鏡よ, 鏡」.（Grimm 童話,『白雪姫』より改編）
☞ davor その前に / vorher 前もって / vorhin さきほど（少し前に）

Ich konnte nicht vor und nicht zurück.
私は前へも後ろへも動けなかった.
☞ vorn[e] 前方に / vorwärts 前へ向かって / vorbei 通り過ぎて（近くを前方へ）

Morgen Vormittag um elf Uhr findet meine Sprechstunde statt.
あす午前 11 時, オフィスアワー（応談時間）を設けます.
☞ vormittags （反復的に:）午前に / der Mittag 正午 / der Nachmittag 午後

Wie hieß Napoleon mit Vornamen? – Das ist der Vorname.
ナポレオンは名を何といったの? — それが名だよ.
☞ der Familienname 姓（家族共通の名前） / der Nachname 姓（後ろの名前）

Vor der Abreise sah ich zur Vorsicht nochmals im Haus nach.
出発前に用心のため私はもう一度, 家の中を確認した.
☞ vorsichtig 用心深い / warnen 警告する / der Leichtsinn 軽率

In Berlin gibt es nicht nur Seen, sondern auch Wald.
ベルリンには湖だけでなく, 森もあります.
☞ der Waldbrand 森林火災 / das Waldsterben 森林枯死 / der Urwald 原始林

Wann setzt man ein Komma? – Darüber kann man lange reden.
コンマはどういう場合に打つのですか. — それを話すと長くなる.
☞ irgendwann いつか[あるときに] / dann そのときに, その場合に

□ **warm***	形容詞	**暖(温)かい，心のこもった**
□ ［ヴァルム］	wär·mer,	Hier ist es schön <u>warm</u>. ここはい
□	wärms·t..	い具合に<u>暖かい</u>ですね.
□ **war·ten**	動詞［自動］	**待つ，《auf ...⁴ ～》…を待つ**
□ ［ヴァルテン］		<u>Warte</u> mal! ちょっと<u>待って</u>てよ.
□		
□ **wa·rum**	副詞［疑問］	**なぜ，どうして**
□ ［ヴァルム］		<u>Warum</u>? – Darum! <u>どうして</u>? —
□		どうしても(だってそうなんだもん)!
□ **was**	代名詞［疑問］	**何が(を)，《was für ...》どんな…**
□ ［ヴァス］	(wes·sen²),	<u>Was</u> ist das? これは<u>何</u>ですか?
□	was⁴	
□	代名詞［関係］	**…するところのもの(こと)**
□	(上と同じ変化)	Es ist nicht alles Gold, <u>was</u> glänzt.
□		《ことわざ》輝く<u>もの</u>すべてが金ではない.
□ **wa·schen***	動詞［他動］	**洗う，洗濯する**
□ ［ヴァッシェン］	a→ä ▷ wusch,	Ich <u>wasche</u> mir morgens die Haare.
□	ge·wa·schen	私は朝, 髪を<u>洗います</u>.
□ **Was·ser**	名詞［中性］	**水**
□ ［ヴァッサァ］	–s / – または	kaltes <u>Wasser</u> 冷たい<u>水</u>
□	Wäs·ser	
□ **weg**	副詞	**離れて，なくなって，去って**
□ ［ヴェック］		Hände <u>weg</u>! 触るな(手を<u>離して</u>)!
□		
□ **Weg**	名詞［男性］	**道，道順**
□ ［ヴェーク］	–[e]s / We·ge	Alle <u>Wege</u> führen nach Rom. 《ことわざ》
□		すべての<u>道</u>はローマに通ず.
□ **Wein**	名詞［男性］	**ワイン，ぶどうの木**
□ ［ヴァイン］	–[e]s / Wei·ne	<u>Wein</u> an|bauen <u>ぶどう</u>を栽培する
□		

Am Empfangsabend bekamen wir eine warme Begrüßung.
歓迎会の夕べで私たちは心のこもったあいさつを受けました.
☞ *die* Wärme 暖か(温か)さ / heiß 暑(熱)い / kühl 涼しい, ひんやりした

Wir warten schon eine halbe Stunde auf den Kaffee.
もう30分もコーヒーを待っているんです.
☞ erwarten 待ち望む / *die* Wartezeit 待ち時間 / ab|warten (…の)到来を待つ

Warum laufen Sie? – Der hat mein Portemonnaie!
なぜ走るんですか. — あいつがわしの財布を持っとるんじゃ.
☞ weshalb なぜ / wieso《口語》なんで / weil ... …だから

Was für Kuchen isst du gerne? – Schokokuchen mit Kirschen.
どんなケーキが好き? — サクランボ入りのチョコケーキ.
☞ welch どの / wer 誰が

Was Sie jetzt sehen, ist virtuelle Realität.
あなたが今見ている[ところの]ものは仮想現実です.

Ich habe drei Kinder und muss jeden Tag Wäsche waschen.
子どもが3人いるので, 毎日洗濯物を洗わなければなりません.
☞ *die* Wäsche《集合的に》洗濯物 / ab|waschen* 洗い清める / spülen すすぐ

Wasser stillt den Durst am besten.
のどの渇きを鎮めるには水がいちばんいい.
☞ *der* Wasserfall 滝(水の落下) / *das* Mineralwasser ミネラルウォーター

Ach du Schande! Meine Tasche ist weg!
なんてことだ! 私のバッグがない(なくなっている)!
☞ weg|gehen* 立ち去る / weg|werfen* 捨てる(投げてなくする)

Der Weg verlief von Nihonbashi über Magome bis nach Kyoto.
この道は日本橋から馬籠を越えて京都まで延びていた.
☞ *der* Umweg 回り道 / unterwegs (道の)途中で / *die* Kreuzung 十字路

Der Silvaner ist ein Wein mit sehr fruchtigem Aroma.
シルバーナーはとてもフルーティーな香りのワインの品種です.
☞ *die* Weinlese ぶどう摘み / *der* Rotwein 赤ワイン / *die* Traube ぶどうの房

☐ **weiß** ☐ ［ヴァイス］ ☐	形容詞	**白い** ein weißes Brautkleid <u>白い</u>ウェディングドレス
☐ **weit** ☐ ［ヴァイト］ ☐	形容詞	**広い，遠い，…の広さ（遠さ）の** weite Hosen 幅の<u>広い</u>ズボン
	副詞	**はるかに** alle anderen weit übertreffen* ほかの誰よりも<u>はるかに</u>優れている
☐ **wei·ter** ☐ ［ヴァイタァ］ ☐	形容詞	**より広い（遠い），そのほかの** weiter springen* als ein Känguru カンガルー<u>より遠くへ</u>跳ぶ
	副詞	**さらに先へ，引き続き** und so weiter などなど（そして同様に<u>引き続き</u>）（略: usw.）
☐ **Welt** ☐ ［ヴェるト］ ☐	名詞［女性］ – / Wel·ten	**世界，世間，この世** die Neue Welt 新<u>世界</u>
☐ **we·nig**(*) ☐ ［ヴェーニヒ］ ☐	形容詞 (min·de·r.., min·des·t..)	**少しの，わずかな** das wenige Geld この<u>わずかな</u>お金
	副詞	**わずかしか…ない，《ein ～》少し** Ich verdiene wenig. 私は<u>わずかの</u>稼ぎ<u>しかない</u>.
☐ **wer** ☐ ［ヴェーァ］ ☐	代名詞［疑問］ wes·sen, wem, wen	**誰が** <u>Wer</u> ist dran? 《口語》<u>誰の</u>番?
	代名詞［関係］ （上と同じ変化）	**…するところの人** <u>Wer</u> die Wahl hat, hat die Qual. 《ことわざ》選べ<u>る</u>[<u>ところの</u>]<u>者</u>は苦しむ.

Der Schauspieler hat ganz weiße Zähne.
あの俳優は歯が真っ白だ.
☞ schwarz* 黒い / grau 灰色の / blass(*) 青白い / bleich 青ざめた

Shanghai ist achthundert Kilometer weit von Nagasaki entfernt.
上海は長崎から 800 km［遠く］離れている.
☞ die Weite 広さ / der Weitsprung 走り幅跳び（遠く跳ぶこと）/ eng 狭い

Die USA* sind weit größer als Australien.
アメリカ合衆国はオーストラリアよりはるかに大きい.
* United States of America,（ドイツ語:）die Vereinigten Staaten von Amerika

Haben Sie weitere Fragen? – Nein danke, alles klar!
ほかに質問がありますか. ― いえ, 結構です. すべて明快です.
☞ erweitern 広げる

Ich fliege erst nach Zürich und dann weiter nach Barcelona.
私はまずチューリッヒに飛び, それからさらにバルセロナに飛ぶ.
☞ weiter|machen 続行する（引き続き行う）/ fort|setzen 続ける

Heute erfährt man auch nicht alles, was auf der Welt geschieht.
今日でさえ世界で起こるすべてを把握することはできない.
☞ weltweit 全世界的な / die Umwelt 環境（周囲の世界）

Bei uns gibt es wenige Millionäre und viele Bedürftige.
わが国には少しの百万長者と多くの貧困者がいる.
☞ wenigstens せめて（最小限）/ mindestens 少なくとも / gering わずかな

Es hat ein wenig geregnet. Es hätte ruhig mehr sein können.
少し雨が降りました. もっと降ってもよかったのにね.
☞ kaum ほとんど…ない

Wer ist der Herr hier? – Ihr Sohn.
こちらの男性はどなた? ― 息子さんですよ.
☞ was 何が

Wer intensiv arbeitet, lernt auch schnell.
集中して勉強する［ところの］人は覚えるのも早い.

□ **wer·den***	動詞[自動]	…になる，《aus ...³ ～》…から生
□ ［ヴェーァデン］	wirst, wird ▷ wur-	じる
□	de, ge·wor·den	Ingenieur werden 技術者になる
□	助動詞[推量]	…だろう
	wirst, wird	Du wirst es bereuen. 君はそれを悔
□	▷（なし）	いる<u>だろう</u>.
□	助動詞[受動]	…される
□	wirst, wird ▷	lieben und geliebt werden 愛し愛さ
□	wurde, wor·den	れる
□ **Wes·ten**	名詞[男性]	西
□ ［ヴェステン］	–s /	eine Luftströmung aus dem Westen
□		西からの気流
□ **Wet·ter**	名詞[中性]	天気，天候
□ ［ヴェッタァ］	–s / –	Schönes Wetter heute! きょうはい
□		い天気だ!
□ **wich·tig**	形容詞	重要な，大事な
□ ［ヴィヒティヒ］		eine wichtige Angelegenheit 重要な
□		案件
□ **wie**	副詞[疑問]	どのように，どのくらい，（感
□ ［ヴィー］		嘆して:）なんと
□		Wie bitte? は?(<u>どのように</u>言ったか?)
□	接続詞[従属]	…のように
□		wie Sie wissen* ご存じ<u>のように</u>
□		
□ **wie·der**	副詞	再び
□ ［ヴィーダァ］		Nie wieder Krieg! 二度と(<u>再び</u>)戦
□		争をしてはいけない.
□ **Wie·der·se·hen**	名詞[中性]	再会
□ ［ヴィーダァ・	–s / –	Auf Wiedersehen! さようなら(<u>再会</u>
□ ゼーエン］		を期して)!

Gegen Staus sollte etwas getan werden, aber <u>daraus</u> <u>wird</u> nichts.
渋滞対策が必要なのに何もなされない(<u>それから</u>何も<u>生じる</u>ことはない).
☞ klar|<u>werden</u>* はっきりする(明快に<u>なる</u>)

Wir <u>werden</u> Lieder machen und berühmt <u>werden</u>.
僕らは楽曲を作って有名に<u>なるだろう</u>.

Der Brief <u>wurde</u> nicht von ihr selbst geschrieben.
その手紙は彼女自身によって書か<u>れた</u>のではなかった.

Die Anden sind eine Gebirgskette <u>im Westen</u> von Südamerika.
アンデスは南アメリカの<u>西部</u>に<u>ある</u>山脈だ.
☞ <u>westlich</u> 西の / der Nord<u>westen</u> 北西 / der <u>Osten</u> 東

Das <u>Wetter</u> ist unbeständig. Jetzt regnet es bei Sonnenschein.
<u>天候</u>が不安定だ. 今は天気雨が降っている.
☞ der <u>Wetter</u>bericht 天気予報 / das Un<u>wetter</u> 悪天候 / das Klima 気候

Wenn du Vokabeln lernst, ist es <u>wichtig</u>, jeden Tag zu lernen.
単語を学ぶなら, 毎日学ぶことが<u>大事</u>だよ.
☞ das <u>Gewicht</u> 重要性 / notwendig 不可欠な

<u>Wie</u> <u>viele</u> Eier sind noch da? – Wir haben noch drei Stück.
卵はあと何個(<u>どのくらいたくさん</u>)ある?― あと 3 個あるよ.
☞ <u>wie</u>vielt.. 何番目の(<u>どのくらいの番の</u>) / irgend<u>wie</u> どうにかして, 何となく

Ich will singen <u>wie</u> Bob Dylan, aber mir gelingt das nicht.
ボブ・ディラン<u>のように</u>歌いたいんだけど, うまくいかない.

Nach ihrer Pensionierung kehrte sie <u>wieder</u> in ihre Heimat zurück.
定年後, 彼女は再び故郷へ戻った.
☞ <u>wieder</u>holen 繰り返す(再び行う) / <u>wieder</u>|beleben (再び)生き返らせる

<u>Wiedersehen</u> macht Freude.
<u>再会</u>はうれしいものだ;《戯》(物を貸すときに:)ちゃんと返してね.
☞ <u>wieder</u>|sehen* 再会する / auf Wiederhören! (電話で:)さようなら!

□ **Wind**	名詞[男性]	**風**
□ ［ヴィント］	–[e]s / Win·de	starker <u>Wind</u> 強い風
□		

□ **Win·ter**	名詞[男性]	**冬**
□ ［ヴィンタァ］	–s / –	ein langer <u>Winter</u> 長い冬
□		

□ **wir**	代名詞[人称]	**私たちが**
□ ［ヴィーァ］	uns³, uns⁴	<u>wir</u> beide 私たち2人
□		

□ **wis·sen***	動詞[他動]	（知識として）**知っている，わか**
□ ［ヴィッセン］	weiß,–t,– ▷ wuss-	**っている**
□	te, ge·wusst	Das <u>weiß</u> ich! 知ってるよ!

□ **wo**	副詞[疑問]	**どこで**
□ ［ヴォー］		<u>Wo</u> bist du? 君は<u>どこ</u>?
□	副詞[関係]	《場所を先行詞として》**そこで…す**
□		**るところの**
□		da, <u>wo</u> er ist 彼が[今]いる[<u>ところ</u>
□		<u>の</u>]場所で

□ **Wo·che**	名詞[女性]	**週**
□ ［ヴォッヘ］	– / –n	letzte <u>Woche</u> 先<u>週</u>
□		

□ **wo·her**	副詞[疑問]	**どこから**
□ ［ヴォ・ヘーァ］		<u>Woher</u> kommen Sie? ご出身はどち
□		ら（<u>どこから</u>来ているの）ですか.
□	副詞[関係]	《場所を先行詞として》**そこから…**
□		**するところの**
□		da, <u>woher</u> er kommt 彼の<u>出身</u>地で

□ **wo·hin**	副詞[疑問]	**どこへ**
□ ［ヴォ・ヒン］		<u>Wohin</u> gehen Sie? どちらにいらっ
□		しゃる（<u>どこへ</u>歩いて行く）のですか.

Der Wind pfeift und der Regen prasselt.
風がヒューヒュー，雨がバラバラと音を立てている．
☞ windig 風のある / der Nordwind 北風 / wehen（風が）吹く

Im Winter ist es in Tokio sehr trocken und es brennt viel.
冬[に]は東京はとても乾燥していて火事がよく起きます．
☞ der Winterschlaf 冬眠 / der Nachwinter 寒（冬）の戻り / der Frühling 春

Wir müssen uns beeilen. Sonst verpassen wir den Flug.
私たちは急がないと（自分たちをせかさないと）．飛行機に遅れるわよ．
☞ ihr 君たちが / Sie あなた[がた]が

Woher weißt du, dass ich eine Katze habe? – Das sieht man.
猫を飼ってるってどうして知ってるの？―見ればわかるよ．
☞ das Wissen 知識 / die Ahnung 少しの知識 / kennen*（経験して）知っている

Wo hast du so gutes Deutsch gelernt? – An der Uni Nagoya.
どこでそんなに上手なドイツ語を習ったの？―名古屋大学でさ．

Ich studiere in Bonn, wo auch mein Vater studiert hat.
私は父も[そこで]学んだ[ところの]ボン大学で学んでいます．

Auf der Karte ist der Ort markiert, wo der Schatz vergraben ist.
この地図に宝物が埋められている[ところの]場所が記してある．

Nächste Woche schreiben wir Klausuren.
来週，筆記試験があります．
☞ das Wochenende 週末 / der Wochentag 週日 / der Tag 日 / der Monat 月

Woher hast du meine Handynummer? – Von dir selbst!
私の携帯番号をどこから手に入れたの？―君自身からだよ．
☞ wohin どこへ

Ich will mal dorthin, woher mein Großvater stammt.
祖父の生まれ故郷に（そこから出てきたところのそこへ）行ってみたい．

„Wohin soll ich mich wenden?"
『私はどこに赴けばよいのか』(F. Schubert 作曲，『ドイツミサ曲』の 1 曲目)
☞ woher どこから

□ （wohin の続き） □ □	副詞[関係]	《場所を先行詞として》**そこへ…す** **るところの** da, wohin er geht 彼の行く<u>先</u>の地で
□ **wo·hnen** □ ［ヴォーネン］ □	動詞[自動]	**住む** im Ausland wohnen 外国に<u>住む</u>
□ **wol·len*** □ ［ヴォれン］ □	助動詞[話法] will, –st, – ▷ woll·te, wol·len	**…するつもりである，…したい，** **…と言い張る，欲する** kommen wollen 来る<u>つもりである</u>
□ **Wort** □ ［ヴォルト］ □	名詞[中性] –[e]s / Wör·ter または Wor·te	**語，言葉，約束** Goethes letzte Worte ゲーテの最後 の<u>言葉</u>
□ **zah·len** □ ［ツァーれン］ □	動詞[他動]	**支払う** Steuern zahlen 税金を<u>支払う</u>
□ □ □	動詞[自動]	**支払いをする** <u>Zahlen</u> Sie bar? 現金で<u>支払いをな</u> <u>さ</u>いますか.
□ **zehn** □ ［ツェーン］ □	数詞[基数]	**10，10［人］の** bis zehn zählen <u>10</u> まで数える
□ **zehnt** □ ［ツェーント］ □	数詞[序数]	**第 10 の，10 番目の** zu zehnt <u>10</u> 人で（zu zehnen とも言う が現在ではふつう序数を用いる）
□ **zei·gen** □ ［ツァイゲン］ □	動詞[他動]	**見せる，示す** <u>Zeig</u> mal! ちょっと<u>見せて</u>よ.
□ □ □	動詞[自動]	**指し示す** auf das Ziel zeigen 目標を<u>指し示す</u>

Das Dorf, <u>wohin</u> unser Sohn zieht, liegt in der Eifel.
息子が[<u>そこへ</u>]移り住む[<u>ところの</u>]村はアイフェル山中にあるの.

Ich <u>wohne</u> in einem Studentenheim in der Nähe der Universität.
私は大学近くの学生寮に<u>住んでいます</u>.
☞ *die* <u>Wohn</u>ung 住まい / *der* <u>Bewohner</u>・*die* <u>Bewohner</u>in 住人 / leben 暮らす

Die Kleine <u>will</u> unbedingt mit mir spielen.
そのお嬢ちゃんはどうしても私と遊び<u>たい</u>んだって.
☞ *der* <u>Will</u>e 意志(<u>成し遂げたいという思い</u>) / sollen* …すべきである

Könnten Sie bitte das <u>Wort</u> buchstabieren?
その<u>単語</u>のつづりを言ってくださいませんか.
☞ *das* <u>Wört</u>erbuch 辞書 / *das* Sprich<u>wort</u> ことわざ(よく語られる成句の<u>言葉</u>)

Für mein Smartphone <u>zahle</u> ich jeden Monat 50 Euro.
スマホに私は毎月 50 ユーロ<u>払っています</u>.
☞ be<u>zahlen</u> (…の代金を)<u>支払う</u> / ein|<u>zahlen</u> 払い込む / *die* Quittung 領収証

Entschuldigung! Wir möchten <u>zahlen</u>! – Zusammen?
(ウェイターに:)すみません. お勘定を(<u>支払います</u>)! — ごいっしょで?
☞ *die* <u>Zahl</u>ung 支払い / *die* Kasse レジ / aus|geben* 支出する

<u>Zehn</u> Ziegen zogen <u>zehn</u> Zentner Zucker zur Zeche zwo.
《早口言葉》ヤギ <u>10</u> 頭, 砂糖 130 貫(<u>10</u> Zentner)を第 2 鉱抗へ引いてった.
☞ <u>zehn</u>fach <u>10</u> 倍の / *das* <u>Zehn</u>centstück <u>10</u> セント硬貨

„Dezember" bedeutet eigentlich der <u>zehnte</u> Monat des Jahres.
「12 月」はもともとは 1 年で <u>10 番目</u>の月という意味です.
☞ *das* Jahr<u>zehnt</u> 10 年間(1 年目から <u>10 年目</u>まで)

<u>Zeigen</u> Sie mir Ihren Führerschein! Hier ist eine Einbahnstraße.
運転免許証を<u>見せて</u>ください. ここは一方通行です.
☞ *die* An<u>zeige</u> (新聞などでの)<u>公示</u>, 広告 / *das* Plakat ポスター

Die Kompassnadel <u>zeigt</u> immer nach Norden.
コンパスの針はいつも北[の方]を<u>指す</u>.
☞ *der* <u>Zeiger</u> (時刻・数値などを<u>指し示す</u>)針 / *der* <u>Zeige</u>finger 人差し指

☐ **Zeit** ☐ [ツァイト] ☐	名詞[女性] – / Zei·ten	時，時間，時刻，時代 Die Zeit flieht. 《雅語》時は早く過ぎ ゆく．
☐ **Zei·tung** ☐ [ツァイトゥング] ☐	名詞[女性] – / ..tun·gen	新聞 eine Zeitung abonnieren 新聞を定期 購読する
☐ **Zim·mer** ☐ [ツィンマァ] ☐	名詞[中性] –s / –	部屋 ein Zimmer mieten 部屋を賃借する
☐ **zu** ☐ [ツー] ☐ ☐	前置詞[3 格 支配]	…[の所]へ，…に添えて，…の 時に，…のために，…に対して， 《zu 不定詞として》…すること zur (zu + der) Uni gehen* 大学へ行く
☐ ☐	副詞	あまりにも…すぎる，閉じて zu groß 大きすぎる
☐ **Zu·cker** ☐ [ツッカァ] ☐	名詞[男性] –s / –	砂糖 süß wie Zucker 砂糖のように甘い
☐ **zu·frie·den** ☐ [ツ・ふリーデン] ☐	形容詞	満足した zufrieden lächeln 満足してほほ笑む
☐ **Zug** ☐ [ツーク] ☐	名詞[男性] –[e]s / Zü·ge	列車，行列，特徴 mit dem Zug fahren* 列車で行く
☐ **zu·rück** ☐ [ツ・リュック] ☐	副詞	元の所へ，後ろへ hin und zurück 往復で（目的地に向か ってから元の所へ）
☐ **zu·sam·men** ☐ [ツ・ザンメン] ☐	副詞	いっしょに，合わせて mit den Kindern zusammen 子ども たちといっしょに

Haben Sie morgen ein bisschen Zeit für mich? – Ja, warum?
あすちょっとお時間頂けますか. — はい, なぜですか.
☞ zurzeit 今のところ(この時において) / die Frist 期限 / der Termin 期日

In der Zeitung steht, dass heute ein Supermond zu sehen ist.
新聞にきょうはスーパームーンが見えるって書いてあるよ.
☞ die Abendzeitung 夕刊[紙] / die Presse 報道機関 / der Artikel 記事

Das Zimmer hat ein großes Fenster nach Süden.
その部屋は南向きの大きな窓があります.
☞ das Wohnzimmer 居間(リビングルーム) / das Schlafzimmer 寝室

Man muss zur (zu + der) rechten Zeit am rechten Ort sein.
人は正しい時に正しい場所にいなければならない.
Er hat ihr zum (zu + dem) Andenken ein Gedicht verfasst.
彼は自分への思い出とするために彼女に詩を書いた.

Zu viel zu essen, ist ungesund.
食べすぎ[ること]は体によくない.

Ich trinke Kaffee mit Milch, aber ohne Zucker.
私はコーヒーにミルクは入れますが砂糖は入れません.
☞ zuckersüß 甘ったるい(砂糖のように甘い) / der Würfelzucker 角砂糖

Wir haben 1:0* gewonnen. Mit dem Ergebnis bin ich zufrieden.
チームは 1 対 0 で勝ちました. 私はこの結果に満足しています.
* eins zu null

Sein rundes Gesicht hat noch kindliche Züge.
彼の丸顔は子どものような特徴を残している.
☞ das Zugunglück 列車事故 / die Verbindung 接続 / verpassen 乗り遅れる

Aus dem Lautsprecher tönte es: „Zurückbleiben bitte!"
スピーカーから「後ろへお下がりください」という声が響いた.
☞ zurück|geben* (元の所へ)返す / zurück|kommen* (元の所へ)戻って来る

Das macht zusammen 24 (vierundzwanzig) Euro.
これらは合わせて 24 ユーロになります.
☞ zusammen|leben いっしょに暮らす / gemeinsam 共通の / getrennt 別々の

□ **zwan·zig** □ ［ツヴァン・ □ ツィヒ］	数詞［基数］	**20，20［人］の** 20 (zwanzig) Jahre alt 20 歳の	
□ **zwan·zigst** □ ［ツヴァン・ □ ツィヒスト］	数詞［序数］	**第 20 の，20 番目の** mein 20. (zwanzigster) Geburtstag 私の 20 歳の(20 回目の)誕生日	
□ **zwei** □ ［ツヴァイ］ □	数詞［基数］	**2，2つ(2人)の** alle zwei Tage 1 日おきに(2 日ごと に)	
□ **zweit** □ ［ツヴァイト］ □	数詞［序数］	**第 2 の，2 番目の** aus zweiter Hand 中古で((製造者を 第 1 として)第 2 の手から)	
□ **zwi·schen** □ ［ツヴィッ □ シェン］	前置詞［3/4 格 支配］	**…の間で(へ)，…の間に** die Beziehungen zwischen Japan und Deutschland 日独間の関係	
□ **zwölf** □ ［ツヴェるふ］ □	数詞［基数］	**12，12［人］の** zwölf Monate 12 ヵ月	
□ **zwölft** □ ［ツヴェるふト］ □	数詞［序数］	**第 12 の，12 番目の** das Abitur in der zwölften Klasse 第 12 学年での高校卒業試験	

Ich arbeite Teilzeit. Ich arbeite <u>zwanzig</u> Stunden die Woche.
私はパートで働いています. 週 <u>20</u> 時間勤務です.
☞ *der* <u>Zwanzig</u>euroschein <u>20</u> ユーロ札

Im <u>zwanzigst</u>en Jahrhundert gab es zwei Weltkriege.
<u>20</u>[番目の]世紀には 2 つの世界大戦があった.

Alles hat ein Ende, nur die Wurst hat <u>zwei</u>.
《戯》何事にも終りがある. ソーセージにだけは <u>2 つ</u>ある.
☞ <u>zwei</u>mal 2 度 / <u>zwei</u>deutig どちらともとれる(<u>2 つの意味を持つ</u>)

Der <u>Zweite</u> Weltkrieg dauerte sechs Jahre.
第二次(<u>2 番目の</u>)世界大戦は 6 年間続いた.
☞ <u>zweitens</u> 第 2 に / <u>zweit</u>best.. 2 番目に良い / nächst.. 次の

Der Schiedsrichter stellte sich[4] <u>zwischen</u> die beiden Kämpfer.
審判が 2 人の格闘家<u>の間へ</u>割って入った.
☞ <u>zwischen</u>durch 合間を縫って / in<u>zwischen</u> その間に

In Japan geht man mit 12 (<u>zwölf</u>) Jahren auf die Mittelschule.
日本では <u>12</u> 歳で中学校に上がります.
☞ <u>zwölf</u>stündig <u>12</u> 時間の / *der* <u>Zwölf</u>fingerdarm 十二指腸

Von diesem Buch ist bereits die <u>zwölfte</u> Auflage erschienen.
この本はすでに<u>第 12</u> 版が出ている.

第 2 部

CEFR レベル A2 より
約 300 語

□ **ähn·lich** □ ［エーンりヒ］ □	形容詞	**似ている** <u>ähnlich</u> wie Knoblauch riechen* にんにくに<u>似た</u>香りがする
□ **än·dern** □ ［エンダァン］ □	動詞［他動］	**変える** den Kurs <u>ändern</u> 針路を<u>変える</u>
□ □ □	動詞［再帰］	《sich⁴ ～》**変わる** Die Welt <u>ändert sich</u> schnell. 世の 中は<u>変わる</u>のが速い.
□ **An·ge·stell·ter** □ ［アン・ゲ □　シュテるタァ］	名詞［男性］ (形容詞と同じ 変化)	**(男性の)社員** ein leitender <u>Angestellter</u> 中間管理 職(指導的立場にある<u>男性社員</u>)
□ **An·ge·stell·te** □ ［アン・ゲ □　シュテるテ］	名詞［女性］ (形容詞と同じ 変化)	**女性社員** eine <u>Angestellte</u> ein|stellen <u>女性社</u> <u>員</u>を1人雇う
□ **Angst** □ ［アングスト］ □	名詞［女性］ – / Ängs·te	**不安, 恐れ** aus <u>Angst</u> zittern <u>不安</u>に震える
□ **An·zug** □ ［アン・ツーク］ □	名詞［男性］ –[e]s / ..zü·ge	**スーツ** ein dunkler <u>Anzug</u> ダーク<u>スーツ</u>
□ **Apo·the·ke** □ ［アポテーケ］ □	名詞［女性］ – / –n	**調剤薬局** Medikamente aus der <u>Apotheke</u> holen <u>調剤薬局</u>で薬をもらってくる
□ **Ap·pe·tit** □ ［アペティート］ □	名詞［男性］ –[e]s / ..ti·te	**食欲** Guten <u>Appetit</u>! おいしく食べよう (召し上がれ)(旺盛な<u>食欲</u>を)!
□ **Ar·bei·ter** □ ［アルバイタァ］ □	名詞［男性］ –s / –	**(男性の)労働者(従業員)** ein tüchtiger <u>Arbeiter</u> 有能な<u>労働者</u>

148

Du siehst deinem Vater zum Verwechseln <u>ähnlich</u>. – O nein!
君はお父さんに見まちがえるほど<u>似ている</u>よ. — おお嫌だ.
☞ *die* <u>Ähnlichkeit</u> 類似性(似ていること)

Die Vergangenheit können wir nicht <u>ändern</u>.
過去を私たちは<u>変える</u>ことはできない.
☞ *die* <u>Änderung</u> 変更 / <u>verändern</u> 変える(異質なものにする) / erhalten* 保つ

Im Gebirge <u>ändert</u> <u>sich</u>⁴ das Wetter häufig.
山では天気が頻繁に<u>変わる</u>.
☞ wechseln 入れ替わる / bleiben* (…の)ままである

Mein Vater ist <u>Angestellter</u> bei Daimler.
父はダイムラー社の<u>社員</u>です.
☞ *der* · *die* Fest<u>angestellte</u> 正社員 / kündigen 解雇する

Wie viel verdient eine <u>Angestellte</u> bei Siemens?
シーメンス社の<u>女性社員</u>はどのくらいの収入がありますか.
☞ *der* Beamte · *die* Beamtin 公務員 / *der* Arbeiter · *die* Arbeiterin 労働者

Unser Hund hat <u>Angst</u> <u>vor</u> anderen Hunden!
うちの犬はほかの犬が怖い(ほかの犬に<u>恐れ</u>を抱く)んだよ!
☞ <u>ängstlich</u> <u>不安そうな</u> / furchtbar 恐ろしい / fürchten 恐れる

Der <u>Anzug</u> sitzt! – Äh, ich denke, er ist etwas zu knapp für dich.
この<u>スーツ</u>は体に合う! — えーと, 君には少し狭すぎると思うな.
☞ *der* Bade<u>anzug</u> スイムスーツ / *das* Kostüm 女性用スーツ

In der Nähe der Praxis gibt es mehrere <u>Apotheken</u>.
医院の近くには複数の<u>調剤薬局</u>があります.
☞ *der* <u>Apotheker</u> · *die* <u>Apothekerin</u> 薬剤師 / *das* Rezept 処方箋

Gestern haben wir gefeiert. Heute habe ich keinen <u>Appetit</u>.
きのうはパーティーだった. きょう私は<u>食欲</u>がない.
☞ <u>appetitlich</u> <u>食欲をそそる</u> / *der* Hunger 空腹 / *der* Durst のどの渇き

Damals verdiente ein ungelernter <u>Arbeiter</u> sehr wenig.
当時, 未熟練<u>労働者</u>はほんのわずかの収入しかなかった.
☞ *die* <u>Arbeiter</u>klasse 労働者階級 / *die* Gewerkschaft 労働組合

□ **Ạr·bei·te·rin**	名詞[女性]	**女性労働者(従業員)**
□ [アルバイテリン]	– / ..rin·nen	die Interessen der <u>Arbeiterinnen</u> <u>女性労働者たちの利益</u>
□		

□ **ạrm***	形容詞	**貧しい，かわいそうな**
□ [アルム]	är·mer, ärms·t..	<u>arme</u> Leute <u>貧しい</u>人々
□		

□ **auf|ma·chen**	動詞[他動]	《口語》**開ける，開く**
□ [アオふ・		die Tür <u>auf|machen</u> ドアを<u>開ける</u>
□ マッヘン]		
□	動詞[自動]	《口語》(店などが)**開く**
□		Wann <u>machen</u> Sie <u>auf</u>? そちらのお
□		店は何時に<u>開き</u>ますか?

□ **auf|pas·sen**	動詞[自動]	**気をつける**，《auf ...^{4} 〜》…に注
□ [アオふ・	passt, –	**意を払う**
□ パッセン]		gut <u>auf|passen</u> よく<u>気をつける</u>

□ **Aus·flug**	名詞[男性]	**遠出，行楽**
□ [アオス・	–[e]s / ..flü·ge	einen <u>Ausflug</u> machen <u>遠出</u>をする
□ ふるーク]		

□ **au·ßer**	前置詞[3 格	**…の外に，…のほかに**
□ [アオサァ]	支配]	<u>Außer</u> Betrieb! 稼働停止中(稼働<u>外</u>に
□		あり)!

□ **bạ·cken***	動詞[他動]	(ケーキ・パンなどを)**焼く**
□ [バッケン]	(a→ä)▷(buk),	einen Kuchen <u>backen</u> ケーキを<u>焼く</u>
□	ge·bạ·cken	
□	動詞[自動]	**ケーキ(パン)を焼く**
□	(上と同じ変化)	Ich <u>backe</u> gerne. 私は<u>ケーキを焼く</u>
□		のが好きです.

□ **Be·ạm·ter**	名詞[男性]	(男性の)**公務員**
□ [ベアムタァ]	(形容詞と同じ	die Ernennung eines <u>Beamten</u> <u>公務</u>
□	変化)	<u>員</u>の任官

In der Fabrik sind mehr <u>Arbeiterinnen</u> als <u>Arbeiter</u> angestellt.
その工場では<u>男性従業員</u>より多くの<u>女性従業員</u>が雇用されている.
☞ *der* ・ *die* Auszubildende 職業訓練生(略: Azubi) / streiken ストを打つ

<u>Arm</u>er Prinz, wer hat dich in einen Frosch verwandelt?
かわいそうな王子, 誰がそなたをカエルに変えたのだ.
☞ *die* <u>Armut</u> 貧困 / blut<u>arm</u> 貧血の / reich 豊かな, 金持ちの

<u>Mach</u> deinen Mund <u>auf</u> und sag etwas!
口を<u>開いて</u>何とか言え!
☞ öffnen 開ける / zu|machen《口語》閉める

Die Bäckerei <u>macht</u> schon um halb sechs <u>auf</u>.
そのパン屋は 5 時半にはもう<u>開く</u>.
☞ auf|haben*《口語》開いている / zu|machen《口語》閉まる

<u>Passen</u> Sie bitte <u>auf</u> das Baby <u>auf</u>! – Haben Sie keine Sorge!
赤ちゃんを見てて(赤ちゃ<u>んに注意を払って</u>)ください. ― 心配ご無用.
☞ achten《auf ...⁴ 〜》…に注意を払う / beachten 顧慮する

Wir nehmen unseren Hund auf den <u>Ausflug</u> mit.
うちでは犬を<u>行楽</u>に連れていきます.
☞ *der* Schul<u>ausflug</u> 遠足(学校が行う<u>遠出</u>) / *die* Tour 小旅行

<u>Außer</u> ihm war niemand am Strand.
浜辺には彼のほかに誰もいなかった.
☞ <u>außen</u> 外側で / <u>außer</u>dem その上(そのほかに) / <u>außer</u>halb …の外側に

Mmh, das frisch <u>gebacke</u>ne Brot duftet herrlich!
う〜む, 焼き立ての(焼かれたばかりの)パンがすごくいい香りだ!
☞ *der* <u>Bäcker</u> ・ *die* <u>Bäckerin</u> パン焼き職人 / *das* <u>Gebäck</u> 焼き菓子

Ich <u>backe</u> manchmal den ganzen Samstag.
私, 土曜は一日じゅう<u>ケーキを焼いている</u>ことがあるわ.
☞ *der* <u>Back</u>ofen パン焼きがま

<u>Beamten</u>³ kann man im Prinzip nicht kündigen.
<u>公務員</u>は原則として解雇することはできません.
☞ *der* Staats<u>beamte</u> ・ *die* Staats<u>beamtin</u> 国家<u>公務員</u>

☐ **Be·am·tin** ☐ [ベアムティン] ☐	名詞[女性] – / ..tin·nen	**女性公務員** eine aufrichtige <u>Beamtin</u> 誠実な<u>女性公務員</u>
☐ **be·kannt** ☐ [ベカント] ☐	形容詞	**[よく]知られた** ein <u>bekannter</u> Pianist よく知られたピアニスト
☐ **be·quem** ☐ [ベクヴェーム] ☐	形容詞	**心地よい，楽な** <u>bequem</u> sitzen* 心地よく座っている
☐ **be·ste·hen*** ☐ [ベシュテーエン] ☐ ☐	動詞[自動] ▷ ..stand, ..stan·den	**存在する，《aus ...³ 〜》…から成り立っている，《in ...³ 〜》(本質などが)…にある** die <u>bestehende</u> Gefahr 今<u>ある</u>危険
☐ ☐	動詞[他動] (上と同じ変化)	**合格する** den TÜV <u>bestehen</u> 車検に<u>合格する</u>
☐ **Be·such** ☐ [ベズーフ] ☐	名詞[男性] –[e]s / ..su·che	**訪問，来客** unerwarteter <u>Besuch</u> 不意の<u>訪問</u>
☐ **Bib·li·o·thek** ☐ [ビブリオテーク] ☐	名詞[女性] – / ..the·ken	**図書館** in die <u>Bibliothek</u> gehen* <u>図書館</u>に行く
☐ **bit·ter** ☐ [ビッタァ] ☐	形容詞	**苦い** <u>bittere</u> Schokolade <u>苦い</u>チョコレート
☐ **Blut** ☐ [ブるート] ☐	名詞[中性] –[e]s / Blu·te	**血** <u>Blut</u> spenden 献<u>血</u>をする
☐ **bra·ten*** ☐ [ブラーテン] ☐	動詞[他動] brätst, brät ▷ briet, ge·bra·ten	**(肉などを)焼く，いためる** Speck knusprig <u>braten</u> ベーコンをかりかりに<u>焼く</u>

152

Bald lässt sich[4] die Beamtin pensionieren.
もうじきその女性公務員は退職して年金生活に入ります.
☞ *der · die* Angestellte 社員

Der Kurort Baden ist auch als Kulturstadt bekannt.
温泉地のバーデン市は文化都市としても知られています.
☞ *der · die* Bekannte 知人 / berühmt 有名な / geheim 秘密の

Du trägst immer dieselben Schuhe. – Die sind einfach bequem.
君はいつも同じ靴を履いているね. ― この靴はとにかく楽なのよ.
☞ angenehm 快適な / gemütlich 心地よい / unbequem 心地がよくない

Das Haus besteht aus Holz.
その家は木でできている(木から成り立っている).

Unsere Stärke besteht in der Nachhaltigkeit.
われわれの強みは持続性にある.

Ich habe die Aufnahmeprüfung an der Universität bestanden.
私は大学の入学試験に合格しました.

Ich habe heute Besuch. Ich werde Nudelauflauf machen.
きょうは来客があります. 私はパスタグラタンを作るつもりです.
☞ besuchen 訪問する / *der* Gast 客

Ich leihe mir heute Bücher aus der Bibliothek aus.
私はきょう, 本を図書館から借り出します.
☞ *die* Bücherei (小規模の)図書館 / *der* Lesesaal 閲覧室

Manches lernen wir erst durch bittere Erfahrungen.
苦い経験をして初めてわかることもある.
☞ süß 甘い / salzig 塩辛い / sauer 酸っぱい

Bei den Kämpfen ist viel Blut geflossen.
これらの戦いでは多くの血が流れた.
☞ bluten 出血する / blutig 血の付いた / *der* Blutdruck 血圧

Steaks braten Sie am besten in einer gusseisernen Pfanne.
ステーキは鋳物フライパンで焼くのがいちばんですよ.
☞ *der* Braten (肉の)ロースト / grillen グリルで焼く

□ **Brü·cke**	名詞[女性]	**橋**
□ [ブリュッケ]	– / –n	über die <u>Brücke</u> gehen* 歩いて<u>橋</u>を渡る
□		

□ **Bü·ro**	名詞[中性]	**オフィス，事務所**
□ [ビュロー]	–s / –s	um acht Uhr ins <u>Büro</u> gehen* 8時に出勤する(<u>オフィス</u>へ行く)
□		

□ **Ca·fé**	名詞[中性]	**喫茶店**
□ [カふェー]	–s / –s	jeden Sonntag ins <u>Café</u> gehen* 毎週日曜に<u>喫茶店</u>へ行く
□		

□ **Dach**	名詞[中性]	**屋根**
□ [ダッハ]	–[e]s / Dä·cher	Schnee vom <u>Dach</u> entfernen <u>屋根</u>の雪下ろしをする
□		

□ **da·mals**	副詞	**あの(その)ころ，当時**
□ [ダー・マーるス]		Schlager von <u>damals</u> 懐メロ(<u>あのころ</u>の歌謡曲)
□		

□ **dau·ern**	動詞[自動]	**時間がかかる，(一定の時間)続く**
□ [ダオアァン]		lange <u>dauern</u> <u>時間が</u>長く<u>かかる</u>
□		

□ **den·ken***	動詞[自動]	**考える，《an ...⁴ ～》…のことを考える**
□ [デンケン]	▷ dach·te, ge·dacht	logisch <u>denken</u> 論理的に<u>考える</u>
□		
□	動詞[他動]	(…と)**考える(思う)**
□	(上と同じ変化)	Das <u>denke</u> ich auch. 私もそう思います.
□		

□ **dick**	形容詞	**厚い，太い，…の厚さの**
□ [ディック]		eine <u>dicke</u> Brieftasche haben* 金持ちである(<u>分厚い</u>札入れを持っている)
□		

□ **Ding**	名詞[中性]	**物，事柄**
□ [ディング]	–[e]s / Din·ge	Das <u>Ding</u> ist kaputt.《口語》そいつ(その<u>物</u>)は壊れています.
□		

154

Die 100 m (hundert Meter) hohe <u>Brücke</u> überspannt das Tal.
100 メートルの高さの<u>橋</u>がその谷に架かっている.
☞ *der* <u>Brücke</u>npfeiler 橋脚 / *die* Stein<u>brücke</u> 石橋

In unserem <u>Büro</u> sind acht Mitarbeiter beschäftigt.
私たちの<u>オフィス</u>では 8 名の職員が従事しています.
☞ *das* Fund<u>büro</u> 拾得物保管事務所 / *der* Sekretär・*die* Sekretärin 秘書

In Wien spielt man <u>im Café</u> auch Karten.
ウィーンでは<u>喫茶店で</u>トランプをする人もいます.
☞ *der* Kaffee コーヒー / *der* Kellner・*die* Kellnerin 給仕 / *der* Ober 給仕[長]

Unser <u>Dach</u> ist aus Reet. Es wird alle zwanzig Jahre erneuert.
うちの<u>屋根</u>はかやぶきです. 20 年ごとにふき替えます.
☞ *der* <u>Dach</u>ziegel 屋根瓦 / *das* Zwiebel<u>dach</u> 玉ねぎ形の丸屋根

<u>Damals</u> nahm mich mein Vater oft mit ins Kino.
<u>当時</u>, 父は私をよく映画に連れていってくれました.
☞ <u>damal</u>ig あのころの / jemals いつか

Die langweilige Zeremonie <u>dauerte</u> stundenlang.
退屈な式典が何時間も<u>続いた</u>.
☞ *die* <u>Dauer</u> [継続]期間 / <u>dauer</u>nd 絶え間ない(延々と続く) / ewig 永遠に

Ich <u>denke</u> gerade <u>an</u> meinen Urlaub auf Bali.
今, バリ島での休暇の<u>ことを考えている</u>んです.
☞ nach|<u>denke</u>n* 思案する(よく考える) / überlegen 考えを練る

Ich <u>denke</u>, dass der Staat irgendwann mal insolvent wird.
私は国がいつか必ずや破産する<u>と考えます</u>.
☞ *der* <u>Gedanke</u> 考え / glauben …と思う(信じる) / vermuten 推測する

Die Säulen des Parthenon sind unten fast zwei Meter <u>dick</u>.
パルテノン神殿の柱は下の方がほぼ 2 メートルの<u>太さ</u>です.
☞ *die* <u>Dick</u>e 太さ / *der*・*die* <u>Dick</u>e《口語》太っちょ / dünn 薄い, 細い

Jedes <u>Ding</u> hat zwei Seiten. Man muss beide Seiten betrachten.
すべての<u>事柄</u>には 2 つの面がある. 両方の面を見なければだめだ.
☞ *das* <u>Ding</u>s《口語》(名称を忘れて:)あれ(くだんの<u>物</u>) / *der* Gegenstand 物体

□ **di·rẹkt**	形容詞	**直接の**
□ ［ディレクト］		alle Spiele direkt übertragen* 全試合を生(直接)中継する
□		
□ **dụmm***	形容詞	**ばかな**
□ ［ドゥム］	düm·mer,	Wie dumm! なんてばかなんだ!
□	dümms·t..	
□ **dụ̈nn**	形容詞	**薄い，細い**
□ ［デュン］		dünner Kaffee 薄いコーヒー
□		
□ **Ẹcke**	名詞［女性］	**角，隅**
□ ［エッケ］	–／–n	dort um die Ecke あそこの角を曲がった所に
□		
□ **ei·gent·lich**	副詞	**本当は，いったい**
□ ［アイゲントりヒ］		Eigentlich ist das verboten. 本当はそれは禁止されている．
□		
□	形容詞	**本来の**
□		Kolumbus' eigentliches Ziel コロンブスの本来の目的地
□		
□ **ei·ner**	代名詞［不定］	**誰か1人，何か1つ**
□ ［アイナァ］	（定冠詞と同類	einer meiner Freunde 僕の友達の1人が
□	の変化）	
□ **ei·ni·ge**	代名詞［不定］	**いくつか(いくらか)の**
□ ［アイニゲ］	（形容詞と同じ	vor einiger Zeit しばらく(いくらか)前に
□	変化）	
□ **Eis**	名詞［中性］	**氷，アイスクリーム**
□ ［アイス］	Ei·ses／	kalt wie Eis 氷のように冷たい
□		
□ **emp·fẹh·len***	動詞［他動］	**勧める，推薦する**
□ ［エンプ	e→ie ▷ ..fahl,	Das kann ich nur empfehlen! これほんとにお勧めです(勧めるのみだ)!
□ ふェーれン］	..foh·len	

156

Die Lufthansa bietet einen direkten Flug nach Nagoya an.
ルフトハンザ航空は名古屋行き直行(直接の)便を提供しています.
☞ die Direktsendung 生(直接)放送 / sofort ただちに / indirekt 間接の

Es ist dumm, dass sie so einen heiraten will.
彼女があんな男と結婚したいだなんて,ばかなことよ.
☞ der Dummkopf ばか者 / blöd[e]《口語》ばかな / klug* 利口な

Das neue Smartphone ist so dünn wie ein Lineal.
この新しいスマートフォンは定規のように薄い.
☞ schlank すらりとした / dicht 濃い(密な) / dick 厚い,太い

Die Stehlampe werde ich in die Ecke neben das Sofa stellen.
スタンドライトを私はあの隅のソファーの脇に立てようと思う.
☞ eckig 角ばった / das Dreieck 三角形 / die Kante 稜(りょう)(2面の交線)

Wann kommst du eigentlich? Ich warte schon ewig auf dich.
君はいったいいつ来るんだ. もうずっと君を待ってるんだぞ.
☞ denn いったい / überhaupt そもそも

Der eigentliche Titel des Buches war ganz anders.
その本の本来のタイトルはまったく違っていた.
☞ eigen 固有の / ursprünglich 元の / original 原作の

Eine meiner Freundinnen hat schon Kinder.
私の友達の1人はもう子どもがいるのよ.
☞ keiner 1人も(1つも)…ない / alle すべての人(もの)

Einige ehemalige Studenten kamen auch zum Vortrag.
かつての学生も何人か講演を聞きに来ました.
☞ einigermaßen ある程度(いくらかは) / paar《ein ～》(不特定の)いくつかの

Ich kaufe mir eine Kugel Eis.
私はアイスクリームを1個(1玉)買います.
☞ der Eisberg 氷山 / das Vanilleeis バニラアイスクリーム

Können Sie mir ein gutes deutsches Wörterbuch empfehlen?
よいドイツ語辞典を教えて(推薦して)くださいますか.
☞ die Empfehlung 推薦 / raten* 助言する / vor|schlagen* 提案する

□ **ẹng** □ ［エンッ］ □	形容詞	**狭い，きつい** eine <u>enge</u> Straße <u>狭い</u>道路
□ **Ẹn·kel** □ ［エンケる］ □	名詞[男性] –s／–	**孫，孫息子** mein erster <u>Enkel</u> 私の初<u>孫</u>
□ **Ẹn·ke·lin** □ ［エンケリン］ □	名詞[女性] –／..lin·nen	**孫娘** meine erste <u>Enkelin</u> 私の最初の<u>孫 娘</u>
□ **Er·geb·nis** □ ［エァゲーブニス］ □	名詞[中性] ..nis·ses／ ..nis·se	**結果** ein gutes <u>Ergebnis</u> よい<u>結果</u>
□ **er·in·nern** □ ［エァインナァン］	動詞[再帰]	《sich⁴ an ...⁴ 〜》…**を思い出す** <u>sich</u> daran <u>erinnern</u> それ<u>を思い出す</u>
□ □ □ □	動詞[他動]	《...⁴ an ...⁴ 〜》…**に…を思い出さ せる** ihn an sein Versprechen <u>erinnern</u> 彼に自分のした約束<u>を思い出させる</u>
□ **erst** □ ［エーァスト］ □	副詞	**最初に，まず，ようやく** <u>Erst</u> baden, dann essen. <u>まず</u>風呂， それから食事だ．
□ **fạl·len*** □ ［ふァれン］ □	動詞[自動] a→ä ▷ fiel, ge·fal·len	**落ちる，倒れる** von der Leiter <u>fallen</u> はしごから<u>落 ちる</u>
□ **fạst** □ ［ふァスト］ □	副詞	**ほとんど，ほぼ** vor Hunger <u>fast</u> sterben* 空腹で死 にそうだ(<u>ほとんど死ぬ</u>)
□ **fạul** □ ［ふァオる］ □	形容詞	**怠惰な，腐った** <u>faule</u> Mitarbeiter motivieren <u>怠惰な</u> 従業員をやる気にさせる

Die Kleider sind dem Jungen zu eng.
これらの服はその男の子には窮屈すぎる（あまりにもきつい）.
☞ *die* Enge 狭さ / schmal⁽*⁾ 幅の狭い / weit 広い, ゆったりした

Mein Enkel sitzt gern auf meinem Schoß.
孫は私のひざに座るのが好きでね.
☞ *das* Enkelkind （年少の）孫

Wie heißt deine Enkelin? – Die heißt Hannah.
君の孫娘は何ていう名前なの. — あの子はハナというの.
☞ *der* Großvater ・ *die* Großmutter 祖父・祖母

Das Ergebnis der Untersuchung war für mich ein beruhigendes.
検査の結果は私を安心させるものでした.
☞ *der* Befund 所見 / *das* Resultat 結果

Ich erinnere mich gerne an die Tage in Japan.
日本での日々をなつかしく思い出すよ.

Das Foto erinnert mich an meine Schulzeit.
この写真は僕に学校時代のことを思い出させてくれる.

☞ *die* Erinnerung 思い出 / behalten* 覚えておく / vergessen* 忘れる

Er kam erst, als die Party fast schon vorbei war.
彼はパーティーが終わりかけていたころ, ようやくやって来た.
☞ schon すでに / längst とっくに

Langsam fiel der Baum krachend zu Boden.
ゆっくりとその木は音を立てながら地面へと倒れた.
☞ auf|fallen* 目立つ（落ちて開く） / ein|fallen* 思い浮かぶ（意中へ落ちてくる）

Die Arbeit ist fast fertig, aber wir lockern die Zügel noch nicht.
仕事はほぼ完成しているが, 私たちはまだ手綱を緩めたりしない.
☞ kaum ほとんど…ない / ganz すっかり

Der Apfel ist faul. Wirf ihn besser weg!
そのりんごは腐ってるぞ. 捨てなさい, そのほうがいい.
☞ verderben* 腐る / fleißig 勤勉な / frisch 新鮮な

☐ **fei·ern** ☐ ［ふアイアァン］ ☐	動詞［他動］	**祝う** den Sieg feiern 勝利を<u>祝う</u>
☐ **fern|se·hen*** ☐ ［ふエルン・ ☐ ゼーエン］	動詞［自動］ e→ie ▷ sah, ge·se·hen	**テレビを見る** im Internet fern|sehen インターネットで<u>テレビを見る</u>
☐ **Fie·ber** ☐ ［ふイーバァ］ ☐	名詞［中性］ –s / –	**熱** <u>Fieber</u> haben* <u>熱</u>がある
☐ **Fin·ger** ☐ ［ふインガァ］ ☐	名詞［男性］ –s / –	**(手の)指** lange <u>Finger</u> machen 《口語》盗みを働く(<u>指</u>を長くする)
☐ **frisch** ☐ ［ふリッシュ］ ☐	形容詞	**新鮮な** <u>frischer</u> Salat <u>フレッシュ</u>サラダ(<u>新鮮な</u>生野菜のサラダ)
☐ **Fri·seur** ☐ ［ふリゼーァ］ ☐	名詞［男性］ –s / ..seu·re	**(男性の)理容師(美容師)** zum <u>Friseur</u> gehen* 床屋(美容院)に行く(<u>理容師(美容師)</u>の所へ行く)
☐ **Fri·seu·rin** ☐ ［ふリゼーリン］ ☐	名詞［女性］ – / ..rin·nen	**女性理容師(美容師)** eine selbstständige <u>Friseurin</u> 自営<u>女性理容師(美容師)</u>
☐ **froh** ☐ ［ふロー］ ☐	形容詞	**楽しい，うれしい** <u>Frohe</u> Weihnachten! <u>メリー・クリスマス(楽しいクリスマスを)</u>!
☐ **füh·len** ☐ ［ふューれン］ ☐	動詞［他動］	**感じる，触って確かめる** die Sonne auf der Haut <u>fühlen</u> 肌に太陽を<u>感じる</u>
☐ ☐ ☐	動詞［再帰］	**《sich⁴ ... ～》気分が…である** <u>sich</u> wohl <u>fühlen</u> <u>気分が</u>上々である

160

Am Freitagabend <u>feiern</u> wir unsere bestandene Prüfung!
金曜の晩に私たちは試験合格を<u>祝い</u>ます.
☞ die <u>Feier</u> 祝典 / der <u>Feier</u>tag 祝日, 休日 / der <u>Feier</u>abend 終業(<u>休む晩</u>)

Am Wochenende <u>sieht</u> mein Mann fast den ganzen Tag <u>fern</u>.
週末になると夫はほとんど一日じゅう<u>テレビを見</u>ています.
☞ das <u>Fernsehen</u> テレビ放送 / der <u>Fernseher</u> テレビ[受像機]

Das <u>Fieber</u> steigt und fällt andauernd.
<u>熱</u>がひっきりなしに上がったり下がったりしています.
☞ das <u>Fieber</u>thermometer 体温計 / die Temperatur 温度 / das Celsius セ氏

Hummer oder Hühnerbeine darf man <u>mit</u> den <u>Fingern</u> essen.
ロブスターや鶏ももは<u>指</u>でつまんで食べてかまいません.
☞ der Mittel<u>finger</u> 中指 / der Daumen 親指 / die Zehe 足の指

Fischers Fritz fischt <u>frische</u> Fische. <u>Frische</u> Fische fischt Fischers
Fritz.《早口言葉》漁師の息子フリッツは<u>新鮮な</u>魚を獲る.<u>新鮮な</u>魚
を漁師の息子フリッツは獲る.

1975* hat Massato die Ausbildung zum <u>Friseur</u> begonnen.
1975 年にマサトは<u>美容師</u>になるための職業訓練を始めた.
* neunzehnhundertfünfundsiebzig

Ich lasse mir immer von der <u>Friseurin</u> die Haare schneiden.
私はいつもあの<u>女性美容師</u>さんにカットしてもらうの.
☞ die Frisur ヘアスタイル / der Kosmetiker・die Kosmetikerin 美容師

Ich bin <u>froh</u>, dass der lange Winter vorbei ist.
長い冬が過ぎて<u>うれしい</u>.
☞ <u>fröhlich</u> 楽しげな, 陽気な / traurig 悲しい

Bei der Hitze <u>fühle</u> ich großen Durst.
この暑さですごくのどが渇く(のどの渇きを<u>感じる</u>).
☞ das <u>Gefühl</u> 感覚 / an|fassen 触る / empfinden* 感じる, 知覚する

Ich <u>fühle</u> mich nicht <u>gut</u>. Ich habe Brechreiz und Bauchweh.
私は<u>気分</u>がすぐれません(<u>良好</u>ではない). 吐き気と腹痛があります.
☞ gehen*《es geht ...》調子が…である

161

□ **Ga·bel** □ [ガーべる] □	名詞[女性] – / –n	**フォーク** Gabeln fürs Dessert デザートフォーク
□ **gar** □ [ガール] □	副詞	**《否定で》まったく…ない** Gar nicht schlecht! けっこういいじゃない(まったく悪くない)!
□ **ge·gen·über** □ [ゲーゲン・ □ ユーバァ]	前置詞[3格 支配]	**…の向かいに，…に対して** gegenüber dem Bahnhof 駅の向かいに
	副詞	**向かいに** schräg gegenüber 斜め向かいに
□ **ge·nau** □ [ゲナオ] □	形容詞	**正確な，厳密な** die genaue Uhrzeit 正確な時刻
	副詞	**ちょうど，まさに** Genau das wollte ich haben! ちょうどこいつが欲しかったんだ!
□ **Ge·schich·te** □ [ゲシヒテ] □	名詞[女性] – / –n	**歴史，物語，お話** die japanische Geschichte 日本の歴史
□ **Ge·schwis·ter** □ [ゲシュヴィス □ タァ]	名詞[複数]	**兄弟姉妹** die Geschwister Hänsel und Gretel ヘンゼルとグレーテルの兄妹
□ **Ge·sicht** □ [ゲズィヒト] □	名詞[中性] –[e]s / ..sich·ter	**顔，顔つき** das Gesicht verlieren* 面目(顔)を失う
□ **Groß·mut·ter** □ [グロース・ □ ムッタァ]	名詞[女性] – / ..müt·ter	**祖母** Großmutter werden* 孫ができる(おばあちゃんになる)

Es dauerte lange, bis sich[4] die <u>Gabel</u> in ganz Europa verbreitete.
フォークがヨーロッパ全体に広まるまでに長い時間がかかった.
☞ *das* Messer ナイフ / *der* Löffel スプーン

Kennst du das <u>Mannequin</u>? – Nein, ich kenne sie <u>gar</u> <u>nicht</u>.
あのモデルを知ってる?― いや, <u>まったく知らない</u>.
☞ überhaupt《否定で》少しも…ない

Manche Leute sind unfreundlich <u>gegenüber</u> Ausländern.
外国人<u>に対して</u>友好的でない人もいる.
☞ hinter …の裏手に / neben …の隣に

Kuhglocken gibt es bestimmt in dem Geschäft hier <u>gegenüber</u>.
カウベルでしたらここの<u>向かいの</u>お店にきっとありますよ.
☞ *das* <u>Gegenüber</u> 向かいの人

Er ist in allem sehr <u>genau</u> – peinlich <u>genau</u>.
彼は何事にも非常に<u>厳密で</u>ある ― 神経質なほどに<u>厳密で</u>ある.
☞ exakt 正確な, 精密な / nachlässig いいかげんな / ungefähr およその

Hast du etwa im Lotto gewonnen? – <u>Genau</u>!
君は宝くじでも当たったのか?― <u>まさにそのとおり</u>.
☞ <u>genauso</u> <u>まったく</u>同じように

Mama, erzähl mir eine <u>Geschichte</u>! Bitte!
ママ, 何か<u>お話</u>を聞かせて! お願い!
☞ *die* Tradition 伝統 / *die* Erzählung 物語 / *das* Märchen おとぎ話

Ich habe zwei <u>Geschwister</u>: Eine Schwester und einen Bruder.
私は<u>兄弟姉妹</u>が 2 人います. 女兄弟が 1 人と男兄弟が 1 人です.
☞ *der* Bruder 兄, 弟 / *die* Schwester 姉, 妹

Als sie ihn um Ruhe bat, hat er ein böses <u>Gesicht</u> gemacht.
彼女が彼に静かにするよう頼むと, 彼は怒った<u>顔つき</u>をした.
☞ *der* <u>Gesichts</u>ausdruck 顔の表情 / *das* Mond<u>gesicht</u>(月のような)丸顔の人

<u>Meine Großmutter</u> hatte drei Kinder und acht Enkel.
<u>祖母</u>には 3 人の子どもと 8 人の孫がありました.
☞ *die* Großeltern《複数》祖父母 / *die* Oma おばあちゃん

163

□ **Groß·va·ter** □ [グロース・ □ ふァータァ]	名詞[男性] –s / ..vä·ter	祖父 mein Großvater mütterlicherseits (väterlicherseits) 母方(父方)の<u>祖父</u>
□ **grü·ßen** □ [グリューセン] □	動詞[他動] grüßt, –	(…に)**あいさつする** <u>Grüß</u> dich!《口語》やあ(神からのあい さつが君に<u>届く</u>ように)!
□ **Gym·na·sium** □ [ギュムナー □ ズィウム]	名詞[中性] –s / ..sien	**ギムナジウム**(中等学校の一種) aufs <u>Gymnasium</u> gehen* ギムナジ <u>ウム</u>に通う
□ **Hals** □ [はるス] □	名詞[男性] Hal·ses / Häl·se	**首，のど** eine Kette um den <u>Hals</u> hängen ネ ックレス(鎖)を<u>首</u>に掛ける
□ **Hal·te·stel·le** □ [はるテ・ □ シュテれ]	名詞[女性] – / –n	**停留所** an der <u>Haltestelle</u> <u>停留所</u>で
□ **hart*** □ [ハルト] □	形容詞 här·ter, här·tes·t..	**固い，困難な** <u>hartes</u> Brot <u>固い</u>パン
□ **Heft** □ [へふト] □	名詞[中性] –[e]s / Hef·te	**ノート，小冊子** ein <u>Heft</u> für Mathematik 数学用の <u>ノート</u>
□ **Hei·mat** □ [ハイマート] □	名詞[女性] – / ..ma·ten	**故郷** in die <u>Heimat</u> zurück|kehren <u>故郷</u>に 帰る
□ **Hei·zung** □ [ハイツンゲ] □	名詞[女性] – / ..zun·gen	**暖房[装置]** die <u>Heizung</u> an|machen《口語》<u>暖房</u> をつける
□ **Hemd** □ [へムト] □	名詞[中性] –[e]s / Hem·den	**シャツ** <u>Hemden</u> bügeln <u>シャツ</u>にアイロン をかける

Sein Großvater ist vor drei Jahren gestorben.
彼のおじいさんは 3 年前に亡くなりました.
☞ der Opa おじいちゃん / der Enkel・die Enkelin 孫

Wir grüßen mit einer Verbeugung, ihr mit einem Händedruck.
私たちはおじぎをし(腰をかがめてあいさつし), 君たちは握手をする.
☞ der Gruß あいさつ / begrüßen 歓迎する(あいさつして迎え入れる)

In Hamburg gibt es auch 12 (zwölf) nicht-staatliche Gymnasien.
ハンブルクには非国立のギムナジウムも 12 校ある.
☞ die Realschule 実科学校 / das Abitur ギムナジウム卒業試験

Mir tut der Hals weh. – Trink doch heiße Milch mit Honig!
のどが痛い. — はちみつ入りホットミルクをお飲みなさい.
☞ das Halstuch ネッカチーフ(首に巻く布) / der Nacken 首筋

Wo ist die Haltestelle der Linie 6 (sechs)? – Da drüben.
6 番系統の停留所はどこですか. — あっち.
☞ halten* 止まる / die Station 停留所, (小規模の)駅

Die Autoren haben eine harte Arbeit hinter sich[3].
著者たちはつらい(困難な)仕事を終えた.
☞ fest 頑丈な / anstrengend 骨の折れる / weich 柔らかい / leicht 簡単な

Ich habe mir alle Formen von „sein" im Heft aufgeschrieben.
私は sein 動詞のすべての形をノートに書き留めました.
☞ das Beiheft 別冊 / das Prospekt パンフレット / die Notiz メモ

Berlin ist meine Heimat. Was ist Ihre Heimat?
ベルリンが私の故郷です. あなたの故郷はどちらですか.
☞ das Heim わが家 / das Heimatland 祖国(故郷の国)

Die Heizung wärmt nicht richtig. Die Pumpe stottert.
この暖房は効きが悪い. ポンプがガタガタ言っている.
☞ heizen 暖房する / der Ofen ストーブ / die Klimaanlage エアコン

Er trägt immer ein rotes Hemd und wird „Rothemd" genannt.
彼はいつも赤いシャツを着ており,「赤シャツ」と呼ばれている.
☞ das Unterhemd アンダーシャツ / die Bluse ブラウス / der Knopf ボタン

□ **her** □ [ヘーァ] □	副詞	**こちらへ**，（時が過ぎて）**今に至る** Komm mal <u>her</u>! ちょっと<u>こちらへ</u>来なさい!（不定詞: her|kommen*)
□ **Herz** □ [ヘルツ] □	名詞[中性] Her·zens / Her·zen	**心臓，心** die Schläge des <u>Herzens</u> <u>心臓</u>の鼓動
□ **Him·mel** □ [ヒンメる] □	名詞[男性] –s / –	**空，天国** der blaue <u>Himmel</u> 青<u>空</u>
□ **hin** □ [ヒン] □	副詞	**あちら(そちら)へ，…へ向かって** Geh mal <u>hin</u>! [<u>そちらへ</u>]行ってみなさいよ.（不定詞: hin|gehen*）
□ **hof·fen** □ [ホッふェン] □	動詞[他動]	**望む，**（…だと）**よいと思う** Ich <u>hoffe</u> es sehr! ぜひそうであってほしい(と<u>望む</u>)!
□ **Holz** □ [ホるツ] □	名詞[中性] Hol·zes / Höl·zer	**木材，木** <u>Holz</u> sägen <u>木材</u>をのこ引きする
□ **Ho·se** □ [ホーゼ] □	名詞[女性] – / –n	**ズボン，パンツ** eine kurze <u>Hose</u> 半<u>ズボン</u>
□ **hübsch** □ [ヒュプシュ] □	形容詞	**かわいらしい，感じのよい** ein <u>hübsches</u> Gesicht <u>かわいらしい</u>顔
□ **Idee** □ [イデー] □	名詞[女性] – / Ide·en	**アイディア，理念** Gute <u>Idee</u>! いい<u>アイディア</u>だ!
□ **in·te·res·sie-** □ **ren** [インテレ □ スィーレン]	動詞[再帰]	《sich⁴ für ...⁴ ～》**…に興味を持つ** <u>sich</u> für den Umweltschutz <u>interessieren</u> 環境保護に<u>興味を持つ</u>

Es ist schon <u>lange</u> her, dass ich aus dem Elternhaus auszog.
私が実家を出たのはもうだいぶ前のことだ(<u>長い時が過ぎて今に至る</u>).
☞ <u>her</u>aus こちらの外<u>へ</u> / <u>her</u>ein こちらの中<u>へ</u> / hin あちらへ

Der Lehrer hat kein <u>Herz</u>. Er kann nicht mit uns mitfühlen.
あの先生は思いやり(<u>心</u>)がない. 私たちの気持ちがわからないの.
☞ <u>herz</u>lich 心からの / der <u>Herz</u>anfall 心臓発作

Oma sagt, Opa ist jetzt <u>im Himmel</u>.
おじいちゃんは今は<u>天国に</u>いるっておばあちゃんが言うんだ.
☞ der <u>Himmel</u>skörper 天体 / der Herbst<u>himmel</u> 秋の<u>空</u> / die Hölle 地獄

Der Glasbach fließt nach Osten <u>zum</u> Neckar <u>hin</u>.
グラースバッハ川は東へネッカル川の<u>方</u>に<u>向かって</u>流れている.
☞ <u>hin</u>aus あちらの外<u>へ</u> / <u>hin</u>ein あちらの中<u>へ</u> / her こちらへ

Ich <u>hoffe</u>, unser Hund wird wieder gesund.
うちの犬がまた元気になるといいんだけど(<u>と思う</u>).
☞ <u>hoff</u>entlich (願わくば)…だとよい / die <u>Hoff</u>nung 希望 / wünschen 望む

Das erste Fahrrad war fast ausschließlich <u>aus Holz</u>.
最初の自転車はほぼ全体が<u>木製</u>だった.
☞ die <u>Holz</u>kohle 木炭 / das Streich<u>holz</u> マッチ(擦る<u>木</u>) / der Baum 樹木

Zu Hause trägt das Mädchen meist eine <u>Hose</u>.
その女の子は家ではたいてい<u>ズボン</u>をはいている.
☞ die Unter<u>hose</u> (下着の)パンツ, ズボン下 / der Rock スカート

Die Fränkische Schweiz ist eine <u>hübsche</u> Gegend.
フレンキッシェ・シュヴァイツは<u>感じのよい</u>土地だ.
☞ attraktiv 魅力的な / lieblich 愛らしい / süß 愛らしい / hässlich 醜い

Die <u>Idee</u> der Demokratie dürfen wir nicht verachten.
民主主義の<u>理念</u>を私たちは軽んじてはならない.
☞ das <u>Ideal</u> 理想 / der Einfall 思いつき / der Gedanke 考え

Ich <u>interessiere mich für</u> die Energieversorgung in Japan.
私は日本のエネルギー供給に<u>関心</u>があります(<u>興味を持っている</u>).
☞ das <u>Interesse</u> 関心 / <u>interessant</u> 興味深い

☐ (interessieren の ☐ 続き) ☐	動詞[他動]	(…の)**関心を呼び起こす** das Publikum <u>interessieren</u> 聴衆の<u>関心を呼び起こす</u>
☐ **je·mand** ☐ [イェーマント] ☐	代名詞[不定] –[e]s, –[em], –[en]	**誰か** <u>jemand</u> ander[e]s 誰かほかの人
☐ **Ka̱·me·ra** ☐ [カンメラ] ☐	名詞[女性] – / –s	**カメラ** eine spiegellose <u>Kamera</u> ミラーレス<u>カメラ</u>
☐ **Kä·se** ☐ [ケーゼ] ☐	名詞[男性] –s / –	**チーズ** Schweizer <u>Käse</u> スイス<u>チーズ</u>
☐ **kaum** ☐ [カオム] ☐	副詞	**ほとんど…ない** <u>Kaum</u> zu glauben! まさか(<u>ほとんど</u>信じられ<u>ない</u>)!
☐ **Ki̱r·che** ☐ [キルヒェ] ☐	名詞[女性] – / –n	**教会** die katholische (evangelische) <u>Kir-che</u> カトリック(プロテスタント)<u>教会</u>
☐ **klar** ☐ [クラール] ☐	形容詞	**澄んだ, 明確な** ein <u>klarer</u> Himmel <u>澄んだ空</u>
☐ **Kla̱s·se** ☐ [クラッセ] ☐	名詞[女性] – / –n	(学校の)**学年, クラス** erster <u>Klasse</u>² fliegen* (飛行機の) ファースト<u>クラス</u>に乗る
☐ **Kla·vi̱er** ☐ [クらヴィーァ] ☐	名詞[中性] –s /..vie·re	**ピアノ** gut <u>Klavier</u> spielen 上手に<u>ピアノ</u>を弾く
☐ **Kleid** ☐ [クらイト] ☐	名詞[中性] –[e]s / Klei·der	**ワンピース, ドレス, 《複数で》服** ein sommerliches <u>Kleid</u> 夏向きの<u>ワンピース</u>

Die Aussagen der Experten <u>interessieren</u> <u>mich</u>.
専門家たちの発言に関心があります（それは<u>私の関心を呼び起こす</u>）.
☞ begeistern 感動させる

Hat <u>jemand</u> eine Frage? – Ich hätte gleich zwei.
どなたか[1つ]質問がありますか. ― いきなり2つあるんですが.
☞ niemand 誰も…ない

Ich fotografiere kaum mehr <u>mit</u> meiner <u>Kamera</u>.
私は<u>カメラ</u>で写真を撮ることはほとんどなくなりました.
☞ _die_ Überwachungs<u>kamera</u> 防犯（監視）<u>カメラ</u> / auf|nehmen* 撮影する

Der <u>Käse</u> riecht stark! Ist das Gorgonzola?
この<u>チーズ</u>はにおいがきついね. これ, ゴルゴンゾーラ?
☞ _die_ <u>Käse</u>sorte <u>チーズ</u>の種類 / _der_ Blauschimmel<u>käse</u> 青かび<u>チーズ</u>

In der Flasche ist <u>kaum</u> noch Wein. Schade!
この瓶(び)にワインはもう<u>ほとんど</u>残っていない. 残念!
☞ wenig(*) 少ししかない / viel* たくさん

Das Ehepaar geht jeden Sonntag in die <u>Kirche</u>.
あのご夫婦は毎日曜に<u>教会</u>に行きます.
☞ _die_ <u>Kirche</u>nglocke <u>教会</u>の鐘 / _der_ Pfarrer・_die_ Pfarrerin 牧師, 司祭

Sie war nicht damit einverstanden. Das hat sie <u>klar</u> ausgedrückt.
彼女はそれに同意しなかった. それを彼女は<u>明確</u>に述べた.
☞ auf|<u>klär</u>en 解明する（解き<u>明か</u>す）/ deutlich はっきりした / trübe 濁った

Ich habe das Abitur in der 13. (dreizehnten) <u>Klasse</u> gemacht.
私は第13<u>学年</u>で高校卒業試験を受け[て合格し]ました.
☞ _das_ <u>Klasse</u>nzimmer クラスルーム / _die_ Schul<u>klasse</u> <u>学年</u>, 学級

Ein Junge begleitete die Opernsängerin auf dem <u>Klavier</u>.
ある少年がそのオペラ歌手の歌を<u>ピアノ</u>で伴奏した.
☞ _der_ Pianist・_die_ Pianistin ピアニスト / _die_ Orgel パイプオルガン

Ich spende meine <u>Kleider</u> ans Sozialamt.
私は<u>服</u>を社会福祉事務所に寄付します.
☞ _die_ <u>Kleid</u>ung《集合的に》<u>衣</u>服 / _das_ Braut<u>kleid</u> ウェディング<u>ドレス</u>

☐ **klop·fen** ☐ ［クロプふェン］ ☐	動詞[自動]	**ノックする，たたく** an die Tür <u>klopfen</u> ドアを<u>ノックする</u>
☐ ☐ ☐	動詞[他動]	**たたく** Schnitzel flach <u>klopfen</u> カツレツ用 の肉を<u>たたいて</u>平たくする
☐ **klug*** ☐ ［クるーク］ ☐	形容詞 klü·ger, klügs·t..	**賢い** eine <u>kluge</u> Antwort <u>賢い</u>答え
☐ **ko·misch** ☐ ［コーミッシュ］ ☐	形容詞	**滑稽(誌)な，妙な** ein <u>komischer</u> Film <u>滑稽な</u>映画
☐ **Kon·zert** ☐ ［コンツェルト］ ☐	名詞[中性] –[e]s / ..zer·te	**コンサート** ins <u>Konzert</u> gehen* <u>コンサート</u>に行 く
☐ **Kör·per** ☐ ［ケルパァ］ ☐	名詞[男性] –s / –	**体，物体** ein schöner <u>Körper</u> 美しい<u>体</u>
☐ **Krieg** ☐ ［クリーク］ ☐	名詞[男性] –[e]s / Krie·ge	**戦争** im <u>Krieg</u> fallen* 戦死する(<u>戦争</u>で倒 れる)
☐ **Ku·chen** ☐ ［クーヘン］ ☐	名詞[男性] –s / –	**ケーキ** einen <u>Kuchen</u> backen* <u>ケーキ</u>を1 つ焼く
☐ **Kul·tur** ☐ ［クるトゥーァ］ ☐	名詞[女性] – / ..tu·ren	**文化** ein Land mit eigener <u>Kultur</u> 独自の <u>文化</u>を持つ国
☐ **Kunst** ☐ ［クンスト］ ☐	名詞[女性] – / Küns·te	**芸術，技能** ein Freund der <u>Kunst</u> <u>芸術</u>愛好家

Die Studenten haben mehrmals auf den Tisch geklopft.
学生たちは（名講義を称賛して）何度も机をこぶしでたたいた.
☞ klatschen 手をたたく / klingeln ベルを鳴らす

Klopf die Matratzen bitte nicht so! Du machst sie kaputt!
マットレスをそんなにたたかないで! だめになっちゃうじゃない!
☞ schlagen* 打つ, なぐる

Der Klügere gibt nach.
《ことわざ》負けるが勝ち（より賢いほうが譲歩する）.
☞ intelligent 知能の高い / vernünftig 理性的な / dumm* ばかな

In der Nacht sind auch komische Leute unterwegs.
夜間は妙な人たちもうろついている.
☞ die Komödie 喜劇 / lustig 愉快な / merkwürdig 怪しげな / seltsam 変な

Das Konzert war ein Bombenerfolg!
そのコンサートは空前絶後の（爆弾のような）成功だった!
☞ der Konzertsaal コンサートホール / die Eintrittskarte 入場券

Ein fester Körper hat eine bestimmte Gestalt.
固体（固形の物体）は一定の形をしている.
☞ der Oberkörper 上体 / die Figur 容姿 / der Geist 精神

Wir müssen Kriege verhindern!
われわれは戦争を食い止めなければならない!
☞ an|greifen* 攻撃する / der Soldat・die Soldatin 兵士 / der Frieden 平和

Die Kinder essen gern Kekse, Kuchen und andere Süßigkeiten.
子どもたちはクッキーやケーキ, その他の甘いお菓子が好きです.
☞ der Pfannkuchen パンケーキ / der Stollen シュトレン / die Torte タルト

Franken hat eine andere Kultur als Bayern.
フランケン地方はバイエルン地方とは異なる文化を持っている.
☞ kulturell 文化的な / die Zivilisation 文明 / die Natur 自然

In dem Kurs habe ich mir die Kunst des Nähens angeeignet.
その講習で私は裁縫の技能を身に着けました.
☞ der Künstler・die Künstlerin 芸術家 / das Kunstwerk 芸術作品

☐ **Lam·pe** ☐ [らンペ] ☐	名詞[女性] – / –n	**電灯，明かり** mit einer Lampe leuchten 電灯で照らす
☐ **lang·wei·lig** ☐ [らング・ ☐ ヴァイリヒ]	形容詞	**退屈な** ein langweiliger Mensch 退屈な人間
☐ **las·sen*** ☐ [らッセン] ☐	助動詞[使役] lässt, – ▷ ließ, las·sen	**…させる，…させておく** einen Kunden warten lassen 顧客を待たせる
☐ ☐ ☐	動詞[他動] lässt, – ▷ ließ, ge·las·sen	**やめる，置いておく，（…の）まにする** Lass das! [それは]やめなさい!
☐ **le·ben** ☐ [れーベン] ☐	動詞[自動]	**生きている，暮す** Lebst du noch?《戯》(長らく音さたのない人に:)まだ生きてるの?
☐ **leer** ☐ [れーァ] ☐	形容詞	**空の，人のいない** eine leere Flasche 空の瓶(びん)
☐ **leid|tun*** ☐ [らイト・ ☐ トゥーン]	動詞[自動] ▷ tat, ge·tan	**悔やませる，心を苦しめる** Tut mir leid. Das geht nicht. 残念です(私の心を苦しめる). 無理です.
☐ **lei·hen*** ☐ [らイエン] ☐	動詞[他動] ▷ lieh, ge·lie·hen	**貸す，《sich³ ...⁴ ～》…を借りる** einem Freund das Buch leihen 友人にその本を貸す
☐ **Lie·be** ☐ [りーベ] ☐	名詞[女性] – / –n	**愛，愛好** Liebe auf den ersten Blick 一目ぼれ(一瞥(いちべつ)で生まれた愛)
☐ **lie·ber** ☐ [りーバァ] ☐	形容詞	**より好ましい** Wasser ist mir lieber als Bier. ビールより水がいい(より好ましい).

Pst! Seid still jetzt! Und macht die <u>Lampe</u> aus!
シーッ, 話をやめろ! そして<u>明かり</u>を消すんだ!
☞ *die* Taschen<u>lampe</u> 懐中電灯 / *der* Lampion ちょうちん / *die* Laterne 街灯

Mir war <u>langweilig</u>. Deshalb habe ich alle meine Schuhe geputzt.
私は<u>退屈して</u>いました. だから自分の靴を全部磨きました.
☞ *die* <u>Langeweile</u> 退屈 / spannend わくわくさせる

<u>Lassen</u> wir die Kinder lieber schlafen!
子どもたちは寝かせておこう(眠ら<u>せておく</u>). そのほうがよい.
☞ fallen|<u>lassen</u>* 落とす(落下させる) / <u>entlassen</u>* 放免する(立ち去らせる)

<u>Lass</u> mich allein! <u>Lass</u> mich in Ruhe!
僕を 1 人[のまま]にしてくれ. そっとしておいてくれ.
☞ liegen|<u>lassen</u>* 置き忘れる(置いたままにする) / <u>verlassen</u>* 去る(置き去る)

Wir <u>leben</u> hier in Bhutan glücklich zusammen.
私たちはここブータンで 2 人で幸せに<u>暮らして</u>います.
☞ *das* <u>Leben</u> 生命 / <u>lebendig</u> 生きた / *der* <u>Lebens</u>lauf 履歴書(<u>人生の流れ</u>)

Der Regierungssprecher wiederholte <u>leere</u> Phrasen.
政府の報道官は<u>空虚</u>な決まり文句を繰り返した.
☞ <u>leeren</u> 空にする / voll いっぱいの

Das <u>tut</u> mir <u>leid</u>! Das war nicht meine Absicht.
申し訳ない(それは私を<u>悔やませる</u>). そんなつもりはなかったんだ.
☞ *das* <u>Leid</u> 苦しみ / <u>leider</u> 残念ながら(悔やまれることに)

Ich <u>leihe</u> <u>mir</u> Geld von der Bank, um das Haus zu kaufen.
あの家を買うのに, 私は銀行からお金を<u>借り</u>ます.
☞ *der* <u>Leih</u>wagen レンタカー(貸し自動車) / *der* Kredit クレジット

Sie haben <u>aus</u> <u>Liebe</u> geheiratet und sich⁴ aus Vernunft getrennt.
彼らは恋愛結婚(愛ゆえに結婚)し, 冷静に(理性により)別れた.
☞ <u>lieben</u> 愛する / <u>verlieben</u>《sich⁴ 〜》ほれる / *der* Hass 憎しみ

Deine zarten Worte sind mir <u>lieber</u> <u>als</u> eine Million Rosen.
百万本のばらよりあなたの優しい言葉のほうがいい(より好ましい)の.
☞ <u>lieb</u> 好ましい / <u>liebst</u>.. 最も好ましい

□ （lieber の続き）	副詞	**より好んで，…したほうがよい**
□		<u>Lieber</u> heute als morgen. あすより
□		きょう<u>したほうがよい</u>.

□ **li̱n·k..**	形容詞	**左の**
□ ［リンク..］		Die Autos fahren auf der <u>linken</u>
□		Seite. 自動車は<u>左</u>側を走行する.

□ **Lö̱f·fel**	名詞［男性］	**スプーン**
□ ［れッふェる］	–s / –	einen <u>Löffel</u> verbiegen* <u>スプーン</u>を
□		曲げる

□ **lo̱s**	形容詞	**放たれた，外れた，起こった**
□ ［ろース］		Der Hund ist <u>los</u>! 犬が逃げた（首輪
□		から<u>放たれた</u>）！
□	副詞	**早く，放たれて**
□		Also <u>los</u>! さあかかれ（<u>早く</u>）！
□		

□ **lö̱·sen**	動詞［他動］	**はがす，ほどく，（問題を）解く**
□ ［れーゼン］	löst, –	das Etikett von der Flasche <u>lösen</u>
□		ラベルを瓶(㌶)から<u>はがす</u>

□ **Lu̱ft**	名詞［女性］	**空気，息**
□ ［るふト］	– / Lüf·te	warme <u>Luft</u> 温かい<u>空気</u>
□		

□ **lü̱·gen***	動詞［自動］	**うそをつく**
□ ［リューゲン］	▷ log,	Du <u>lügst</u>! 君は<u>うそをついている</u>！
□	ge·lo̱·gen	

□ **Lu̱st**	名詞［女性］	**…したい気持ち，楽しみ**
□ ［るスト］	– / Lüs·te	zu nichts <u>Lust</u> haben* 何もする気に
□		ならない（<u>したい気持ち</u>を持たない）

□ **ma̱l**	副詞	**《口語》ちょっと，いつか，かつて**
□ ［マーる］		Sieh <u>mal</u> her! <u>ちょっと</u>こっちを見て！
□		

Meine Frau trinkt lieber Tee als Kaffee.
うちの女房はコーヒーより紅茶のほうが好きです(より好んで飲む).
☞ gern* 好んで

Der Drohbrief war mit der linken Hand geschrieben.
その脅迫状は左[の]手で書かれていた.
☞ links 左に / recht.. 右の

Italiener essen Spaghetti ohne Messer und ohne Löffel.
イタリア人はナイフなし, スプーンなしでスパゲティーを食べる.
☞ das Messer ナイフ / die Gabel フォーク

Was ist los? – Ich bin auf einer Bananenschale ausgerutscht!
どうしたの(何が起こったか). — バナナの皮ですべった!
☞ lose (緩んで)外れそうな

Los! Ab ins Auto! Ein Gewitter droht!
早く! 車に乗って! 嵐が近づいてきてるぞ!
☞ los|gehen* 出発する(放たれて行く)

Kannst du das Rätsel lösen? – Ja, ich weiß schon die Lösung.
このなぞなぞが解けるかい? — うん, もう答えを知ってるんだ.
☞ die Lösung 解決[法]

„Ich bekomme keine Luft!" schrie er und wachte auf.
「息ができない!」と叫んで彼は目を覚ました.
☞ die Luftpost 航空便(空[気]中を運ぶ郵便) / luftleer 真空の(空気のない)

Der Minister sagte, er wisse nichts davon, aber das war gelogen.
大臣はそれについて何も知らないと言ったが, あれはうそだった.
☞ die Lüge うそ / der Lügner・die Lügnerin うそつき / betrügen* だます

Wandern ist seine große Lust. Heute geht es bis zur Loreley.
山歩きは彼の大きな楽しみだ. きょうはローレライまでの行程だ.
☞ lustig 楽しい, 愉快な / die Freude 喜び / das Bedürfnis 欲求

Ich war mal beim Geheimdienst. – Darfst du das sagen?
私はかつて秘密情報機関に所属していた. — それ言っていいの?
☞ früher 以前[に] / irgendwann いつ[の日に]か

□ **Mal** □ [マーる] □	名詞[中性] –[e]s / Ma·le	回 zum ersten <u>Mal</u> 初めて(これを初回 として)
□ **ma·len** □ [マーれン] □	動詞[他動]	(筆で)**描く** ein Porträt <u>malen</u> 肖像画を<u>描く</u>
	動詞[自動]	(筆で)**絵を描く** in Wasserfarben <u>malen</u> 水彩画(水彩 絵の具で絵)を<u>描く</u>
□ **manch** □ [マンヒ] □	代名詞[不定] (定冠詞と同類 の変化)	**ある程度の数の**,《so ～》**かな り多くの** <u>manche</u> Leute ある程度の数の人々
□ **manch·mal** □ [マンヒ・マーる] □	副詞	**時々** nicht immer, aber <u>manchmal</u> いつも ではないが,時々は
□ **Man·tel** □ [マンテる] □	名詞[男性] –s / Män·tel	**コート** einen <u>Mantel</u> tragen* <u>コート</u>を着て いる
□ **Markt** □ [マルクト] □	名詞[男性] –[e]s / Märk·te	**市**(いち),**市場** Gemüse auf dem <u>Markt</u> kaufen 野 菜を<u>市</u>で買う
□ **Ma·schi·ne** □ [マシーネ] □	名詞[女性] – / –n	**機械**,**マシン**,**[飛行]機** eine <u>Maschine</u> bauen 機械を組み立 てる
□ **Ma·the·ma·tik** □ [マテマ**ティー**ク] □	名詞[女性] – /	**数学**(略: Mathe) auf dem Gebiet der <u>Mathematik</u> 数 学の分野で
□ **Me·di·ka·ment** □ [メディカメント] □	名詞[中性] –[e]s / ..men·te	**薬** ein <u>Medikament</u> gegen Kopf- schmerzen 頭痛[に効く]<u>薬</u>

Der Student kommt jedes Mal zu spät zum Unterricht.
あの学生は毎回授業に遅刻してくる.
☞ diesmal 今回 / einmal 一度 / manchmal 時々(何回か)

Was malst du? – Raben in der Finsternis.
何描いてるの？— 闇夜のからす.
☞ das Gemälde 絵画(筆で描かれたもの) / zeichnen (線で)描く

Mein Sohn malt gern, aber seine Werke sind meist abstrakt.
息子は絵を描くのが好きですが, その作品は大体抽象的です.
☞ der Maler・die Malerin 画家 / die Malerei (芸術のジャンルとしての)絵画

Ich träumt[e] in seinem Schatten so manchen süßen Traum.
私はその木陰でたくさんの(かなり多くの)甘美な夢を見た. (F.
Schubert 作曲, „Der Lindenbaum" 『菩提樹』より)

Manchmal ist er irgendwie komisch.
時々あの人, 何か変なのよね.
☞ oft* しばしば

Dieser Mantel mit Daunenfüllung ist sehr leicht und wärmt gut.
このダウンの入ったコートはとても軽くて暖まるわ.
☞ der Regenmantel レインコート

In Marburg findet der Markt mittwochs und samstags statt.
マールブルク市では市は水曜と土曜に立ちます.
☞ der Marktplatz (市の立つ, 町の)中央広場 / der Fischmarkt 魚市場

Die BMW R 80 (achtzig) ist eine tolle Maschine.
(オートバイの)BMW R 80 はすばらしいマシンだ.
☞ die Waschmaschine 洗濯機 / die Spülmaschine 食洗機 / die Anlage 設備

Unsere Tochter ist im Gegensatz zu mir gut in Mathematik.
うちの娘は私と違って数学が得意だ.
☞ das Rechnen 算数(計算)

Nehmen Sie das Medikament dreimal pro Tag ein!
この薬を 1 日 3 回飲みなさい.
☞ die Tablette 錠剤 / die Pille 丸薬 / die Droge 麻薬 / das Gift 毒

☐ **mei·nen** ☐ [マイネン] ☐	動詞[他動]	(…という)**意見である**，(…のことを)**指して言う，言う** Was <u>meinen</u> Sie? あなたの<u>意見</u>は?
☐ **Mẹs·ser** ☐ [メッサァ] ☐	名詞[中性] –s / –	**ナイフ** ein scharfes (stumpfes) <u>Messer</u> 鋭い(なまくらな)<u>ナイフ</u>
☐ **mo·dẹrn** ☐ [モデルン] ☐	形容詞	**現代的な，現代風の** die <u>moderne</u> Architektur <u>現代</u>建築
☐ **mög·lich** ☐ [メークりヒ] ☐	形容詞	**可能な，ありうる** wenn <u>möglich</u> もし<u>可能</u>であれば
☐ **Mọnd** ☐ [モーント] ☐	名詞[男性] –[e]s / Mon·de	**(天体の)月** die Meere des <u>Mondes</u> <u>月</u>の海
☐ **Mụ̈ll** ☐ [ミュる] ☐	名詞[男性] –[e]s /	**ごみ，廃棄物** <u>Müll</u> verbrennen* <u>ごみ</u>を燃やす
☐ **Mu·sẹ·um** ☐ [ムゼーウム] ☐	名詞[中性] –s / ..se·en	**博物館，美術館** ins <u>Museum</u> gehen* <u>博物館(美術館)</u>に行く
☐ **Nạch·bar** ☐ [ナハ・バール] ☐	名詞[男性] –n まれに –s / –n	**隣人[の男性]** neue <u>Nachbarn</u> bekommen* 新しいお隣さん(<u>隣人</u>)ができる
☐ **Nạch·ba·rin** ☐ [ナハ・バーリン] ☐	名詞[女性] – / ..rin·nen	**隣人女性** eine <u>Nachbarin</u> von mir 私の<u>隣人女性</u>の1人
☐ **Nạch·rich·ten** ☐ [ナーハ・ ☐ リヒテン]	名詞[複数]	**ニュース，報道** die <u>Nachrichten</u> im Fernsehen se-hen* テレビの<u>ニュース</u>を見る

Meinen Sie mich? – Ja, wen sonst?
私(のことを指して言っているの)ですか. — ああ, ほかに誰がいる?
☞ *die* Meinung 意見 / behaupten 主張する / glauben …と思う / sagen 言う

Unser Kind isst schon mit Messer und Gabel.
うちの子はもうナイフとフォークを使って食べるのよ.
☞ *der* Löffel スプーン / *das* Besteck カトラリー(ナイフ・フォーク類)

Heute ist es modern, zum Rock sportliche Schuhe zu tragen.
今日ではスカートにスポーティーな靴を履くのが現代風なのです.
☞ *die* Mode 流行(現代的な流儀) / klassisch 古典の

Das sagst du, aber ich halte es nicht für möglich.
そういうふうに君は言うが, 私はそれが可能であるとは思わない.
☞ möglichst 可能な限り / *die* Möglichkeit 可能性 / *die* Chance 好機

Heute ist der Mond sehr schön, nicht wahr?
きょうは月がとてもきれいですね.
☞ *der* Vollmond 満月 / *der* Halbmond 半月 / *die* Erde 地球 / *die* Sonne 太陽

Bei uns gibt es noch kein Endlager für radioaktiven Müll.
わが国に放射性廃棄物の最終処分場はまだない.
☞ *der* Mülleimer ごみバケツ / *die* Mülltonne 大型ごみ容器 / *der* Abfall くず

Das Deutsche Museum öffnet um 9 (neun) Uhr.
ドイツ博物館は 9 時に開きます.
☞ *das* Heimatmuseum 郷土博物館 / *die* Ausstellung 展示 / *die* Messe 見本市

Mein Nachbar ist Brasilianer. Ich sage „Olá" zu ihm.
隣人はブラジル人です. 私は彼に「Olá (こんにちは)」って言います.
☞ *die* Nachbarschaft 隣近所 / *das* Nachbarland 隣国 / *die* Grenze 境界

Eine Nachbarin hat die Tat gesehen und der Polizei gemeldet.
隣人女性がその犯行を目撃して警察に通報しました.
☞ nebenan 隣接して

Die Nachrichten bringen nichts über die Affäre.
ニュースはその事件に関して何も伝えていない.
☞ *die* Nachrichtensendung 報道番組 / *der* Bericht 報告 / *die* Mitteilung 通知

☐ **Nä·he** ☐ [ネーエ] ☐	名詞[女性] – /	近く aus der <u>Nähe</u> betrachtet <u>近く</u>で見て みると
☐ **näm·lich** ☐ [ネームりヒ] ☐	副詞	というのは，すなわち vor drei Tagen, <u>nämlich</u> am Mitt- woch 3 日前，<u>すなわち</u>水曜に
☐ **Na·se** ☐ [ナーゼ] ☐	名詞[女性] – / –n	鼻 sich³ die <u>Nase</u> putzen <u>鼻</u>をかむ
☐ **nass**⁽*⁾ ☐ [ナス] ☐	形容詞 (näs·ser, näs·ses·t..)	ぬれた <u>nass</u> werden* <u>ぬれ</u>る
☐ **Na·tur** ☐ [ナトゥーァ] ☐	名詞[女性] – / ..tu·ren	自然，本性 die schöne <u>Natur</u> 美しい<u>自然</u>
☐ **na·tür·lich** ☐ [ナテューァりヒ] ☐	副詞	もちろん Kommst du auch? – <u>Natürlich</u>! 君 も来る？—<u>もちろん</u>!
☐ ☐ ☐	形容詞	自然な ein <u>natürliches</u> Verhalten <u>自然</u>なふ るまい
☐ **ne·ben** ☐ [ネーベン] ☐	前置詞[3/4 格 支配]	…の隣で（へ），…と並んで die Post <u>neben</u> dem Rathaus 市役所 の<u>隣</u>の郵便局
☐ **nied·rig** ☐ [ニードリヒ] ☐	形容詞	低い die Preise <u>niedrig</u> halten* 価格を<u>低</u> <u>く</u>抑える
☐ **nie·mand** ☐ [ニーマント] ☐	代名詞[不定] –[e]s, –[em], –[en]	誰も…ない <u>Niemand</u> ist perfekt. <u>誰も</u>完全な人 間では<u>ない</u>．

<u>In</u> der <u>Nähe</u> der Uni gibt es mehrere Buchhandlungen.
大学の<u>近く</u>に書店がいくつもあります.

☞ <u>nahe</u>* <u>近い</u> / nähern《sich⁴ ～》近づく / die Ferne 遠く

Er kommt später. Er hatte <u>nämlich</u> einen Unfall.
彼は遅れてきます. <u>というの</u>は事故にあったからです.

☞ denn ... というのも…だから

Wegen meines Heuschnupfens <u>läuft</u> mir die <u>Nase</u>.
私は花粉症で鼻水が出ます(<u>鼻が流れる</u>).

☞ die Adler<u>nase</u> わし鼻 / die Schnauze（動物の）鼻口部 / der Rüssel（象の）鼻

Vorsicht! Der Boden ist <u>nass</u>!
気をつけて. 床が<u>ぬれてます</u>.

☞ klatsch<u>nass</u>《口語》ずぶぬれの / feucht 湿った / trocken 乾いた

Das Kind ist <u>von</u> <u>Natur</u> <u>aus</u> schüchtern.
その子は根っから(<u>本性からして</u>)恥ずかしがり屋なのです.

☞ die <u>Natur</u>wissenschaft 自然科学 / der Charakter 性格

<u>Natürlich</u> mag ich dich, aber ich kann dich nicht heiraten.
<u>もちろん</u>あんたのことは好きよ, でも結婚はできないわ.

☞ allerdings!（強い肯定で:）もちろんだ！/ selbstverständlich 言うまでもなく

Die Geburt und der Tod sind <u>natürliche</u> Vorgänge.
誕生と死は<u>自然な</u>現象だ.

☞ die <u>Natür</u>lichkeit 自然さ / künstlich 人工の

<u>Neben</u> die Uhr stelle ich einen Kalender.
私は時計<u>の隣に</u>(へ)カレンダーを立てます.

☞ da<u>neben</u> その隣に / <u>neben</u>bei ついでに(脇に並んで)

Ich kaufe einen weißen <u>niedrigen</u> Tisch für das Wohnzimmer.
私はリビングルーム用に白の<u>低い</u>テーブルを買います.

☞ <u>nieder</u>（社会的な）<u>地位の低い</u> / flach 平べったい / hoch* 高い

War jemand im Zimmer? – Nein, <u>niemand</u> war da.
誰か部屋にいましたか. — いいえ, <u>誰もいません</u>でした.

☞ keiner 誰も（1人も）…ない / jemand 誰か

☐ **nor·mal** ☐ ［ノルマーる］ ☐	形容詞	**標準的な，ふつうの** die <u>normale</u> Körpertemperatur <u>標準</u> <u>的な</u>体温
☐ **nö·tig** ☐ ［ネーティヒ］ ☐	形容詞	**必要な** die <u>nötigen</u> Mittel <u>必要な</u>手段
☐ **Nu·del** ☐ ［ヌーデる］ ☐	名詞［女性］ –/–n	**《ふつう複数》めん[類]，パスタ** <u>Nudeln</u> kochen <u>めん</u>をゆでる
☐ **ob** ☐ ［オップ］ ☐	接続詞［従属］	**…かどうか，《als ob ...》あたか** **も…のように** <u>Ob</u> er kommt? 彼は来る<u>かどうか</u>?
☐ **of·fen** ☐ ［オッふェン］ ☐	形容詞	**開いている，未解決の** Das Fenster ist <u>offen</u>. 窓は<u>開いてい</u> <u>る</u>.
☐ **Ohr** ☐ ［オーァ］ ☐	名詞［中性］ –[e]s / Oh·ren	**耳** auf dem linken <u>Ohr</u> schwerhörig sein* 左の<u>耳</u>が遠い
☐ **Öl** ☐ ［エーる］ ☐	名詞［中性］ –[e]s / –e	**油，原油** <u>Öl</u> fördern <u>原油</u>を採掘する
☐ **On·kel** ☐ ［オンける］ ☐	名詞［男性］ –s / –	**伯父，叔父** ein reicher <u>Onkel</u> in Amerika アメ リカにいる金持ちの<u>伯父（叔父）</u>さん
☐ **Oran·ge** ☐ ［オラーンジェ］ ☐	名詞［女性］ –/–n	**オレンジ** <u>Orangen</u> aus Israel イスラエル産の <u>オレンジ</u>
☐ **Ord·nung** ☐ ［オルドヌング］ ☐	名詞［女性］ –/..nun·gen	**秩序，整頓** <u>Ordnung</u> halten* <u>秩序</u>を保つ; <u>整頓</u> しておく

Es ist ganz <u>normal</u>, dass Sie vor dem Chef nervös sind.
あなたが上司の前で緊張するというのはごくふつうのことです.
☞ *die* <u>Norm</u> 標準, 規範 / <u>normaler</u>weise 通常[の様態で]は / üblich 慣例の

Ich hatte meinen Mantel mitgebracht, aber das war <u>nicht</u> <u>nötig</u>.
私はコートを持ってきていたのですが, それは<u>不要</u>でした.
☞ erforderlich 必要な / notwendig 必要不可欠な / überflüssig 余計な

Die <u>Nudeln</u> sind zu 80 % (achtzig Prozent) aus Buchweizenmehl.
このそば(めん)は二八そばです(80 % そば粉でできている).
☞ *die* <u>Nudel</u>suppe ヌードルスープ / *die* Spaghetti《複数》スパゲッティ

Er tut so, <u>als</u> <u>ob</u> er alles wüsste.
彼はあたかもすべてを知っている<u>ような</u>ふりをしている.

Eine wichtige Frage ist <u>noch</u> <u>offen</u>. Was bekomme ich dafür?
重要な問題が<u>未決</u>だ. 私はそれでいくらもらえるのかね.
☞ <u>offen</u>bar 明らかな(むき出しの) / <u>öffent</u>lich 公開の / geschlossen 閉じた

Kannst du auch mit den <u>Ohren</u> wackeln?
君も<u>耳</u>を動かすことができる?
☞ *der* <u>Ohr</u>ring イヤリング / *das* Mittel<u>ohr</u> 中耳 / taub 耳の聞こえない

Wir heizen mit <u>Öl</u>. Wir bestellen es immer bei ARAL.
うちは灯<u>油</u>で暖房しています. いつも ARAL 石油に注文します.
☞ *die* <u>Öl</u>malerei 油絵 / *das* Oliven<u>öl</u> オリーブ油 / *das* Benzin ガソリン

<u>Mein Onkel</u> arbeitet in Erlangen bei Siemens.
<u>私の伯父(叔父)</u>はエアランゲン市のシーメンス社で働いてます.
☞ *die* Tante 伯母, 叔母 / *der* Cousin・*die* Cousine いとこ

Wo werden die meisten <u>Orangen</u> produziert? – In Brasilien.
<u>オレンジ</u>が最も多く生産されるのはどこですか? ― ブラジルです.
☞ *der* <u>Orangen</u>saft オレンジジュース / *die* Zitrone レモン

Einverstanden? – Ja, alles <u>in</u> <u>Ordnung</u>.
いいかい? ― ああ, すべて了解だ(<u>整っている</u>).
☞ <u>ordnen</u> 整理する / auf|räumen 片づける / *das* Durcheinander 無秩序

□ **Os·tern** □ [オースタァン] □	名詞[中性] –/–	《ふつう冠詞なし》復活祭，イースター Ostern feiern 復活祭を祝う
□ **paar** □ [パール] □	数詞[不定]	《ein ～》(不特定の)いくつか(数人)の ein paar Bücher 何冊かの本
□ **pạ·cken** □ [パッケン] □	動詞[他動]	[荷物を]詰める die Tasche packen バッグに荷物を詰める
□ **Pa·kẹt** □ [パケート] □	名詞[中性] –[e]s / ..ke·te	小包 das Paket wiegen* 小包の重さを量る
□ **Pạrk** □ [パルク] □	名詞[男性] –[e]s / –s まれ に Par·ke	公園 im Park spazieren gehen* 公園の中を散歩する
□ **pạr·ken** □ [パルケン] □	動詞[自動]	駐車する Parken verboten 駐車禁止
□	動詞[他動]	(自動車などを)止めておく am Flughafen ein Flugzeug parken 空港に飛行機を止めておく
□ **Pạr·ty** □ [パールティ] □	名詞[女性] –/ –s	パーティー zu einer Party gehen* パーティーに行く
□ **pạs·sen** □ [パッセン] □	動詞[自動] passt, –	ぴったり合う，好都合である，《zu ...³ ～》…に似合う Die Jacke passt. 上着はぴったりだ.
□ **pas·sie·ren** □ [パスィーレン] □	動詞[自動]	(事故・災難などが)起こる Was ist denn passiert? いったい何が起こったんだ.

Zu Ostern suchen die Kinder im Garten Ostereier.
復活祭に子どもたちは庭でイースターエッグを探します.
☞ *der* Osterhase イースターラビット（復活祭の卵を運んできて庭に隠すという）

Um sieben Uhr standen nur ein paar Leute an der Abendkasse.
7 時には数人の人が（晩に開く）当日券売り場の前にいただけでした.
☞ *das* Paar ペア / paarmal《ein ～》数回

Wie kann ich die Bücher noch in den Koffer packen?
あとこれらの本をどうしたらスーツケースに詰められるかな?
☞ ein|packen 詰め込む / aus|packen［詰めたものを］取り出す

Ich möchte ein Paket schicken. Haben Sie einen Karton dafür?
小包を 1 つ送りたいんです. それ用の箱がありますか.
☞ *das* Päckchen 小型包装物 / *der* Kasten 箱 / *die* Schachtel 紙箱

Der größte Park Berlins ist der Tiergarten.
ベルリン最大の公園はティーアガルテンです.
☞ *der* Nationalpark 国立公園 / *die* Grünanlage 緑地

Fahren Sie bitte weiter! Hier darf man nicht parken.
止まらないで（先に進んで）ください. ここは駐車してはいけません.
☞ *der* Parkplatz 駐車場 / *die* Garage ガレージ / stoppen 停車する

Ich weiß nicht mehr, wo ich mein Auto geparkt habe!
どこに自分の車を止めたかわからなくなりました.
☞ ab|stellen（自転車・自動車などを）置いて（止めて）おく

Sie möchte zu ihrem achtzehnten Geburtstag eine Party geben.
彼女は 18 歳の誕生日にパーティーを開きたいと思っている.
☞ *die* Feier 祝賀会 / *die* Fete（仲間内の）パーティー

Wie wäre es am Freitag um zehn? – Das passt mir gut.
金曜の 10 時はどうですか? — それは私にとって好都合です.
☞ passend ぴったり合った / geeignet 適した / günstig 好都合の

Dort an der Ampel ist gestern ein Autounfall passiert.
あそこの信号の所できのう自動車事故が起こった.
☞ geschehen* 起こる / ereignen《sich⁴ ～》（出来事が）起こる

□	（passieren の続き）	動詞[他動]	**通過する**
□			eine Grenze <u>passieren</u> 国境を<u>通過する</u>
□			

□	**Per·son**	名詞[女性]	**人物，人**
□	［ペルゾーン］	– / ..so·nen	eine wichtige <u>Person</u> 重要<u>人物</u>
□			

□	**Pferd**	名詞[中性]	**馬**
□	［プ**ふ**エーァト］	–[e]s / Pfer·de	ein <u>Pferd</u> reiten* <u>馬</u>を駆る
□			

□	**Pflicht**	名詞[女性]	**義務**
□	［プ**ふ**りヒト］	– / Pflich·ten	die eigene <u>Pflicht</u> erfüllen 自らの<u>義務</u>を果たす
□			

□	**plötz·lich**	副詞	**突然，急に**
□	［プ**れ**ッツりヒ］		Ein bisschen <u>plötzlich</u>!《俗語》とっととやれ(少しばかり<u>急に</u>)!
□			
□		形容詞	**突然の**
□			ein <u>plötzliches</u> Ende <u>突然の</u>終了
□			

□	**Po·li·zist**	名詞[男性]	**(男性の)警察官**
□	［ポり**ツ**ィスト］	..zis·ten / ..zis·ten	bewaffnete <u>Polizisten</u> 武装<u>警察官</u>たち
□			

□	**Po·li·zis·tin**	名詞[女性]	**女性警察官**
□	［ポり**ツ**ィスティン］	– / ..tin·nen	Die <u>Polizistin</u> war sehr nett. その<u>女性警察官</u>はとても感じがよかった.
□			

□	**prak·tisch**	形容詞	**実践的な，便利な**
□	［プラク**ティッシュ**］		die <u>praktische</u> Ausbildung <u>実践的</u>教育訓練
□			

□	**pri·ma**	形容詞	《無語尾で》《口語》**すばらしい**
□	［プ**り**ーマ］		Es ist <u>prima</u> Wetter. <u>すばらしい</u>天気だ.
□			

Wie viele Länder <u>hat</u> der Orient-Express <u>passiert</u>? – Fünf.
オリエント急行は何ヵ国を<u>通過した</u>のですか. ― 5ヵ国です.
☞ *der* <u>Passagier</u> · *die* <u>Passagierin</u> 乗客(<u>通過する人</u>) / überqueren 横切る

Wie viel kostet der Eintritt <u>pro</u> Person? – Vier Euro.
入場料は<u>1人</u>[<u>につき</u>]いくらですか. ― 4ユーロです.
☞ <u>persönlich</u> 個人的な(<u>その人の</u>) / privat 個人的な(私的な)

Das <u>Pferd</u> rannte im Zickzack und warf den Reiter schließlich ab.
その<u>馬</u>はジグザグに走り, ついには騎手を振り落とした.
☞ *der* <u>Pferde</u>apfel 馬糞 / *das* Renn<u>pferd</u> 競走馬 / *das* Fluss<u>pferd</u> かば(<u>河馬</u>)

Es ist Ihre <u>Pflicht</u>, sich⁴ um die Kinder zu kümmern.
子どもたちの面倒を見るのはあなたの<u>義務</u>ですよ.
☞ ver<u>pflicht</u>en 義務づける / *die* Schul<u>pflicht</u> 就学義務

<u>Plötzlich</u> fing der Betrunkene an, laut zu singen.
<u>突然</u>その酔っ払いは大きな声で歌い始めた.
☞ unerwartet 思いがけず / allmählich しだいに / langsam ゆっくりと

Alle leiden unter dem <u>plötzlich</u>en Anstieg der Preise.
みんな物価の<u>突然の</u>上昇に苦しんでいる.

<u>Polizisten</u> gehen auf Streife und sorgen für Ordnung.
<u>警察官たち</u>が巡回に出て, 町の秩序に気を配る.
☞ *der* Verkehrs<u>polizist</u> · *die* Verkehrs<u>polizistin</u> 交通警察官 / *die* <u>Polizei</u> 警察

Als <u>Polizistin</u> ist es meine Pflicht, Bürger zu schützen.
市民を守るのは[<u>女性</u>]警察官としての私の義務です.
☞ *der* Kriminal<u>polizist</u> · *die* Kriminal<u>polizistin</u> 刑事[<u>警察官</u>](略: Kripo)

Dieses Schweizer Taschenmesser ist sehr <u>praktisch</u>.
このスイス製のポケットナイフはとても<u>便利</u>だ.
☞ *das* <u>Praktikum</u> 実習(実践的学習) / *die* <u>Praxis</u> 実践 / theoretisch 理論的な

Schmeckt das? – Ja, <u>prima</u>!
おいしいですか. ― ええ, とっても(すばらしい)!
☞ fantastisch《口語》夢のような / toll《口語》すごい / mies《口語》ひどい

☐ **pro·bie·ren** ☐ ［プロ ☐ 　ビーレン］	動詞［他動］	**試す，試食（試飲）する** das Bogenschießen <u>probieren</u> アーチェリーを<u>試す</u>
☐ **Pro·gramm** ☐ ［プログラム］ ☐	名詞［中性］ –[e]s / ..gram·me	**番組編成[表]，プログラム** das <u>Programm</u> für diese Woche 今週の<u>番組編成</u>
☐ **Pul·lo·ver** ☐ ［プろーヴァァ］ ☐	名詞［男性］ –s / –	**セーター**（略: Pulli） einen <u>Pullover</u> an|ziehen* <u>セーター</u>を着る
☐ **put·zen** ☐ ［プッツェン］ ☐	動詞［他動］ putzt, –	**磨く** Fenster <u>putzen</u> 窓を<u>磨く</u>
☐ **Qua·li·tät** ☐ ［クヴァりテート］ ☐	名詞［女性］ – / ..tä·ten	**質，品質** ein Stoff von hoher <u>Qualität</u> <u>質</u>の良い生地
☐ **Ra·dio** ☐ ［ラーディオ］ ☐	名詞［中性］ –s / –s	**ラジオ** Musik im <u>Radio</u> hören <u>ラジオ</u>で音楽を聞く
☐ **ra·ten*** ☐ ［ラーテン］ ☐	動詞［他動］ rätst, rät ▷ riet, ge·ra·ten	**勧める，言い当てる** Was <u>rätst</u> du mir? どうしたらいい（君は僕に何を<u>勧める</u>か)?
☐ ☐ ☐	動詞［自動］ （上と同じ変化）	**《...³ zu ... ～》…に…を勧める** Ich <u>rate</u> Ihnen zu einer Badekur. 湯治に行かれることをお勧めします.
☐ **Rat·haus** ☐ ［ラート・ハオス］ ☐	名詞［中性］ ..hau·ses / ..häu·ser	**市役所** zum <u>Rathaus</u> gehen* <u>市役所</u>に行く
☐ **rech·nen** ☐ ［レヒネン］ ☐	動詞［自動］	**計算する，《mit ...³ ～》…を見込む** falsch <u>rechnen</u> まちがって<u>計算する</u>

In diesem Café <u>können</u> Sie verschiedene Teesorten <u>probieren</u>.
この喫茶店ではいろいろな種類のお茶を試飲できます.
☞ *die* <u>Probe</u> 試し / an|<u>probieren</u> 試着する / testen 検査する / versuchen 試す

Unser Deutschkurs bietet auch kulturelle <u>Programme</u> an.
私どものドイツ語コースは文化プログラムも提供しております.
☞ *das* Fernseh<u>programm</u> テレビ番組編成[表] / *die* Sendung 放送番組

Hast du den <u>Pullover</u> selber gestrickt? Schön!
その<u>セーター</u>自分で編んだの? いいわね.
☞ *die* Strickjacke カーディガン / *die* Weste チョッキ

Ich <u>putze</u> mir dreimal am Tag die Zähne.
私は1日3回歯を<u>磨く</u>.
☞ *die* <u>Putz</u>frau・*der* <u>Putz</u>mann 掃除婦(磨く女性)・掃除夫(磨く男性)

Auf dem Display kann man den Film in bester <u>Qualität</u> sehen.
こちらのディスプレイでその映画を最高の<u>品質</u>でご覧になれます.
☞ *die* Lebens<u>qualität</u> 生活の質 / *der* Zustand 状態 / *die* Quantität 量

Das alte <u>Radio</u> macht schreckliche Geräusche.
この古い<u>ラジオ</u>はひどい雑音がする.
☞ *der* Rundfunk ラジオ放送 / *der* Rekorder 録音(録画)機

<u>Rate</u> mal, wie alt ich bin! – Okay, wie alt bist du? – Drei.
僕がいくつか[言い]<u>当</u>ててみて. ― いいよ, 君, 何歳? ― 3歳.
☞ *das* <u>Rätsel</u> なぞなぞ(言い当てるもの) / *der* Tipp《口語》ヒント

Der Rechtsanwalt <u>riet</u> mir <u>zum</u> Kompromiss mit meiner Frau.
弁護士は妻と和解すること<u>を</u>私に助言した(勧めた).
☞ *der* <u>Rat</u> 助言(勧め) / <u>beraten</u>* 助言する / *die* <u>Beratung</u> 助言[すること]

Im Keller des <u>Rathauses</u> ist ein schönes Café-Restaurant.
<u>市役所</u>の地下にはすてきなカフェ・レストランがあります.
☞ *das* Amt 役所 / *die* Behörde 官庁 / *die* Verwaltung 行政(管理)機関

Es ist <u>mit</u> einem hohen ökonomischen Wachstum zu <u>rechnen</u>.
高い経済成長が見込まれている.
☞ *der* <u>Rechner</u> 計算機 / <u>ausgerechnet</u> よりによって(計算しつくした末に)

□ （rechnen の続き）	動詞[他動]	**計算する**
□		alles in allem <u>gerechnet</u> すべてひっ
□		くるめて<u>計算すると</u>

□ **recht**	形容詞	**右の，適切な**
□ ［レヒト］		auf dem <u>rechten</u> Auge kurzsichtig
□		sein* <u>右目が近視である</u>

□ **Recht**	名詞[中性]	**権利，法**
□ ［レヒト］	–[e]s / Rech·te	Alle <u>Rechte</u> vorbehalten. 無断転載
□		禁止(すべての<u>権利</u>が留保されている)

□ **re·den**	動詞[自動]	**話す，演説する**
□ ［レーデン］		geziert <u>reden</u> わざとらしく<u>話す</u>
□		

□ **Re·gie·rung**	名詞[女性]	**政府，統治**
□ ［レギールング］	– / ..run·gen	eine <u>Regierung</u> bilden 組閣する(<u>政</u>
□		<u>府</u>を組織する)

□ **reich**	形容詞	**裕福な，豊富な，《an ...^{3} ～ sein*》**
□ ［ライヒ］		**…に富んでいる**
□		eine <u>reiche</u> Familie <u>裕福な</u>家庭

□ **Ren·te**	名詞[女性]	**年金**
□ ［レンテ］	– / –n	in <u>Rente</u> gehen* <u>年金</u>生活に入る
□		

□ **re·ser·vie·ren**	動詞[他動]	**予約する，(予約に応じ)取り置く**
□ ［レゼル		einen Sitzplatz im Zug <u>reservieren</u>
□ **ヴィーレン**］		列車の指定席を取る(席を<u>予約する</u>)

□ **Rich·tung**	名詞[女性]	**方向**
□ ［リヒトゥング］	– / ..tun·gen	die <u>Richtung</u> ändern <u>方向</u>を変える
□		

□ **rie·chen***	動詞[自動]	**におう，《nach ...^{3} ～》…のにお**
□ ［リーヒェン］	▷ roch,	**いがする**
□	ge·ro·chen	gut <u>riechen</u> いいにおいがする

Die Aufgabe hat die Schülerin schnell gerechnet.
その問題を女生徒はすばやく計算した.
☞ *die* Rechnung 計算[書] / *die* Summe 合計, 金額

Die Pizzas kamen zur rechten Zeit.
ピザはちょうどよい(適切な)ころあいに届いた.
☞ rechts 右に / link.. 左の

Er besteht auf seinem Recht, die Stelle zu behalten.
彼はそのポストを保持する権利を主張している.
☞ *die* Berechtigung 権利[の付与] / *der* Anwalt・*die* Anwältin 弁護士

Darüber reden wir später. Jetzt habe ich etwas zu tun.
それについてはあとで話そう. 今ちょっとやることがあるんだ.
☞ *die* Rede 演説 / *die* Ausrede 言い訳 / diskutieren 討論する / streiten* 争う

Die Regierung ist korrupt. Sie muss gestürzt werden.
この政府はわいろを取っている. この政府は倒されねばならない.
☞ regieren 統治する / herrschen 支配する / *die* Demokratie 民主主義

Japan ist reich an heißen Quellen. – Neuseeland auch.
日本は温泉が豊富だ. — ニュージーランドもだよ.
☞ *der* Reichtum 裕福, 富 / zahlreich 数多くの / arm* 貧しい

Ich bekomme nur die Hälfte meines letzten Gehalts als Rente.
私は最後の給料の半分しか年金がもらえない.
☞ *der* Rentner・*die* Rentnerin 年金生活者 / *die* Pension (公務員などの)年金

Ich habe mir im Hilton ein Zimmer reservieren lassen.
私はヒルトンに部屋を[1つ]予約した(取り置いてもらった).
☞ *die* Reservierung 予約 / buchen (席などを)予約する / bestellen 注文する

Das Flugzeug fliegt in Richtung Sapporo.
その飛行機は札幌の方向へ飛んでいる.
☞ richten (…の方へ)向ける / *die* Himmelsrichtung 方位 / *der* Kurs コース

Bah! Es riecht nach faulen Eiern!
うわ! 腐った卵のにおいがする!
☞ stinken* 臭いにおいがする / duften 香る

□	（riechen の続き）	動詞［他動］	（…の）**においをかぐ（感じる）**
□		（上と同じ変化）	den Duft des Meeres <u>riechen</u> 海の
□			香り（におい）を<u>かぐ</u>

□	**Rock**	名詞［男性］	**スカート**
□	［ロック］	–[e]s / Rö·cke	einen <u>Rock</u> an|ziehen* (aus|zie-
□			hen*) <u>スカート</u>をはく（脱ぐ）

□	**Rü·cken**	名詞［男性］	**背中**
□	［リュッケン］	–s / –	auf dem <u>Rücken</u> liegen* あおむけに
□			（<u>背中</u>を下にして）寝ている

□	**ru·fen***	動詞［自動］	**声を上げる，叫ぶ**
□	［ルーふェン］	▷ rief,	schrill <u>rufen</u> 金切り<u>声を上げる</u>
□		ge·ru·fen	
□		動詞［他動］	**呼ぶ**
□		（上と同じ変化）	<u>Rufen</u> Sie die Polizei! 警察を<u>呼ん</u>
□			で!

□	**rund**	形容詞	**丸い**
□	［ルント］		ein <u>rund</u>es Gesicht 丸顔
□			
□		副詞	（数量について：）**およそ**
□			<u>rund</u> 30 % (dreißig Prozent) des Ka-
□			pitals 資本金の<u>およそ</u> 30 パーセント

□	**Sa·che**	名詞［女性］	**物，事**
□	［ザッへ］	– / –n	teure <u>Sachen</u> an|haben* 《口語》高価
□			な<u>物</u>を身に着けている

□	**sam·meln**	動詞［他動］	**集める，収集する**
□	［ザンメるン］		Briefmarken <u>sammeln</u> 切手を<u>集め</u>
□			<u>る</u>
□		動詞［再帰］	《sich⁴ ～》**集まる**
□			<u>Sammelt</u> <u>euch</u> alle und hört! 皆，<u>集</u>
□			<u>まって</u>聞け!（旧約聖書より）

Im Frühling <u>riechen</u> wir im Garten die Blumen.
春の庭は花の香りがします（<u>においを感じる</u>）.
☞ *der* <u>Geruch</u> におい / *der* Duft 香り

Der <u>Rock</u> reicht bis zum Knöchel.
その<u>スカート</u>はくるぶしまでの丈がある.
☞ *der* Bleistift<u>rock</u> タイト<u>スカート</u> / *der* Mini<u>rock</u> ミニ<u>スカート</u>

Es juckt mir auf dem <u>Rücken</u>! – Da ist der <u>Rücken</u>kratzer.
<u>背中</u>がかゆい. — あそこに孫の手（<u>背中を</u>かく道具）があるよ.
☞ <u>rück</u>wärts 後方へ（<u>背中の方へ</u>） / *der* Berg<u>rücken</u> 山の背 / *der* Bauch おなか

Sie müssen <u>laut rufen</u>, sonst werden Sie hier nicht bedient.
<u>大きな声を出す</u>の. でないとここでは注文を取りに来ないのよ.
☞ *der* <u>Ruf</u> 叫び[声] / schreien* 叫び声を上げる, 泣きわめく

Soll ich Ihnen ein Taxi <u>rufen</u>? – Nein, danke, ich gehe zu Fuß.
タクシーを呼びましょうか. — いえ, 結構, 歩いて行きます.
☞ an|<u>rufen</u>* 電話をかける（電話に呼び出す）

Die Verhandlungen am <u>runden</u> Tisch waren erfolgreich.
ラウンド（丸い）テーブルでの交渉は大いに成果があった.
☞ *die* <u>Runde</u> （コースなどのまる）1 周 / eckig 角ばった

Japan hat <u>rund</u> 125 (hundertfünfundzwanzig) Millionen Einwohner.
日本の人口は<u>およそ</u> 1 億 2,500 万人である.
☞ etwa およそ

Das ist nicht deine <u>Sache</u>.
それは君には関係のない事だ.
☞ *die* Tat<u>sache</u> 事実（実際の事） / *die* Ursache 原因（大本の事）

Du musst noch systematischer Daten <u>sammeln</u>.
君はもっとシステマティックにデータを<u>集め</u>なければならない.
☞ *die* <u>Sammlung</u> コレクション / speichern 貯蔵する

Die Schafe <u>sammeln sich</u>⁴ um ihren Hirten.
羊たちが羊飼いの周りに<u>集まっている</u>.
☞ <u>ver</u>sammeln《sich⁴ ～》集合する

☐ **Sạtz** ☐ [ザッツ] ☐	名詞[男性] Sat·zes / Sät·ze	**文** einen langen <u>Satz</u> schreiben* 長い <u>文</u>を書く
☐ **sau·ber** ☐ [ザオバァ] ☐	形容詞	**清潔な，きれいな** ein Zimmer <u>sauber</u> machen 部屋を <u>きれいに</u>する
☐ **sau·er** ☐ [ザオアァ] ☐	形容詞	**酸っぱい，つらい** <u>saure</u> Gurken きゅうりのピクルス (酸っぱいきゅうり)
☐ **scha·de** ☐ [シャーデ] ☐	形容詞	《術語としてのみ》**残念な，《zu ～ für ...》…にはもったいない** <u>Schade</u>! それは残念!
☐ **schạrf*** ☐ [シャルふ] ☐	形容詞 schär·fer, schärfs·t..	**鋭い，辛い** ein <u>scharfes</u> Messer <u>鋭い</u>ナイフ
☐ **schẹn·ken** ☐ [シェンケン] ☐	動詞[他動]	**贈る** einem Freund ein Buch <u>schenken</u> 友達に本を<u>贈る</u>
☐ **Schiff** ☐ [シふ] ☐	名詞[中性] –[e]s / Schif·fe	**船** mit dem <u>Schiff</u> fahren* <u>船</u>で行く
☐ **Schịn·ken** ☐ [シンケン] ☐	名詞[男性] –s / –	**ハム** roher <u>Schinken</u> 生<u>ハム</u>
☐ **schlịmm** ☐ [シュリム] ☐	形容詞	**ひどい，[たちの]悪い** ein <u>schlimmes</u> Erdbeben <u>ひどい</u>地 震
☐ **Schlọss** ☐ [シュろス] ☐	名詞[中性] Schlos·ses / Schlös·ser	**錠，宮殿，城** den Schlüssel im <u>Schloss</u> verges- sen* 鍵を<u>錠</u>に差したまま忘れる

194

Der Professor überprüfte meine Arbeit Satz für Satz.
教授は私の論文を 1 文 1 文点検した.
☞ *der* Auf*satz* 作文(起草したもの) / *der* Text 文章 / *das* Wort 語

Die Windschutzscheibe des Autos muss immer sauber sein.
車のフロントガラスは常にきれいでなければならない.
☞ säubern きれいにする / rein 染み一つない / schmutzig 汚い

Ich war zwei Jahre in der Armee. Das waren saure Tage.
私は 2 年間軍隊にいた. あれはつらい日々だった.
☞ *die* Säure 酸 / *das* Sauerkraut サワーキャベツ / *der* Essig 酢 / süß 甘い

Sie ist zu schade für dich. – Bist du eifersüchtig auf mich?
彼女は君にはもったいない. ― お前, 俺に嫉妬(しっと)してんのか?
☞ schaden 害する / beschädigen 傷つける

Ich mag scharfe Sachen, zum Beispiel Pfefferkäse.
私は辛いものが好きだ. 例えばこしょうチーズとか.
☞ spitz とがった / bitter 苦い / salzig 塩辛い / stumpf なまくらな

Zum Muttertag schenke ich meiner Mutter Nelken.
母の日に私は母にカーネーションを贈ります.
☞ *das* Geschenk 贈り物 / spendieren 寄贈する / überlassen* 譲る

Mayday, Mayday, Mayday. Das Schiff sinkt!
メーデー, メーデー, メーデー. 船が沈む! (メーデー: 船舶の遭難信号)
☞ *das* Boot 小舟 / *die* Fähre フェリー / *die* Jacht ヨット / *der* Hafen 港

Zu Abend gab es allerlei Sorten Wurst, Schinken und Käse.
晩はさまざまな種類のソーセージやハムそしてチーズが出ました.
☞ *die* Wurst ソーセージ / *der* Speck ベーコン

Die Polizei hat drei schlimme Burschen hochgenommen.
警察が 3 人のたちの悪いやからを逮捕した.
☞ böse 悪意のある / schlecht (品質などが)悪い / gut* よい

Das Schloss Linderhof hat Ludwig II. (der Zweite) gebaut.
リンダーホーフ城はルートヴィヒ II 世が建てました.
☞ *die* Burg 城塞 / *der* Hof 宮廷

□ **Schmẹrz**	名詞[男性]	《ふつう複数》痛み，苦痛
□ [シュメルツ]	Schmer·zes /	<u>Schmerzen</u> ertragen* 痛みをこらえ
□	Schmer·zen	る

□ **schmụt·zig**	形容詞	汚れた，汚い
□ [シュムツィヒ]		schmutzige Wäsche 汚れた洗濯物
□		

□ **Schnee**	名詞[男性]	雪
□ [シュネー]	–s /	frischer <u>Schnee</u> 新雪
□		

□ **schnei·den***	動詞[他動]	切る，刈る
□ [シュナイデン]	▷ schnitt,	einen Apfel in zwei Hälften <u>schnei-</u>
□	ge·schnit·ten	<u>den</u> りんごを 2 つに切る
□	動詞[自動]	切る
□	(上と同じ変化)	sich³⁽⁴⁾ in den Finger <u>schneiden</u>
□		(誤って)指を切る

□ **schnei·en**	動詞[非人称]	《ふつう es を主語に》雪が降る
□ [シュナイエン]		Staub <u>schneite</u> hinab. 雪が降るよう
□		にほこりが舞い落ちた．

□ **schwạch***	形容詞	弱い
□ [シュヴァッハ]	schwä·cher,	einen <u>schwachen</u> Charakter haben*
□	schwächs·t..	性格が弱い(弱い性格を持つ)

□ **Schwein**	名詞[中性]	豚
□ [シュヴァイン]	–[e]s /	<u>Schweine</u> züchten 豚を飼育する
□	Schwei·ne	

□ **schwie·rig**	形容詞	難しい
□ [シュヴィーリヒ]		schwierige Verhandlungen führen
□		難しい交渉をする

□ **See**	名詞[女性]	海
□ [ゼー]	– /	an die <u>See</u> fahren* 海辺に行く
□		

Diese Erfahrung hat ihm einen tiefen <u>Schmerz</u> verursacht.
この経験は彼の心に深い<u>苦痛</u>を引き起こした.
☞ <u>schmerzen</u> 痛む / weh《口語》痛い / weh|tun*《口語》痛む / verletzen 傷つける

So ein <u>schmutziges</u> Wort nimmt man nicht in den Mund!
そんな<u>汚い</u>言葉を口にするんじゃありませんよ.
☞ *der* <u>Schmutz</u> 汚れ / *der* Fleck 染み / sauber 清潔な

Die Erde ist mit <u>Schnee</u> bedeckt. Es gibt weiße Weihnachten!
大地は雪で覆われている. ホワイトクリスマスになるよ!
☞ *der* <u>Schnee</u>mann 雪だるま / *der* Pulver<u>schnee</u> 粉雪

Ich lasse mir von meiner Mutter die <u>Haare</u> <u>schneiden</u>.
私は母に<u>髪</u>を<u>刈って</u>もらいます.
☞ *der* <u>Schneider</u> ・ *die* <u>Schneiderin</u> 仕立屋(裁断人) / *das* <u>Schnitzel</u> 肉の切身

Pass auf! Sonst <u>schneidest</u> du in die Tischdecke.
気をつけて! じゃないとテーブルクロスを<u>切っちゃう</u>よ.
☞ *die* <u>Schneide</u> 刃(物を切る鋭利な縁) / *der* <u>Schnitt</u> 切ること, 切り傷

Seit Tagen <u>schneit</u> es in den Alpen unaufhörlich.
何日も前からアルプスではずっと<u>雪が降っている</u>.
☞ regnen 雨が降る

Der Gegner war nicht so <u>schwach</u>, wie ich dachte.
対戦相手は思っていたほど<u>弱く</u>はなかった.
☞ *die* <u>Schwäche</u> 弱さ / *der* <u>Schwächling</u> 弱虫 / stark* 強い

Die <u>Schweine</u> sind weggelaufen. Eine echte <u>Schweinerei</u>!
<u>豚</u>が逃げちまった. まさにトンずらだ(<u>豚の行い</u>, けしからぬこと)!
☞ *das* <u>Schweine</u>fleisch 豚肉 / *das* Wild<u>schwein</u> いのしし(野生の豚)

Das Quiz ist zu <u>schwierig</u> für ein Kind.
そのクイズは子どもには<u>難し</u>すぎる.
☞ *die* <u>Schwierigkeit</u> 困難 / schwer 骨の折れる / einfach 簡単な

Die weißen Segel wecken die Sehnsucht nach der weiten <u>See</u>.
白い帆が広い<u>海</u>へのあこがれを呼び覚ます.
☞ *die* Nord<u>see</u> 北海 / *das* Meer 海, 大洋 / *der* <u>See</u> 湖

□ **Sei·fe**	名詞[女性]	せっけん
□ [ザイふェ]	– / –n	der Schaum der Seife せっけんの
□		泡

□ **Sei·te**	名詞[女性]	**側面，側，ページ**
□ [ザイテ]	– / –n	Siehe Seite 35 (fünfunddreißig)! 35
□		ページを参照せよ.

□ **sel·ten**	形容詞	**まれな，珍しい**
□ [ゼるテン]		ein seltener Fall まれなケース
□		
□	副詞	**めったに…ない**
□		selten fern|sehen* めったにテレビ
□		を見ない

□ **Ses·sel**	名詞[男性]	**ひじ掛けいす**
□ [ゼッセる]	–s / –	in den Sessel sinken* ひじ掛けい
□		すに沈み込む

□ **set·zen**	動詞[他動]	**座らせる，(据えるように)置く**
□ [ゼッツェン]	setzt, –	das Kind in den Sessel setzen 子ど
□		もをひじ掛けいすに座らせる
□	動詞[再帰]	《sich⁴ ... ～》…**に腰掛ける**
□	(上と同じ変化)	Das Kind setzt sich auf den Stuhl.
□		その子どもはいすに腰掛ける.

□ **si·cher**	形容詞	**安全な，確かな，確信のある**
□ [ズィッヒャァ]		Sicher ist sicher. 用心するに越した
□		ことはない(安全なのが安全だ).
□	副詞	**きっと**
□		Er kommt sicher nicht. 彼はきっと
□		来ない.

□ **sin·gen***	動詞[自動]	**歌う**
□ [ズィンゲン]	▷ sang,	in einem Chor singen コーラス[グ
□	ge·sun·gen	ループの中]で歌う

198

Zum Gesichtwaschen nehmen Sie diese <u>Seife</u> aus Olivenöl!
洗顔にはこのオリーブ油から作った<u>せっけん</u>をお使いください.
☞ *die* <u>Seifen</u>blase シャボン玉(<u>せっけんの玉</u>) / *das* Waschmittel 洗濯用洗剤

Sie bindet ihre Schürze auf der linken <u>Seite</u> zu einer Schleife.
あの子はエプロンを<u>左側</u>でちょう結びにしているよ.(未婚女性は
民族衣装 Dirndl のエプロンを左前で結ぶ.)

In diesem Regenwald findet man viele <u>seltene</u> Insekten.
この熱帯雨森では多くの<u>珍しい</u>昆虫が見つかります.
☞ *die* <u>Seltenheit</u> 珍しさ / alltäglich 日常的な

Ich fahre <u>selten</u> mit dem Taxi, denn Laufen ist gesund.
僕は<u>めったに</u>タクシーに<u>乗らない</u>な.歩くのは健康にいいからね.
☞ kaum ほとんど…ない / oft* しばしば / häufig たびたび

In dem <u>Sessel</u> mit Wollbezug sitzt man sehr bequem.
このウール生地の<u>ひじ掛けいす</u>はとても座り心地がよい.
☞ *das* Sofa ソファー / *der* Stuhl いす / *das* Polster (座面や背の)クッション

Sie <u>setzt</u> die Pflänzchen ins Beet und gibt ihnen Wasser.
彼女は花壇に苗を植えて(<u>据えるように置いて</u>)水をやります.
☞ ein|<u>setzen</u> はめ込む(中に据える)

Bitte kommen Sie herein und <u>setzen</u> Sie <u>sich</u>⁴!
どうぞお入りになってお掛け(<u>腰掛けて</u>)ください.
☞ hin|<u>setzen</u> 《sich⁴ ～》(いすなどに)腰掛ける / <u>sitzen</u>* 座っている

Tickets kann man auch vor Ort kaufen. – Sind Sie <u>sicher</u>?
チケットはその場でも買えますよ. ― <u>本当です</u>(確信がある)か.
☞ *die* <u>Sicherheit</u> 安全 / *die* <u>Versicherung</u> 保険(<u>安全確保</u>)

Jetzt ist es zwei Uhr. Ihr Sohn wird <u>sicher</u> schon zu Hause sein.
今2時です. 息子さんは<u>きっと</u>もう家に着いていることでしょう.
☞ bestimmt きっと(まず間違いなく) / wahrscheinlich 多分

Die ganze Nacht haben wir gegessen, <u>gesungen</u> und getanzt.
一晩じゅう私たちは食べ, <u>歌い</u>, そして踊った.
☞ *der* <u>Sänger</u> ・ *die* <u>Sängerin</u> 歌手 / begleiten 伴奏する

□ （singen の続き） □ □	動詞[他動] (上と同じ変化)	**歌う** dem Baby ein Wiegenlied <u>singen</u> 赤ん坊に子守唄を<u>歌って</u>やる
□ **so·gar** □ ［ゾ・ガール］ □	副詞	**それどころか** Gut, <u>sogar</u> sehr gut! よろしい, <u>それ</u> <u>どころか</u>たいへんよろしい!
□ **sonst** □ ［ゾンスト］ □	副詞	**そのほかに, さもないと** <u>Sonst</u> noch etwas? <u>そのほかに</u>何か ご入り用の品がございますか.
□ **sor·gen** □ ［ゾルゲン］ □	動詞[自動]	**《für ...⁴ 〜》…の世話をする** für die Kinder <u>sorgen</u> 子どもたちの <u>世話をする</u>
□ □ □	動詞[再帰]	**《sich⁴ [um ...⁴] 〜》…を心配する** <u>sich</u> um die Zukunft <u>sorgen</u> これか ら先のことを<u>心配する</u>
□ **spa·ren** □ ［シュパーレン］ □	動詞[他動]	**蓄える, 節約する** Geld <u>sparen</u> お金を<u>蓄える</u>
□ □ □	動詞[自動]	**貯金する, 倹約する** an Energie <u>sparen</u> エネルギーを<u>倹</u> <u>約する</u>(切り詰める)
□ **Spaß** □ ［シュパース］ □	名詞[男性] Spa·ßes / Spä·ße	**楽しみ, 冗談** Viel <u>Spaß</u>! 大いに<u>楽しみ</u>なさい(多 くの<u>楽しみ</u>を)!
□ **spa·zie·ren** □ ［シュパ □ ツィーレン］	動詞[自動]	**ぶらぶらする** sonntags <u>spazieren</u> gehen* 日曜に散 歩し(<u>ぶらぶらし</u>)に行く
□ **Spei·se·kar·te** □ ［シュパイゼ・ □ カルテ］	名詞[女性] – / –n	**メニュー** die <u>Speisekarte</u> studieren《口語》<u>メ</u> <u>ニュー</u>をじっくり眺める

Manche Leute <u>singen</u> gerne Soldatenlieder.
軍歌を好んで歌う人たちもいます.
☞ *der* <u>Gesang</u> 歌, 歌唱 / *das* Lied 歌[曲] / *die* Oper 歌劇

In seinem Haus gibt es zwei Badezimmer, <u>sogar</u> eine Sauna.
彼の家には浴室が2つ,それどころかサウナだってあるんだ.
☞ auch …も / dazu それに加えて

Mach die Fenster auf, <u>sonst</u> riecht es morgen im ganzen Haus.
窓を開けて. <u>さもないと</u>あした家中がにおうわよ.

Einmal in der Woche <u>sorgt</u> sie im Altersheim <u>für</u> die Alten.
1週間に1度,彼女は老人ホームでお年寄り<u>の世話をしています</u>.
☞ kümmern《sich⁴ um ...⁴ 〜》…の面倒を見る / besorgen 調達(世話)する

Meine Mutter <u>sorgt sich⁴</u> zu sehr <u>um</u> mich.
母は私のこと<u>を心配し</u>すぎよ.
☞ *die* <u>Sorge</u> 心配 / besorgt 心配して

Wir wollen Zeit <u>sparen</u>. Sollen wir uns nicht die Arbeit teilen?
私たちは時間を<u>節約し</u>たいと思います. 作業を分担しませんか.
☞ aus|geben* 支出する / verschwenden 浪費する

Er hat lange <u>gespart</u> und fährt jetzt für zwei Monate nach Rom.
彼は長いこと<u>貯金して</u>,今度ふた月の予定でローマへ行きます.
☞ <u>sparsam</u> 倹約な / *die* <u>Spar</u>dose 貯金箱

Unser Chef versteht keinen <u>Spaß</u>.
うちの上司は冗談が通じない(<u>冗談</u>を理解しない).
☞ *das* Vergnügen 楽しみ / *der* Witz 笑い話 / *der* Ernst まじめさ

Ich führe meinen Hund zweimal am Tag <u>spazieren</u>.
私はうちの犬を日に2回散歩に(<u>ぶらぶらしに</u>)連れていきます.
☞ *der* <u>Spazier</u>gang 散歩 / bummeln ぶらぶら歩く / wandern 山歩きをする

Haben Sie auch eine <u>Speisekarte</u> auf Englisch?
英語の<u>メニュー</u>もあるかしら.
☞ *die* Getränkekarte 飲み物のメニュー / *das* Menü コース料理, 定食

☐ **Spiel** ☐ ［シュピーる］ ☐	名詞［中性］ –[e]s / Spie·le	**遊び，試合，演技，演奏** ein lustiges <u>Spiel</u> 愉快なゲーム（<u>遊び</u>）

☐ **stark*** ☐ ［シュタルク］ ☐	形容詞 stär·ker, stärks·t..	**強い，《口語》すごくいい** [Das ist] <u>stark</u>! <u>すごい</u>じゃん（<u>すごくいい</u>）!

☐ **statt** ☐ ［シュタット］ ☐	前置詞［2格（まれに3格）支配］	**…の代わりに** Liebe <u>statt</u> Hass! 憎悪<u>の代わりに</u>愛を!
☐ ☐ ☐	接続詞	**《zu不定詞句と》…せずに** <u>statt</u> ihn anzurufen 彼に電話を掛け[<u>ることをせ</u>]<u>ずに</u>

☐ **statt|fin·den*** ☐ ［シュタット・ ☐ ふィンデン］	動詞［自動］ ▷ fand, ge·fun·den	**催される，行われる** jedes Jahr <u>statt|finden</u> 毎年<u>催される</u>

☐ **Stein** ☐ ［シュタイン］ ☐	名詞［男性］ –[e]s / Stei·ne	**石** ein Haus aus <u>Stein</u> <u>石</u>造りの家

☐ **ster·ben*** ☐ ［シュテルベン］ ☐	動詞［自動］ e→i ▷ starb, ge·stor·ben	**死ぬ** Leben oder <u>sterben</u>. 生きるか<u>死ぬ</u>か.

☐ **Stern** ☐ ［シュテルン］ ☐	名詞［男性］ –[e]s / Ster·ne	**星** in einem Drei-<u>Sterne</u>-Hotel über-nachten 3つ<u>星</u>ホテルに泊まる

☐ **Stim·me** ☐ ［シュティンメ］ ☐	名詞［女性］ – / –n	**声，票** mit einer einschmeichelnden <u>Stimme</u> 猫なで（こびるような）<u>声</u>で

☐ **stim·men** ☐ ［シュティンメン］ ☐	動詞［自動］	**（事実と）合っている，（計算などが）正しい** Das <u>stimmt</u>! 確かに（<u>合っている</u>）!

Das <u>Spiel</u> der Staatskapelle Dresden war sehr eindrucksvoll.
ドレスデン国立管弦楽団の<u>演奏</u>はとても印象的だった.
☞ *das* Schau<u>spiel</u> 演劇 / *die* Aufführung 上演, 演奏 / *die* Darstellung 演技

Antonio Inoki war ein <u>starker</u> Catcher in Japan.
アントニオ猪木は<u>強い</u>日本人プロレスラーだった.
☞ *die* <u>Stärke</u> 強さ / kräftig 力のある / schwach* 弱い

Ich nehme Olivenöl <u>statt</u> Margarine.
私はマーガリン<u>の代わりに</u>オリーブオイルを使います.
☞ <u>statt</u>dessen その<u>代わりに</u>

<u>Statt</u> <u>zu</u> lernen, spielt er immer am Computer.
勉強<u>をせずに</u>彼はいつもコンピューターゲームをしている.
☞ ohne《zu 不定詞句と》…せずに

Unsere Hochzeitsfeier <u>findet</u> im Hotelgarten <u>statt</u>.
私たちの結婚披露宴はホテルの庭園でとり<u>行われます</u>.
☞ veranstalten 開催する / aus|fallen* 中止になる

Er wirft einen <u>Stein</u> in den See und lässt ihn hüpfen.
その子は<u>石</u>を湖に投げて飛び跳ねさせる.
☞ *die* <u>Stein</u>zeit 石器時代 / *der* Edel<u>stein</u> 宝石 / *der* Fels 岩 / *der* Sand 砂

Letztes Jahr sind über 380 000* Menschen an Krebs <u>gestorben</u>.
昨年は 38 万人以上ががんで<u>死んだ</u>.
* dreihundertachtzigtausend

Die Kassiopeia besteht aus 5 (fünf) <u>Sternen</u>.
カシオペア座は 5 つの<u>星</u>から成る.
☞ *die* <u>Stern</u>warte 天文台(星の展望台) / *der* Polar<u>stern</u> 北極星

Die Grünen haben mehr <u>Stimmen</u> erhalten als beim letzten Mal.
緑の党は前回より多くの<u>票</u>を得た.
☞ *der* <u>Stimm</u>bruch 声変わり / ab|<u>stimmen</u> 採決する(投票して決める)

Die Rechnung <u>stimmt</u> <u>nicht</u>! Sehen Sie sich³ den Kassenbon an!
勘定が<u>合っていません(正しくない)</u>! このレシートを見てください.
☞ zu|<u>stimmen</u> 賛同する(<u>意見が合っている</u>)

☐ **Stọck** ☐ ［シュトック］ ☐	名詞［男性］ –[e]s / –	（2 階から上の）**階** im 1. (ersten) Stock wohnen　2 階に住んでいる
☐ **Stọff** ☐ ［シュトふ］ ☐	名詞［男性］ –[e]s / Stọf·fe	**布地，物質** ein knitterarmer Stoff　しわになりにくい布地
☐ **stö·ren** ☐ ［シュテーレン］ ☐	動詞［他動］	**邪魔をする，妨げる** den Unterricht stören　授業を妨げる
☐ **Strọm** ☐ ［シュトローム］ ☐	名詞［男性］ –[e]s / Strö·me	**大河，流れ，電流** den Strom aufwärts|fahren*　（船で）大河をさかのぼる
☐ **Su·per·markt** ☐ ［ズーパァ・ ☐ 　マルクト］	名詞［男性］ –[e]s / ..märk·te	**スーパーマーケット** im Supermarkt ein|kaufen　スーパーマーケットで買い物をする
☐ **Sụp·pe** ☐ ［ズッペ］ ☐	名詞［女性］ – / –n	**スープ** die Suppe heiß machen　スープを温める
☐ **süß** ☐ ［ズュース］ ☐	形容詞	**甘い，愛らしい** ein süßer Geschmack　甘い味
☐ **Tạn·te** ☐ ［タンテ］ ☐	名詞［女性］ – / –n	**伯母，叔母** eine Tante von mir　私の伯母（叔母）の 1 人
☐ **Tạs·se** ☐ ［タッセ］ ☐	名詞［女性］ – / –n	**カップ，…杯** ein Set aus sechs Tassen　6 個のカップのセット
☐ **teil|neh·men*** ☐ ［タイる・ ☐ 　ネーメン］	動詞［自動］ eh→im ▷ nahm, ge·nom·men	《an ...³ ～》**…に参加（参列）する** sonntags an der Messe teil|nehmen　日曜にミサに参列する

204

Das Haus ist sehr schmal, aber dafür hat es drei Stock.
この家は間口がとても狭いが,その代わり 4 階建だ.
☞ *das* Stockwerk 階 / *das* Erdgeschoss 1 階 / *der* Balkon バルコニー

Es ist unbekannt, wo diese Stoffe im Grundwasser herkommen.
これらの地下水の中の物質がどこから来たのかは不明である.
☞ *der* Rohstoff 原料[の物質] / *das* Material 素材 / *das* Plastik プラスチック

Darf ich Sie kurz stören? – Ja, kommen Sie herein!
少しお邪魔してもよろしいですか?— ええ,お入りください.
☞ *die* Störung 邪魔 / hindern 妨害する / behindern 障害になる

Früher fiel der Strom viel häufiger aus als heute.
以前は今よりずっと頻繁に停電が起きた(電流が止まった)ものだ.
☞ *die* Stromleitung 電線 / *die* Batterie 電池 / elektrisch 電気の / *der* Fluss 川

Ich lasse mir oft Lebensmittel vom Supermarkt liefern.
私はよく食料品をスーパーマーケットから配達してもらいます.
☞ *das* Einkaufszentrum (大規模)ショッピングセンター / *das* Geschäft 商店

In Japan trinkt man Suppe aus der Schale.
日本では汁物(スープ)は椀(わん)から飲みます.
☞ *der* Suppenteller スープ皿 / *die* Kürbissuppe かぼちゃのスープ

Guck mal! Der Hase ist süß!
ねえ,見て.あのうさぎかわいい!
☞ scharf* 辛い / salzig 塩辛い / *die* Schokolade チョコレート

John Lennon wurde von seiner Tante Mimi aufgezogen.
ジョン・レノンは彼の伯母であるミミの手で育てられた.
☞ *der* Onkel 伯父,叔父

Eine Tasse Tee, bitte! – Mit Milch oder mit Zitrone?
紅茶を 1 杯ください.— ミルクを入れますか,それともレモン?
☞ *die* Untertasse (カップの)受け皿 / *das* Glas グラス / *die* Kanne ポット

Ich möchte an dem Deutschkurs der Uni Wien teilnehmen.
私はこのウィーン大学のドイツ語コースに参加したいと思います.
☞ *die* Teilnahme 参加 / mit|machen 参加する / an|melden《sich⁴ ～》申し込む

☐ **Tel·ler** ☐ [テらァ] ☐	名詞[男性] –s / –	皿 die <u>Teller</u> ab|waschen* 皿を洗う
☐ **Ten·nis** ☐ [テニス] ☐	名詞[中性] – /	テニス zum <u>Tennis</u> gehen* <u>テニス</u>をしに行く
☐ **Text** ☐ [テクスト] ☐	名詞[男性] –[e]s / Tex·te	文章，テクスト einen <u>Text</u> verfassen <u>文章</u>を執筆する
☐ **The·a·ter** ☐ [テアータァ] ☐	名詞[中性] –s / –	劇場，劇 das neue Programm des <u>Theaters</u> <u>劇場</u>の新しい公演スケジュール
☐ **tief** ☐ [ティーふ] ☐	形容詞	深い，…の深さの，低い ein <u>tiefes</u> Tal <u>深い</u>谷
☐ **Tier** ☐ [ティーァ] ☐	名詞[中性] –[e]s / Tie·re	動物 <u>Tiere</u> füttern <u>動物</u>に餌をやる
☐ **toll** ☐ [トる] ☐	形容詞	《口語》すごい，すてきな Das ist aber <u>toll</u>! これはまた<u>すてき</u>じゃない!
☐ **Topf** ☐ [トっふ] ☐	名詞[男性] –[e]s / Töp·fe	深鍋 einen <u>Topf</u> auf den Herd setzen <u>深鍋</u>をこんろにかける
☐ **Traum** ☐ [トラオム] ☐	名詞[男性] –[e]s / Träu·me	夢 ein schöner (furchtbarer) <u>Traum</u> すてきな(恐ろしい)<u>夢</u>
☐ **trau·rig** ☐ [トラオリヒ] ☐	形容詞	悲しい eine <u>traurige</u> Nachricht <u>悲しい</u>知らせ

Nimm nur so viel <u>auf</u> den <u>Teller</u>, wie du essen kannst!
自分で食べられる分だけ<u>お皿に</u>取るのよ.
☞ *das* Geschirr 食器 / *die* Schale 椀(ﾜﾝ) / *die* Schüssel ボウル

Wollen wir mal zusammen <u>Tennis</u> spielen? – Ja, gerne!
いつかいっしょに<u>テニス</u>をしませんか. ― ええ, 喜んで.
☞ *der* <u>Tennis</u>platz テニスコート / *das* Tisch<u>tennis</u> 卓球(卓上テニス)

Bis übermorgen muss ich den <u>Text</u> ins Japanische übersetzen.
あさってまでにこの<u>テクスト</u>を日本語に訳さなくてはならない.
☞ *das* <u>Text</u>buch (歌劇などの)台本(<u>テクスト</u>) / *der* Werbe<u>text</u> 広告文

Sie geht <u>ins Theater</u>, er aber in eine Kneipe.
彼女は劇を見に(<u>劇場へ</u>)行くが, 彼は飲み屋だ.
☞ *das* Puppen<u>theater</u> 人形劇 / *das* Kabarett 演芸場 / *der* Zirkus サーカス

Der Bodensee ist etwa 250 m (zweihundertfünfzig Meter) <u>tief</u>.
ボーデン湖は約 250 m <u>の深さ</u>がある.
☞ *die* <u>Tiefe</u> 深さ / <u>vertiefen</u> 深める / seicht 浅い

Der Mensch ist auch ein <u>Tier</u>.
人間も<u>動物</u>の一種だ.
☞ *das* Haus<u>tier</u> 家畜, ペット / *die* Pflanze 植物 / *der* Zoo 動物園

Der Bio-Lehrer erzählt uns <u>toll</u>e Geschichten über Pflanzen.
生物学の先生は僕たちに植物について<u>すごい</u>話を聞かせてくれる.
☞ fantastisch《口語》夢のような / prima《口語》すばらしい

Der <u>Topf</u> ist geeignet zum Pastakochen.
この<u>深鍋</u>はパスタをゆでるのに適しています.
☞ *der* Ein<u>topf</u> 煮込み鍋[料理] / *die* Kasserolle 片手鍋

Das ist kein <u>Traum</u>, sondern Wirklichkeit!
これは<u>夢</u>じゃないんだ, 現実なんだ!
☞ <u>träumen</u> 夢を見る / *der* Alb<u>traum</u> 悪夢 / *die* Illusion 幻想

Meine Oma starb und ich war so <u>traurig</u>.
おばあちゃんが死んで, 私とても<u>悲し</u>かった.
☞ *die* <u>Trauer</u> (深い)悲しみ, 喪 / unglücklich 不幸な / froh 楽しい

☐ **tro·cken** ☐ [トロッケン] ☐	形容詞	**乾いた，（ワインなどが）辛口の** trockene Wäsche 乾いた洗濯物
☐ **trotz** ☐ [トロッツ] ☐	前置詞[2 格(まれに 3 格)支配]	**…にもかかわらず** trotz allem それでもなお(もろもろのことすべてにもかかわらず)
☐ **üben** ☐ [ユーベン] ☐	動詞[自動]	**練習する** eifrig auf der Flöte üben 熱心にフルートの練習をする
☐ ☐ ☐	動詞[他動]	**練習する，鍛える** Klavier⁴ üben ピアノを練習する
☐ **über·all** ☐ [ユーバァ・**ア**る] ☐	副詞	**そこらじゅうで** überall an|rufen* そこらじゅうに電話をかける
☐ **über·mor·gen** ☐ [ユーバァ・ ☐ モルゲン]	副詞	**あさって** übermorgen Vormittag あさっての午前に
☐ **über·set·zen** ☐ [ユーバァ・ ☐ ゼッツェン]	動詞[他動] ..setzt, –	**翻訳する** einen Satz wörtlich übersetzen 文を直訳する(語句のとおりに翻訳する)
☐ **um|stei·gen*** ☐ [**ウ**ム・ ☐ シュタイゲン]	動詞[自動] ▷ stieg, ge·stie·gen	**乗り換える** in den Zug gegenüber um|steigen 向かい側の列車に乗り換える
☐ **Uni·ver·si·tät** ☐ [ウニヴェル ☐ ズィ**テー**ト]	名詞[女性] – / ..tä·ten	**[総合]大学** eine staatliche Universität 国立大学
☐ **un·ter·hal·ten*** ☐ [ウンタァ・ ☐ ハるテン]	動詞[再帰] ..hältst, ..hält ▷ ..hielt, ..hal·ten	**《sich⁴ ～》語り合う，歓談する** Wir unterhalten uns auf Deutsch. 私たちはドイツ語で語り合う.

Eine Huxel wäre mir zu süß. Ich trinke lieber <u>trocken</u>en Wein.
フクセル種のワインは私には甘すぎる. 私は辛口のほうが好みだ.
☞ trocknen 乾かす / nass^(*) ぬれた / feucht 湿った / mild 甘口の

<u>Trotz</u> des Regens joggt er. Er meint, Schweiß macht auch nass!
雨にもかかわらず彼はジョギングだよ. 汗でもぬれるからってね.
☞ <u>trotz</u>dem それにもかかわらず / obwohl ... …にもかかわらず

Ich will nicht <u>üben</u>, sondern spielen!
<u>練習</u>[するん]じゃなくて演奏がしたいんだ!
☞ die Übung 練習 / proben リハーサルをする

Der Schüler muss noch Geduld und Konzentration <u>üben</u>.
あの生徒はもっと忍耐力と集中力を<u>鍛え</u>なければだめだ.
☞ lernen 覚える / trainieren トレーニングする / das Training トレーニング

Ich suchte <u>überall</u> mein Handy und rief mich am Ende selbst an.
私は<u>そこらじゅうで</u>私の携帯を探し, 最後は自分に電話をかけた.
☞ nirgends どこにも…ない

Oje, <u>übermorgen</u> beginnt das Wintersemester.
あーあ, <u>あさって</u>から冬学期だ.
☞ über<u>übermorgen</u>《口語》しあさって / vorgestern おととい

„Ich der Kater" ist auch ins Deutsche <u>übersetzt</u>.
『吾輩は猫である』はドイツ語にも<u>翻訳</u>されています.
☞ die Übersetzung 翻訳 / dolmetschen 通訳する

Er <u>steigt</u> in Shinjuku <u>um</u> und fährt noch fünf Stationen.
彼は新宿で<u>乗り換え</u>, さらに 5 駅乗る.
☞ ein|steigen* 乗車する / aus|steigen* 降車する / der Anschluss 接続列車

Meine Schwester studiert <u>an</u> der Nanzan-<u>Universität</u>.
姉は南山<u>大学</u>で勉強しています.
☞ die <u>Uni</u>《口語》大学 / die Hochschule [単科]大学 / das Fach 専門

Der Bäcker <u>unterhält</u> <u>sich</u>⁴ gerne mit Leuten in diesem Viertel.
あのパン屋はこの地区の人たちとよく<u>歓談</u>しています.
☞ die Unterhaltung 歓談 / plaudern おしゃべりする

□ （unterhalten の	動詞［他動］	養う，楽しませる
□ 続き）	（上と同じ変化）	die Familie <u>unterhalten</u> 家族を<u>養う</u>
□		

□ **ver·bie·ten***	動詞［他動］	**禁止する**
□ ［ふェアビーテン］	▷ ..bot,	Alles <u>verboten</u>! すべて<u>禁止</u>[されて
□	..bo·ten	いる]!

□ **ver·kau·fen**	動詞［他動］	**売る**
□ ［ふェア		das Spiel an einen Freund <u>verkau-</u>
□ カオふェン］		<u>fen</u> そのゲームを友達に<u>売る</u>

□ **ver·lie·ren***	動詞［他動］	**紛失する，失う，負ける**
□ ［ふェアリーレン］	▷ ..lor,	die Fahrkarte <u>verlieren</u> 乗車券を<u>紛</u>
□	..lo·ren	<u>失する</u>

□ **ver·su·chen**	動詞［他動］	**試みる，試す**
□ ［ふェアズーヘン］		andere Medikamente <u>versuchen</u> 別
□		の薬を<u>試す</u>

□ **voll**	形容詞	**いっぱいの，全部の**
□ ［ふォる］		ein Sack <u>voll</u> Kartoffeln 袋いっぱ
□		<u>い</u>のじゃがいも

□ **vor|be·rei·ten**	動詞［他動］	**準備する，《...⁴ auf ...⁴ ～》…に**
□ ［ふォーァ・		**…の準備をさせる**
□ ベライテン］		ein Fest <u>vor|bereiten</u> 祭を<u>準備する</u>
□	動詞［再帰］	**《sich⁴ auf ...⁴ ～》…の準備をする**
□		<u>sich</u> auf die Prüfung <u>vor|bereiten</u>
□		試験の準備をする

□ **vor·ges·tern**	副詞	**おととい**
□ ［ふォーァ・		ein Rest Pizza von <u>vorgestern</u> <u>おと</u>
□ ゲスタァン］		<u>とい</u>のピザの残り

□ **vor|schla·gen***	動詞［他動］	**提案する，推薦する**
□ ［ふォーァ・	a→ä ▷ schlug,	einen Kandidaten <u>vor|schlagen</u> 候補
□ シュらーゲン］	ge·schla·gen	者を<u>推薦する</u>

210

Der Chefkoch <u>unterhält</u> die Gäste auch mit seinen Gesprächen.
料理長は話でも客を<u>楽しませる</u>.
☜ ernähren 養う（栄養を与える）/ amüsieren おもしろがらせる

Du kannst mir das nicht <u>verbieten</u>. Ich bin kein Kind mehr.
私にそれを<u>禁止する</u>なんてできないわよ. もう子どもじゃないわ.
☜ *das* <u>Verbot</u> 禁止 / erlauben 許可する

Mein Onkel <u>verkauft</u> Gemüse und Obst auf dem Markt.
叔父は市場で野菜と果物を<u>売っています</u>.
☜ *der* <u>Verkäufer</u> ・ *die* <u>Verkäuferin</u> 店員（販売員）/ <u>kaufen</u> 買う

In der Vorrunde <u>verlor</u> Spanien 1:2 (eins zu zwei) gegen Japan.
グループステージでスペインは1対2で日本に<u>負けた</u>.
☜ *der* <u>Verlust</u> 紛失 / finden* 見つける / gewinnen* 獲得する, 勝つ

Er <u>versucht</u> schon eine Stunde, den Knoten zu lösen.
彼はもう1時間もその結び目をほどこうとして（試みて）<u>いる</u>.
☜ *der* <u>Versuch</u> 試み / bemühen《sich⁴ ～》努力する / probieren 試してみる

In Tokio standen die Pflaumen Ende Februar in <u>voll</u>er Blüte.
東京では2月末に梅が満開でした（全部咲いていた）.
☜ <u>völlig</u> 完全な / *die* <u>Voll</u>zeit フルタイム / erfüllen 満たす / leer 空の

Der Lehrer <u>bereitet</u> die Schüler <u>auf</u> die Prüfung <u>vor</u>.
先生は生徒に試験の<u>準備をさせる</u>.
☜ *die* <u>Vorbereitung</u> 準備 / fertig 用意のできた

Ich <u>bereite</u> <u>mich</u> jetzt <u>auf</u> die Studienreise nach Österreich <u>vor</u>.
今, オーストリアへの研修旅行の<u>準備をしています</u>.

Wegen einer Dienstreise war ich bis <u>vorgestern</u> in den USA.
出張で<u>おととい</u>まで私はアメリカ合衆国にいました.
☜ vor<u>vorgestern</u> さきおととい / übermorgen あさって

Das Navi <u>schlägt</u> eine andere Route <u>vor</u>, aber die gibt es nicht!
カーナビが別のルートを<u>提案する</u>んだけど, そんな道はないんだ!
☜ *der* <u>Vorschlag</u> 提案

☐ **vor·stel·len** ☐ ［ふォーァ・ ☐ シュテレン］	動詞［他動］	**紹介する** Darf ich Ihnen meine Frau vorstellen? 妻をご紹介します.
☐ ☐ ☐	動詞［再帰］	《sich⁴ ～》**自己紹介する**，《sich³ ...⁴ ～》…**を想像する** Stell dich vor! 自己紹介しなさい.
☐ **wach** ☐ ［ヴァッハ］ ☐	形容詞	**目覚めている，注意深い** Bist du wach? 目が覚めたかい.
☐ **Wa·gen** ☐ ［ヴァーゲン］ ☐	名詞［男性］ –s / –	**自動車，**（鉄道の）**車両** den Wagen zur Werkstatt schleppen 車を整備工場までけん引する
☐ **wäh·len** ☐ ［ヴェーれン］ ☐	動詞［他動］	**選ぶ，選出する** einen Partner wählen パートナーを選ぶ
☐ ☐ ☐	動詞［自動］	**選ぶ，投票する** zwischen zwei Wegen wählen 2つの道のどちらかを選ぶ
☐ **wahr** ☐ ［ヴァール］ ☐	形容詞	**本当の，真実の** Ist das wahr? 本当なの?
☐ **wäh·rend** ☐ ［ヴェーレント］ ☐	前置詞［2格（まれに3格)支配]	**…の間** während der Mittagspause 昼休みの間に
☐ ☐ ☐	接続詞［従属］	**…している間，…なのに対して** Während er schläft, strickt sie. 彼が寝ている間, 彼女は編物をする.
☐ **wahr·schein-** ☐ **lich** ［ヴァール・ ☐ シャインりヒ］	副詞	**たぶん** Gehst du hin? – Ja, wahrscheinlich. 君は行く?— ああ, たぶん.

Er hat dem Kollegium einen neuen Mitarbeiter <u>vorgestellt</u>.
彼は職員たちに新しい従業員を<u>紹介した</u>.
☞ *die* <u>Vorstellung</u> 紹介

Wie <u>stellst</u> du <u>dir</u> dein Leben in 10 (zehn) Jahren <u>vor</u>?
君は 10 年後の人生をどのように<u>想像している</u>の?
☞ *die* <u>Vorstellung</u> 想像 / *das* Interview（入試などの）面接

Wir verfolgen die Entwicklung mit <u>wach</u>em Interesse.
私たちは事の進展を強い（<u>注意深い</u>）関心をもって見守っています.
☞ *die* <u>Wache</u> 見張り / <u>wecken</u> 起こす（<u>目覚めさせる</u>）/ müde（疲れて）眠い

Die vorderen drei <u>Wagen</u> fahren zum Hamburger Flughafen.
前方の 3[<u>車</u>]両はハンブルク空港行きです.
☞ *der* Lkw (Lastkraft<u>wagen</u>) 貨物<u>自動車</u> / *der* Pkw (Personenkraft<u>wagen</u>) 乗用<u>車</u>

Zum ersten Bundespräsidenten wurde Theodor Heuss <u>gewählt</u>.
初代連邦大統領にはテオドール・ホイスが<u>選出された</u>.
☞ *die* <u>Wahl</u> 選択, 選挙 / aus|<u>wählen</u> 選び出す / aus|suchen（探して）選ぶ

In Japan geht nur die Hälfte der Wahlberechtigten <u>wählen</u>.
日本では有権者の半分しか投票[<u>し</u>]に行かない.
☞ *der* <u>Wähler</u>・*die* <u>Wählerin</u> 投票者, 有権者 / alternativ 二者択一の

Die Novelle „Die Tänzerin" beruht auf <u>wahr</u>en Begebenheiten.
『舞姫』という短編小説は<u>真実</u>の出来事に基づいている.
☞ *die* <u>Wahrheit</u> 真実 / tatsächlich 実際の / angeblich 自称の

<u>Während</u> der Semesterferien macht sie ein Praktikum.
大学が休み<u>の間</u>, 彼女は実務研修を行います.
☞ <u>während</u>dessen その間に / solange ... …している間は

Die Ameise hat genug Essen, <u>während</u> der Grashüpfer hungert.
キリギリスが飢えている<u>のに対して</u>, アリには食べ物が十分ある.
（Äsop 寓話, „Die Ameise und der Grashüpfer"『アリとキリギリス』の一こま）

Da kommt er endlich. <u>Wahrscheinlich</u> hat er verschlafen.
あいつ, やっと来たぜ. <u>たぶん</u>寝坊したんだろう.
☞ sicher きっと / wohl たぶん[…ではないか]

□ （wahrscheinlich の □ 続き） □	形容詞	**実際にありそうな** eine wahrscheinliche Folge　実際に ありそうな結末
□ **Wand** □ ［ヴァント］ □	名詞［女性］ – / Wän·de	**壁** die Wand neu tapezieren　壁に新し く壁紙を貼る
□ **wech·seln** □ ［ヴェクセるン］ □	動詞［他動］	**［取り］替える，両替する** die Wäsche wechseln　下着を［取り］ 替える
□ **we·gen** □ ［ヴェーゲン］ □	前置詞［2 格（ま れに 3 格）支配］	**…のために，…のせいで** Wegen Renovierung geschlossen! 改修のため閉店（閉館）中
□ **weich** □ ［ヴァイヒ］ □	形容詞	**柔らかい，穏やかな** ein weich gekochtes Ei　半熟卵（柔ら かくゆでられた卵）
□ **Weih·nach·ten** □ ［ヴァイ・ □ 　ナハテン］	名詞［中性］ – / –	**《ふつう冠詞なし》クリスマス** Weihnachten feiern　クリスマスを祝 う
□ **weil** □ ［ヴァイる］ □	接続詞［従属］	**…だから** Er kommt nicht, weil er krank ist. 彼は来ないよ，病気だからね．
□ **wei·nen** □ ［ヴァイネン］ □	動詞［自動］	**泣く** Weine nicht!　泣くな!
□ **welch** □ ［ヴェるヒ］ □	代名詞［疑問］ （定冠詞と同類 の変化）	**どの，どれ，（感嘆：）なんという** Welcher Wochentag ist heute?　きょ うは何曜（どの曜日）?
□ **wel·ch..** □ ［ヴェるヒ..］ □	代名詞［不定］ （定冠詞と同類 の変化）	**そういうのがいくらか（いくつか）** Hast du Salz? – Hier ist welches. 塩ある?―ここにいくらかあるよ．

Es ist nicht <u>wahrscheinlich</u>, dass sie noch kommt.
彼女がこれからやってくるというのは<u>ありそうもない</u>ことだ.
☞ möglich ありうる / <u>unwahrscheinlich</u> 実際にはありそうもない

Er lehnte sich⁴ <u>an</u> die <u>Wand</u> und rauchte eine Zigarette.
彼は<u>壁</u>にもたれて煙草を吸った.
☞ *die* Fels<u>wand</u> 岩壁 / *die* Mauer 塀 / *die* Decke 天井 / *der* Boden 床

Kannst du mir 20 (zwanzig) Euro <u>wechseln</u>?
20 ユーロをくずして(<u>両替して</u>)くれるかな?
☞ *das* <u>Wechsel</u>geld 釣り銭(<u>両替の金</u>) / [aus|]tauschen 交換する

<u>Wegen</u> der großen Hitze fällt heute der Unterricht aus.
猛暑<u>のため</u>, きょうの授業は<u>中止</u>です.
☞ des<u>wegen</u> そのために, そのせいで / meinet<u>wegen</u> 私のために

1969* gelang den USA eine <u>weiche</u> Landung auf dem Mond.
1969 年に米国は月への軟着陸(<u>穏やかな着陸</u>)に成功した.
* neunzehnhundertneunundsechzig

Ich träume von weißen <u>Weihnachten</u>.
私はホワイトクリスマスを夢見ている.
☞ *der* <u>Weihnachts</u>markt <u>クリスマス市</u> / *der* Heiligabend クリスマスイブ

Die Ringer sind so dick, <u>weil</u> sie viel essen und viel schlafen.
力士たちがあんなに太ってるのはうんと食べてうんと寝る<u>から</u>だ.
☞ deshalb だから / da ... (当然ながら)…なので / denn ... というのも…だから

Das Baby <u>weinte</u> eine Weile und schlief dann endlich ein.
赤ちゃんはしばらく<u>泣く</u>とようやく眠った.
☞ schreien* 泣きわめく / klagen 嘆き悲しむ / *die* Träne 涙 / lachen 笑う

<u>Welch</u>er Zufall, dass ich Sie hier treffe!
ここであなたにお会いするとは, <u>なんという</u>偶然!
☞ was 何が(を) / dieser この / solch こういう

Ich suche Sicherungen für neun Ampere. Haben Sie <u>welche</u>?
9 アンペアのヒューズを探しています. [<u>そんなのが</u>]ありますか.
☞ etwas 何か / solch.. こういうの

☐ **wenn** ☐ [ヴェン] ☐	接続詞[従属]	**…するとき，…なら** Er liest immer, <u>wenn</u> er Zeit hat. 暇があ<u>るとき</u>，彼はいつも本を読む.
☐ **wirk·lich** ☐ [ヴィルクリヒ] ☐	副詞	**本当に** Was denkst du <u>wirklich</u>? 君は<u>本当</u> はどう考えているんだ?
	形容詞	**現実の，真の** die <u>wirkliche</u> Situation <u>現実の</u>状況
☐ **Wirt·schaft** ☐ [ヴィルト ☐ シャふト]	名詞[女性] – / ..schaf·ten	**経済** die <u>Wirtschaft</u> in Gang bringen* <u>経済</u>を活性化させる
☐ **Wol·ke** ☐ [ヴォるケ] ☐	名詞[女性] – / –n	**雲** graue <u>Wolken</u> 灰色の<u>雲</u>
☐ **wun·der·bar** ☐ [ヴンダァバール] ☐	形容詞	**すばらしい，驚嘆すべき** [Das ist] <u>wunderbar</u>! [それは]<u>すば</u> <u>らしい</u>!
☐ **wün·schen** ☐ [ヴュンシェン] ☐	動詞[他動]	**望む，祈る** Frieden <u>wünschen</u> 平和を<u>望む</u>
☐ **Wurst** ☐ [ヴルスト] ☐	名詞[女性] – / Würs·te	**ソーセージ** eine heiße <u>Wurst</u> mit Senf マスター ドをかけた熱熱の<u>ソーセージ</u>
☐ **Zahl** ☐ [ツァーる] ☐	名詞[女性] – / Zah·len	**数** eine ganze <u>Zahl</u> 整<u>数</u>
☐ **Zahn** ☐ [ツァーン] ☐	名詞[男性] –[e]s / Zäh·ne	**歯** faule <u>Zähne</u> 虫<u>歯</u>

Wenn du etwas nicht verstehst, frag bitte gleich! – Wie bitte?
何かわからないことがあるなら, すぐ質問してね. — 何だって?
☞ als ... …したとき / falls ... …の場合には / wann いつ

Bitte verzeih mir! So habe ich es wirklich nicht gemeint.
許してくれ. 本当にそんなつもりじゃなかったんだ.
☞ ehrlich 正直な / tatsächlich 実際に

Die wirkliche Stimme des Volkes gelangte nicht zum Kaiser.
民衆の真の声は皇帝には届かなかった.
☞ die Wirklichkeit 現実 / echt 本物の / romantisch ロマンチックな

Die Wirtschaft dieses Landes stagniert seit Jahren.
この国の経済は何年も停滞している.
☞ wirtschaftlich 経済的な / die Industrie 産業, 工業

Der Himmel ist von Wolken bedeckt. Es sieht nach Regen aus.
空は雲に覆われている. 雨になりそうだ.
☞ wolkig 曇の多い / bewölkt 曇りの / die Regenwolke 雨雲 / der Nebel 霧

Die Aalsuppe schmeckt sehr gut. Du kannst wunderbar kochen!
このうなぎのスープはとてもうまい. 君の料理の腕はすばらしい.
☞ ausgezeichnet 抜群の / herrlich みごとな / schlecht 悪い

Ich wünsche dir frohe Weihnachten und ein gutes neues Jahr!
楽しいクリスマスとよい新年を祈ります.
☞ der Wunsch 願望 / hoffen 希望する / gratulieren（人の好事を）祝する

Brate die Würste schön braun! – Alles in Butter!
そのソーセージはこんがり焼いてね. — 了解(すべてバターの中だ)!
☞ das Würstchen 小ぶりのソーセージ / der Schinken ハム

Bei dem Unfall wurde eine große Zahl von Menschen verletzt.
その事故で数多くの人々が負傷した.
☞ zählen 数える / die Anzahl 総数 / die Menge 数量 / die Ziffer 数字

Morgen lasse ich mir einen Zahn ziehen. – Hast du Angst?
あした歯を 1 本抜かれるんだ. — 怖いの?
☞ die Zahnbürste 歯ブラシ / der Zahnschmerz《ふつう複数》歯痛

217

□ **Zeit·schrift** □ ［ツァイト・ □ シュリふト］	名詞［女性］ – / ..schrif·ten	**雑誌** eine Zeitschrift für Mode　ファッションョン雑誌
□ **zie·hen*** □ ［ツィーエン］ □	動詞［他動］ ▷ zog, ge·zo·gen	**引く** Ziehen（ドアの表示で:）引く
□ □ □	動詞［自動］ （上と同じ変化）	**移動する，（…へ）引っ越す** Der Taifun zieht nach Osten. 台風が東に移動する.
□ □ □ □	動詞［再帰］ （上と同じ変化）	《sich⁴ ... ～》(道などが)…へ伸びている Die Treppe zieht sich in die Höhe. 階段が高く伸びている.
□ □	動詞［非人称］ （上と同じ変化）	《es を主語に》**透き間風が入る** Es zieht!　透き間風が入るよ!
□ **ziem·lich** □ ［ツィームりヒ］ □	副詞	**かなり** ziemlich teuer（値段が）かなり高い
□ □ □	形容詞	**かなりの** eine ziemliche Menge　かなりの量
□ **zu·erst** □ ［ツ・エーァスト］ □	副詞	**最初に，初めのうちは** Zuerst Regen, dann viel Sonne. 初めのうちは雨, のち晴れでしょう.
□ **zu|ma·chen** □ ［ツー・マッヘン］ □	動詞［他動］	《口語》**閉める** die Augen zu|machen　目を閉じる
□ □ □	動詞［自動］	《口語》(店などが)**閉まる** Das Kaufhaus macht bald zu. デパートはもうすぐ閉店します.

Die <u>Zeitschrift</u> erscheint freitags und ist am Kiosk erhältlich.
この雑誌は毎金曜に発行されており，キオスクで入手できます．
☞ *die* Illustrierte グラフ雑誌 / *der* Journalist・*die* Journalistin 記者

In der Sendung hat ein Ringer einen riesigen Lkw <u>gezogen</u>.
その番組ではレスラーがどでかいトラックを<u>引</u>いて動かした．
☞ *der* <u>Zug</u> けん引 / heben* 引き上げる / drücken 押す

Die japanische Ex-Prinzessin <u>zog</u> mit ihrem Mann in die USA.
日本の元皇女が夫とともにアメリカ合衆国に<u>移住した</u>（<u>引っ越した</u>）．
☞ um|<u>ziehen</u>* 引っ越しをする / ein|<u>ziehen</u>*（引っ越してきて）入居する

Die Bundesstraße 42* <u>zieht sich</u>⁴ am Mittelrhein entlang.
（連邦の）国道 42 号はライン川中流に沿って<u>走る</u>（<u>伸びている</u>）．
* zweiundvierzig
☞ erstrecken《sich⁴ ... ～》…へ伸びている / laufen*（道などが…を）走る

<u>Es</u> <u>zieht</u> im Haus von allen Seiten. Das ist ja schrecklich!
この家はいたるところ<u>透き間風が入る</u>わ．嫌んなっちゃう．

Unsere Deutschlehrerin spricht auch <u>ziemlich gut</u> Französisch.
私たちの［女性の］ドイツ語の先生はフランス語も<u>かなり上手</u>です．
☞ sehr* とても / recht 相当[に] / einigermaßen ある程度 / ganz まあまあ

Zwischen uns besteht eine <u>ziemliche</u> Spannung.
僕たちの間には<u>かなりの</u>緊張がある．
☞ groß* 大きい / hoch* 高い / stark* 強い

<u>Zuerst</u> gab es als Vorspeise Champignon-Suppe.
<u>最初に</u>オードブルとしてシャンピニョン・スープが出ました．
☞ zunächst 最初に（直近のものとして）/ mitten 真ん中で / zuletzt 最後に

Halt! Du hast den Kofferraum nicht <u>zugemacht</u>.
待って．あなたトランクルームを<u>閉めて</u>ないわよ．
☞ schließen* 閉める / auf|machen《口語》開ける

Der Tante-Emma-Laden <u>macht</u> schon um 6 (sechs) Uhr <u>zu</u>.
この小さな個人商店は 6 時にはもう<u>閉まります</u>．
☞ zu|haben*《口語》閉店している / auf|machen《口語》開店する

第 3 部

CEFR レベル B1 より
約 200 語

□ **ach!**	間投詞	**あっ，ああ**
□ ［アッハ］		Ach so! <u>あっ</u>，そういうことですか．
□		

□ **aha!**	間投詞	**ああそうか，ははあ**
□ ［アハー］		<u>Aha</u>, so ist das also! <u>ああそうか</u>，そういうことね．
□		

□ **ạn·ge·nehm**	形容詞	**快適な，快い**
□ ［アン・ゲネーム］		Sehr angenehm! 初めまして(知り合えてとても<u>快い</u>)．
□		

□ **ạn|se·hen***	動詞［他動］	**じっと見る，《sich³ ...⁴ ～》…を鑑賞する**
□ ［アン・ゼーエン］	e→ie ▷ sah,	Sieh mich an! 私を<u>じっと見よ</u>!
□	ge·se·hen	

□ **Art**	名詞［女性］	**種類，やり方**
□ ［アールト］	– / Ar·ten	diese Art von Schuhen この種[類]の靴
□		

□ **at·men**	動詞［自動］	**呼吸する，息をする**
□ ［アートメン］		durch die Nase atmen 鼻で呼吸する
□		

□ **Au·gen·blick**	名詞［男性］	**瞬間，一瞬**
□ ［アオゲン・	–[e]s / ..bli·cke	Einen Augenblick! 少しお待ちください(一瞬の猶予を)!
□ ブリック］		

□ **aus|ge·hen***	動詞［自動］	**(食事や観劇に)出かける，尽きる**
□ ［アオス・	▷ ging,	jeden Abend aus|gehen 毎晩出かける
□ ゲーエン］	ge·gan·gen	

□ **Ball**	名詞［男性］	**ボール，球**
□ ［バる］	–[e]s / Bäl·le	den Ball werfen* <u>ボール</u>を投げる
□		

□ **bau·en**	動詞［他動］	**建てる，組み立てる**
□ ［バオエン］		ein Haus bauen 家を<u>建てる</u>
□		

<u>Ach</u> je! Mein Sohn hat mit meinem Auto einen Unfall gebaut!
ああなんてことだ. 息子が私の車で事故を起こした!
☞ aua! 痛っ! / uff! ふうっ(やれやれ)!

<u>Aha</u>, du willst mich verführen.
ははあ, 私を誘惑しようってわけね.
☞ das <u>Aha</u>-Erlebnis アハ体験(ああそうかと突然得心するときの感覚)

In ganz Japan herrscht ein <u>angenehm</u>es Wetter.
日本全国が快適な陽気に包まれている.
☞ bequem 心地よい, 楽な / <u>unangenehm</u> 不快な

Er <u>sieht</u> <u>sich</u>³ immer noch gerne Horrorfilme <u>an</u>.
彼はいまだに好んでホラー映画を見ているよ(観賞する).
☞ die <u>Ansicht</u> 景観(見える様子) / beobachten 観察する / besichtigen 見学する

Nur reden und nicht hören – das ist seine <u>Art</u>.
しゃべってばかりで聞かない ― それが彼のやり方だ.
☞ die Sport<u>art</u> 競技種目 / groß<u>artig</u> すばらしい(壮大な種類の)

Frische Luft! Wir können endlich wieder richtig <u>atmen</u>!
新鮮な空気だ! やっとまたちゃんと息[をすること]ができる.
☞ der <u>Atem</u> 息 / ein|<u>atmen</u> 息を[して]吸う / aus|<u>atmen</u> 息を[して]吐く

Sei vorsichtig! Der Boss kann jeden <u>Augenblick</u> kommen.
気をつけろ! ボスはいつなんどき(どの瞬間にも)来るかもしれんぞ.
☞ <u>augenblicklich</u> 目下(この瞬間において) / der Moment 瞬間

Er machte lauter böse Streiche und mir <u>ging</u> die Geduld <u>aus</u>.
彼は悪ふざけばかりして, 私は我慢がならなくなった(尽きた).
☞ der <u>Ausgang</u> 出口

Der <u>Ball</u> rollte am Torhüter vorbei ins Tor.
ボールはゴールキーパーの脇を転がってゴールに入った.
☞ der Fuß<u>ball</u> サッカー(フットボール) / treten* ける / fangen* キャッチする

Wie viel Zeit braucht man, um ein Modellschiff zu <u>bauen</u>?
船の模型を組み立てるのにどれくらい時間がかかる?
☞ das <u>Gebäude</u> 建物 / basteln 工作をする / das Werkzeug 道具

☐ **Bau·er** ☐ ［バオアァ］ ☐	名詞［男性］ –n まれに –s / –n	**農夫** ein gelernter Bauer 職業訓練修了資 格を持つ農夫
☐ **Bäu·e·rin** ☐ ［ボイエリン］ ☐	名詞［女性］ – / ..rin·nen	**農婦** eine weise Bäuerin 賢い農婦
☐ **be·reit** ☐ ［ベライト］ ☐	形容詞	**用意（心積もり）のできた** zu einem Kompromiss bereit sein* 妥協する用意ができている
☐ **be·sit·zen*** ☐ ［ベズィッツェン］ ☐	動詞［他動］ ..sitzt, – ▷ ..saß, ..ses·sen	**所有している** ein Grundstück besitzen 土地を所有 している
☐ **be·son·de·r..** ☐ ［ベゾンデル..］ ☐	形容詞	**特別の，特に優れた** ein besonderes Werkzeug 特別の工 具
☐ **be·stimmt** ☐ ［ベシュティムト］ ☐	形容詞	**特定の** zu einer bestimmten Zeit 特定の時 間に
☐ ☐ ☐	副詞	**きっと，まず間違いなく，確かに** Er kommt bestimmt. 彼はきっと来 るよ.
☐ **be·vor** ☐ ［べふォーァ］ ☐	接続詞［従属］	**…する前に** Nicht öffnen, bevor der Zug hält! 列車の停止前に（扉を）開けぬこと！
☐ **Be·zie·hung** ☐ ［ベツィーウンゲ］ ☐	名詞［女性］ – / ..hun·gen	**関係** Beziehungen erhalten* 関係を保つ
☐ **bie·gen*** ☐ ［ビーゲン］ ☐	動詞［他動］ ▷ bog, ge·bo·gen	**曲げる** eine Bambusstange biegen 竹の棒 を曲げる

224

Ich hole frische Milch bei einem Bauern.
私は新鮮な牛乳をあるお百姓（農夫）の所で分けてもらっています。
☞ der Bauernhof 農家 / der Großbauer ・ die Großbäuerin 大農

Die Bäuerin beschäftigt sich⁴ mit ökologischem Landbau.
その農婦は有機農法に取り組んでいます。
☞ der Landwirt ・ die Landwirtin 農業経営者

Ich bin bereit, dir bei der Zimmersuche zu helfen.
部屋探しを手伝ってもいいよ（手伝う心積もりができている）。
☞ bereits すでに（用意万全に）/ vor|bereiten （前もって）用意する

Der Präsident besitzt einen eigenen Privatstrand.
大統領は自分用のプライベートビーチを所有しています。
☞ der Besitzer ・ die Besitzerin 所有者 / das Eigentum 所有物, 財産

Diese Uhren im Schaukasten sind von besonderer Qualität.
ショーケースに入ったこれらの時計は特に優れた品質のものです。
☞ besonders 特に / insbesondere （中でも）特別に / das Sonderangebot 特売品

Meinen Sie damit eine bestimmte Person? – Nee, nee.
あなたはそれで特定の人物のことを言ってるんですか。― いえいえ。
☞ bestimmen 決める / irgendein 何か（誰か）ある…

Der Plan ist bestimmt nicht der beste, aber der realistischste.
その計画は確かに最善のものではないが, 最も現実的なものだ。
☞ sicher きっと / vielleicht もしかしたら

Wir müssen am Ziel sein, bevor es dunkel wird.
僕たちは暗くなる前に目的地に着いていなければならない。
☞ ehe ... …する前に（…に先立って）/ nachdem ... …したあとで

Die beiden Länder haben gute Beziehungen zueinander.
両国は互いに良好な関係にある。
☞ beziehungsweise ないし（関連して）/ das Verhältnis 関係 / der Kontakt 接触

Er hat das Stahlrohr ohne Schwierigkeiten gebogen.
彼はその鉄パイプを難なく折り曲げた。
☞ beugen かがめる / brechen* 折る / krumm 曲がった

□ （biegen の続き） □ □	動詞[自動] （上と同じ変化）	**曲がる** Das Auto biegt um die Ecke. 車が角を<u>曲がる</u>.
□ **bil·den** □ ［ビるデン］ □	動詞[他動]	**作る，形づくる** eine Partei bilden 政党を<u>作る</u>
□ **bli·cken** □ ［ブリッケン］ □	動詞[自動]	**（…の方を）見る，（…に）目をやる** in die Ferne blicken 遠くを<u>見る</u>
□ **blind** □ ［ブリント］ □	形容詞	**目の見えない，盲目の** sich[4] blind stellen 見て見ない（<u>目の見えない</u>）ふりをする
□ **blü·hen** □ ［ブリューエン］ □	動詞[自動]	**（花が）咲いている** blühend aus|sehen* はつらつとして（<u>花が咲いている</u>ように）見える
□ **Bo·den** □ ［ボーデン］ □	名詞[男性] –s / Bö·den	**床，地面，底** zu Boden fallen* <u>床</u>（<u>地面</u>）に倒れる
□ **bre·chen*** □ ［ブレッヒェン］ □	動詞[他動] e→i ▷ brach, ge·bro·chen	**折る，（記録などを）破る** einen Zweig vom Baum brechen 木の枝を<u>折る</u>
□ □ □	動詞[自動] （上と同じ変化）	**折れる，壊れる** Der Ast brach unter meinem Gewicht. 枝が僕の体重で<u>折れた</u>.
□ **bren·nen*** □ ［ブレンネン］ □	動詞[自動] ▷ brann·te, ge·brannt	**燃え[てい]る** Es brennt! 火事だ（<u>燃えている</u>）!
□ □ □	動詞[他動] （上と同じ変化）	**焼く** ein Loch ins Gewebe brennen 布地に（<u>焼いて</u>）焦げ穴を開ける

226

Nach 50 (fünfzig) Metern biegt man links in die Mozartstraße.
50 メートル先をモーツァルト通りに左折します(左に曲がる).
☞ *der* Bogen 湾曲 / ab|biegen* (道を)折れる / wenden(*) 方向転換する

Die Figuren in Madame Tussauds sind aus Wachs gebildet.
マダム・タッソー館にある像はろうで形づくられている.
☞ *die* Bildung 形成, 育成 / gestalten 形成する / organisieren 組織する

Er blickte auf sein Smartphone und las die Nachricht.
彼はスマートフォンに目をやり, メッセージを読んだ.
☞ *der* Blick 視線 / *der* Ausblick 見晴らし

Was? Kannst du mich noch sehen? Liebe macht doch blind!
えっ? 私がまだ見えるの? 恋は人を盲目にするのよ.
☞ *der* · *die* Blinde 盲人 / *der* Blinddarm 盲腸

In Sapporo blühen Anfang Mai die Kirschen.
札幌では 5 月初めに桜が咲きます.
☞ *die* Blüte 花(咲いているもの) / *die* Blume 草花

Im Boden des Blumentopfs ist ein Loch.
植木鉢の底は穴が開いている.
☞ *der* Fußboden (足で踏む)床 / *der* Teppich じゅうたん / *das* Feld 耕地

Der Rekord von 9,58* Sekunden ist nur schwer zu brechen.
9 秒 58 という記録を破るのは非常に難しい.
* neun Komma fünf acht

Glück und Glas, wie leicht bricht das!
《こと わざ》幸福とガラスはなんともろい(簡単に壊れる)ことか!
☞ zerbrechen* こなごなに壊れる / *der* Bruch 骨折, 破損

Im Kamin brennt ein Feuer. Es verbreitet eine wohlige Wärme.
暖炉に火が燃えている. そこから心地よい暖かさが広がる.
☞ *der* Brennpunkt 焦点(燃える点) / *das* Feuer 火

Im normalen Backofen kann man Keramik nicht brennen.
ふつうのオーブンで陶器は焼けません.
☞ verbrennen* 燃やす / an|zünden 点火する / backen* (パンなどを)焼く

☐ **Brust**	名詞[女性]	胸，乳房
☐ [ブルスト]	– / Brüs·te	das Kind an die <u>Brust</u> drücken 子どもを<u>胸</u>に抱きしめる
☐		
☐ **Bür·ger**	名詞[男性]	(男性の)**市民(国民)**
☐ [ビュルガァ]	–s / –	Die <u>Bürger</u> von Calais カレーの<u>市民</u>(フランスの彫刻家，A. Rodin の作品)
☐		
☐ **Bür·ge·rin**	名詞[女性]	**女性市民(国民)**
☐ [ビュルゲリン]	– / ..rin·nen	eine <u>Bürgerin</u> von Hamburg ハンブルク市の<u>女性市民</u>
☐		
☐ **Chi·na**	名詞[中性]	**中国**
☐ [ヒーナ]	–s /	die Volksrepublik <u>China</u> <u>中</u>華人民共和国
☐		
☐ **da·mit**	副詞	**それを持って，それで**
☐ [ダ・ミット]		Was wollen Sie <u>damit</u> sagen? [<u>それで</u>]何が言いたいのですか?
☐		
☐	接続詞[従属]	(それによって)…**するために**
☐		Mach Sport, <u>damit</u> du fit bleibst! 元気でいる<u>ために</u>運動をしなさい.
☐		
☐ **da·zu**	副詞	**それについて，それに合わせて，それに加えて**
☐ [ダ・ツー]		
☐		ein Wort <u>dazu</u> <u>それについて</u>ひと言
☐ **De·cke**	名詞[女性]	**掛け布団，毛布，天井**
☐ [デッケ]	– / –n	eine warme <u>Decke</u> 暖かい<u>掛け布団</u>(毛布)
☐		
☐ **de·cken**	動詞[他動]	**覆う，かぶせる**
☐ [デッケン]		den Tisch <u>decken</u> 食卓の用意をする(テーブルを食器類で<u>覆う</u>)
☐		
☐ **Dok·tor**	名詞[男性]	(男性の)**博士，博士号**
☐ [ドクトーァ]	–s / ..to·ren	<u>Doktor</u> der Philosophie 文学<u>博士</u>[の学位]
☐		

Eine junge Mutter gibt ihrem Baby die <u>Brust</u>.
若いお母さんが赤ちゃんにお乳を与える（<u>乳房</u>を授ける）.
☞ *die* <u>Brust</u>tasche 胸ポケット / *der* Bauch おなか

Viele <u>Bürger</u> sind gegen die Maßnahme der Regierug.
多くの<u>国民</u>が政府のその措置に反対している.
☞ *der* <u>Bürger</u>meister・*die* <u>Bürger</u>meisterin 市長（<u>市民の長</u>）

Seit 1971* sind die <u>Bürgerinnen</u> der Schweiz wahlberechtigt.
1971 年以来, スイスの<u>女性国民</u>には選挙権がある. （国政選挙で）
* neunzehnhunderteinundsiebzig

<u>China</u> ist ein wichtiger Markt für Deutschland.
<u>中国</u>はドイツにとって重要な市場だ.
☞ *der* <u>Chinese</u>・*die* <u>Chinesin</u> 中国人 / *das* <u>Chinesisch</u> 中国語

Die Papiere habe ich parat. <u>Damit</u> gehe ich heute zur Botschaft.
書類はそろいました. きょう<u>それを持って</u>大使館に行ってきます.
☞ womit 何を持って, 何で

Geh schon ins Bett, <u>damit</u> du morgen früh aufstehen kannst.
あした早く起きられるように[<u>するために</u>], もう寝なさい.

Er aß ein Schnitzel und <u>dazu</u> trank er ein Glas Wein.
彼はカツレツを食べ, <u>それに</u>[合わせて]ワインを 1 杯飲んだ.
☞ <u>dazu</u>|tun* （調味料などを）さらに足す（<u>それに加える</u>）

Er war wie benommen und starrte regungslos an die <u>Decke</u>.
彼はぼう然として身じろぎもせずに<u>天井</u>を見つめた.
☞ *der* <u>Deckel</u> （容器の）ふた / *die* Daunen<u>decke</u> 羽毛布団 / *das* Bett ベッド

Das Dach ist mit Schiefer <u>gedeckt</u>. Das ist eine schöne <u>Deck</u>art.
この屋根は天然スレートで<u>覆われて</u>いる. 美しい屋根のふき方だ.
☞ <u>entdecken</u> 発見する（覆いを取る） / *der* <u>Deck</u>name 偽名（覆った名）

Unser Sohn hat endlich seinen <u>Doktor gemacht</u>.
うちの息子はやっと<u>博士号を取りました</u>.
☞ *die* <u>Doktor</u>arbeit 博士論文 / *der* Master 修士 / *der* Bachelor 学士

☐ **Dok·to·rin** ☐ [ドクトーリン] ☐	名詞[女性] – / ..rin·nen	**女性博士** eine Doktorin der Psychologie ある心理学の<u>女性博士</u>
☐ **dre·hen** ☐ [ドレーエン] ☐	動詞[他動]	**回す** die Kurbel der Kaffeemühle <u>drehen</u> コーヒーミルのハンドルを<u>回す</u>
☐ **<u>e</u>ben** ☐ [エーベン] ☐	形容詞	（水平で一様に）**平らな** eine ebene Fläche <u>平らな</u>面
☐ ☐ ☐	副詞	**ちょうど今，そのとおり** Der ist frech! – Ja, <u>eben</u>. あいつ生意気だ！ — ああ, <u>そのとおり</u>さ.
☐ **<u>e</u>cht** ☐ [エヒト] ☐	形容詞	**本物の** <u>Echt</u>? 《口語》まじ（<u>本物の</u>）？
☐ **<u>e</u>he** ☐ [エーエ] ☐	接続詞[従属]	**…する前に，…に先立って** <u>ehe</u> die Sonne untergeht* 日が沈む<u>前に</u>
☐ **<u>E</u>he** ☐ [エーエ] ☐	名詞[女性] – / –n	**結婚[生活]** die <u>Ehe</u> schließen* <u>結婚</u>する
☐ **ei·n<u>a</u>n·der** ☐ [アイナンダ] ☐	代名詞[相互] （無変化）	**互いに（を）** <u>einander</u> helfen* <u>互いに</u>助け合う
☐ **<u>ein</u>|schla·fen*** ☐ [アイン・ ☐ シュらーふェン]	動詞[自動] a→ä ▷ schlief, ge·schla·fen	**寝つく，（脚などが）しびれる** schlecht <u>ein|schlafen</u> können* なかなか<u>寝つけ</u>ない
☐ **<u>ein</u>·zig** ☐ [アインツィヒ] ☐	形容詞	**ただ 1 つの，ユニークな** ein <u>einziges</u> Mal <u>ただ 1</u> 度だけ

Clara Immerwahr war die erste deutsche <u>Doktorin</u> der Chemie.
クラーラ・インマーヴァールはドイツ初の化学の<u>女性博士</u>でした.
☞ *der* <u>Doktor</u>vater・*die* <u>Doktor</u>mutter 博士論文指導教授 / *der* Grad 学位

<u>Dreh</u> den Schlüssel zweimal linksherum! So geht die Tür auf.
鍵を左に2回<u>転</u>させる(回す)んだ. そうすればドアは開くよ.
☞ *die* <u>Dreh</u>tür 回転扉 / um|<u>drehen</u>《sich⁴ ～》振り向く(体をぐるりと回す)

Der Esstisch wackelt. Der Fußboden ist hier nicht <u>eben</u>.
食卓ががたつくわ. 床がここは<u>平ら</u>じゃないのよ.
☞ <u>eben</u>falls 同様に / flach 平たい / glatt(*) 滑らかな

Der Zug ist <u>eben</u> angekommen. – Das sehe ich. Wo bist du?
列車は<u>ちょうど今</u>着いたところだ. ― 知ってるよ. 君はどこだい?
☞ <u>eben</u>so 同じ(<u>ちょうどその</u>)くらい / gerade ちょうど / vorhin つい先ほど

Die Perlen sind <u>nicht echt</u>. Ich habe mal auf eine gebissen.
この真珠は<u>本物じゃない</u>のよ. 1個, かんでみたことがあるの.
☞ *das* Original 原物 / wahr 真の / falsch 偽物の

Lies dir den Brief noch einmal durch, <u>ehe</u> du ihn abschickst!
その手紙を出す<u>前に</u>もう一度通してお読みなさい.
☞ bevor ... …する前に / nachdem ... …したあとで

Die zweite <u>Ehe</u> dauerte, bis ihr Mann starb.
2度目の<u>結婚</u>は彼女の夫が死ぬまで続いた.
☞ *das* <u>Ehe</u>paar 夫婦(<u>結婚</u>生活を送るペア) / heiraten 結婚する

Mein Vater und seine Partnerin lieben und schätzen <u>einander</u>.
父とパートナーの女性は<u>お互い</u>を愛し, 尊重している.
☞ mit<u>einander</u> 互いに連れ添って / durch<u>einander</u> 互いに入り乱れて

Meine Güte! Mir sind die Beine <u>eingeschlafen</u>.
おやおや! 私は脚が<u>しびれちゃった</u>.
☞ nicken こっくりこっくり居眠りをする / auf|wachen 目覚める

Salvador Dalí war <u>einzig</u> in seiner Art.
サルバドール・ダリは<u>ユニーク</u>な性格だった.
☞ <u>einzig</u>artig <u>ユニーク</u>な[種類の], 比類のない

☐ **emp·fan·gen*** ☐ ［エンプ ☐ ふアンゲン］	動詞［他動］ a→ä ▷ ..fing, ..fan·gen	**受け取る，**（客などを）**迎える** einen Brief empfangen 手紙を<u>受け 取る</u>
☐ **Eng·land** ☐ ［**エ**ングらント］ ☐	名詞［中性］ –s /	**イギリス，イングランド** London, die Hauptstadt von Eng- land <u>イギリスの首都</u>, ロンドン
☐ **ent·schei·den*** ☐ ［エント ☐ シャイデン］	動詞［他動］ ▷ ..schied, ..schie·den	**決める，決定する** es von Fall zu Fall entscheiden そ れをケースバイケースで<u>決める</u>
☐ ☐ ☐	動詞［再帰］ （上と同じ変化）	《sich⁴ ～》**決心する，決める** <u>sich</u> für Jura entscheiden 法学を専 攻しようと<u>決心する</u>
☐ **ent·wi·ckeln** ☐ ［エント**ヴィッ** ☐ ケるン］	動詞［他動］	**発展させる，開発する** die Technologie entwickeln テクノ ロジーを<u>発展させる</u>
☐ ☐ ☐	動詞［再帰］	《sich⁴ ～》**発展する，生じる** Indien entwickelt <u>sich</u> dynamisch. インドは力強く<u>発展する</u>.
☐ **er·fah·ren*** ☐ ［エァふアーレン］ ☐	動詞［他動］ a→ä ▷ ..fuhr, ..fah·ren	**経験する，知る** viel Glück erfahren たくさんの幸せ を<u>経験する</u>
☐ **Er·folg** ☐ ［エァふオるク］ ☐	名詞［男性］ –[e]s / ..fol·ge	**成功** ein großer Erfolg 大<u>成功</u>
☐ **er·ho·len** ☐ ［エァ**ホー**れン］ ☐	動詞［再帰］	《sich⁴ ～》**元気を取り戻す** <u>sich</u> gut erholen よく休んで<u>元気を 取り戻す</u>
☐ **er·käl·ten** ☐ ［エァ**ケ**るテン］ ☐	動詞［再帰］	《sich⁴ ～》**かぜをひく** <u>sich</u> oft erkälten よく<u>かぜをひく</u>

Die Kinder empfingen die Königin mit britischen Fähnchen.
子どもたちが英国の小旗を持って女王陛下を迎えた.
☞ *der* Empfang 受領, 受付 / *der* Empfänger・*die* Empfängerin 受取人

England ist ein Teil des Vereinigten Königreichs.
イングランドは連合王国の一部である.
☞ *der* Engländer・*die* Engländerin イギリス人 / *das* Englisch 英語

Du musst selber entscheiden, ob du mit mir gehen willst.
私とともに行くか, 汝(なち)一人が決めることだ. (『ルカ福音書』9:62)
☞ ab|machen 取り決める / beschließen* 決議する / bestimmen 定める

Viele Leute entschieden sich⁴ gegen die Änderung der Regel.
多くの人がその規則の変更に反対すると決めた(決心した).
☞ *die* Entscheidung 決定, 決心 / entschließen*《sich⁴ ～》決心する

Er hat eine App zur Visualisierung von Träumen entwickelt.
彼は夢を可視化するアプリを開発した.
☞ *die* Entwicklung 発展 / verbessern 改良する / erfinden* 発明する

Der Plan hat sich⁴ aus der Idee eines Kindes entwickelt.
その計画はある1人の子どものアイディアから生まれた(生じた).
☞ *das* Entwicklungsland 発展途上国 / entstehen* 発生する

Ich habe erst gestern erfahren, dass die Bank pleite ist.
その銀行が破産したことは, きのう聞いた(知った)ばかりです.
☞ *die* Erfahrung 経験 / erleben 体験する

Godard hatte viel Erfolg mit seinen sozialkritischen Filmen.
ゴダールは社会批判的な映画で大いに成功を収めた.
☞ erfolgreich 成功した / gelingen* 成功する / klappen《口語》うまくいく

Meine Frau erholt sich⁴ jetzt von der Operation.
女房は今, 手術から回復し(元気を取り戻し)つつあります.
☞ *die* Erholung 休養(元気を取り戻すこと) / aus|ruhen《[sich⁴] ～》休養する

Seit gestern bin ich erkältet und habe Husten.
きのうから私はかぜをひいていて, せきが出ます.
☞ *die* Erkältung かぜ / *die* Grippe インフルエンザ / husten せきをする

☐ **er·ken·nen*** ☐ ［エァ**ケ**ンネン］ ☐	動詞［他動］ ▷ ..kann·te, ..kannt	**認識する，識別する** einen Fehler erkennen 間違いに気 づく（間違いを認識する）
☐ **er·schrecken¹*** ☐ ［エァ ☐ シュレッケン］	動詞［自動］ ▷ ..schrak, ..schro·cken	**驚く，びくっとする** über einen Knall erschrecken ドン という音にびくっとする
☐ **er·schrecken²** ☐ ［エァ ☐ シュレッケン］	動詞［他動］ （規則変化）	**驚かせる，びくっとさせる** Erschrecke mich doch nicht so! そ んなに驚かせないでくれよ！
☐ **er·war·ten** ☐ ［エァヴァルテン］ ☐	動詞［他動］	**待ち受ける，期待（予期）する** ein Baby erwarten 出産を予定して いる（赤ん坊を待ち受ける）
☐ **Er·zie·hung** ☐ ［エァ ☐ ツィーウング］	名詞［女性］ – /	**教育** eine gute Erziehung genießen* よい 教育を受ける
☐ **et·wa** ☐ ［**エ**トヴァ］ ☐	副詞	**およそ，例えば** etwa 100 (hundert) Meter von hier ここからおよそ100メートル
☐ **EU** ☐ ［エー・**ウー**］ ☐	名詞［女性］ – /	**欧州連合** der EU³ (Europäischen Union) bei|- treten* 欧州連合に加盟する
☐ **Fall** ☐ ［ふァる］ ☐	名詞［男性］ –[e]s / Fäl·le	**場合，落下** im schlimmsten Fall 最悪の場合
☐ **fein** ☐ ［ふァイン］ ☐	形容詞	**繊細な，上質の** ein feines Muster 繊細な模様
☐ **fern** ☐ ［ふェルン］ ☐	形容詞	**遠い，遠く離れた** ferne Länder 遠い国々

(Tihihi …) – Man kann sie an ihrem Lachen erkennen.
（ティヒヒ…）― 笑い方で彼女とわかる（識別する）よ.
☞ an|erkennen* 承認する（正当なものと認識する）/ fest|stellen 気づく

Ich erschrak so sehr, als der Alien auf der Leinwand erschien.
エイリアンがスクリーンに現れたときは本当に驚いた.
☞ schrecklich 恐ろしい（びくっとするような）

Die Nachricht des Kriegsausbruchs hat uns alle erschreckt.
戦争勃発の知らせは私たち皆を驚かせた.
☞ überraschen（思いもよらぬことで）驚かせる / wundern 奇異の念を抱かせる

Ich habe nicht erwartet, dass er wirklich kommt.
彼が本当に来るとは思わなかった（予期しなかった）.
☞ an|nehmen* 想定する / rechnen《mit ...³ 〜》…を予期する

Sie haben ihrem Sohn die beste Erziehung gegeben.
彼らは息子に最良の教育を授けた.
☞ erziehen* 教育する / die Ausbildung 養成 / die Volkshochschule 市民大学

Tiere wie etwa die Fledermaus halten Winterschlaf.
例えばこうもりのような動物は冬眠をします.
☞ circa およそ（略: ca.）/ rund およそ / ungefähr およそ

2020 (zweitausendzwanzig) trat Großbritannien aus der EU aus.
2020 年にイギリスは欧州連合を離脱した.
☞ das EU-Land 欧州連合加盟国

Mein Smartphone ist beim Fall auf den Boden kaputtgegangen.
私のスマートフォンが床に落ちたときに（落下の際に）壊れました.
☞ falls ... …の場合には / der Notfall 緊急事態 / der Unfall 事故（悪しき事態）

Frau Theresa May ist immer fein gekleidet.
テリーザ・メイ女史はいつも上質の服を着ている.
☞ feinfühlig 繊細な神経の / elegant 優雅な / höflich 礼儀正しい / grob* 粗い

Mein Heimatort liegt fern von der Stadt.
私の生まれ故郷は町から遠く離れています.
☞ die Ferne 遠方 / entfernt ［遠く］離れた / weit 遠い / nahe* 近い

□ **fẹst** □ ［ふエスト］ □	形容詞	固(堅)い die Schraube <u>fest</u> an|ziehen* ねじを <u>固く締める</u>
□ **Flö·te** □ ［ふれーテ］ □	名詞［女性］ – / –n	フルート，［横］笛 <u>Flöte</u> spielen <u>フルート</u>を吹く
□ **fọl·gen** □ ［ふォるゲン］ □	動詞［自動］	ついて行く，従う dem Reiseleiter <u>folgen</u> ツアーガイ ドに<u>ついて行く</u>
□ **Frạnk·reich** □ ［ふランク・ □ ライヒ］	名詞［中性］ –s /	フランス eine Reise durch <u>Frankreich</u> <u>フラン</u> <u>ス</u>を巡る旅
□ **Freu·de** □ ［ふロイデ］ □	名詞［女性］ – / –n	喜び „An die <u>Freude</u>" 『歓喜に寄す(<u>喜び</u> <u>の歌</u>)』(L. v. Beethoven 作曲)
□ **füh·ren** □ ［ふューレン］ □	動詞［他動］	導く，率いる，運転する die Schafe auf die Wiese <u>führen</u> 羊 たちを草地に連れていく(<u>導く</u>)
□ □ □	動詞［自動］	通じている，つながる ins Verderben <u>führen</u> 破滅へと<u>通じ</u> <u>ている</u>
□ **Gas** □ ［ガース］ □	名詞［中性］ Ga·ses / Ga·se	ガス mit <u>Gas</u> heizen <u>ガス</u>で暖房する
□ **Ge·bäu·de** □ ［ゲボイデ］ □	名詞［中性］ –s / –	建物，建築物 ein riesiges <u>Gebäude</u> 巨大な<u>建物</u>
□ **Ge·dạn·ke** □ ［ゲダンケ］ □	名詞［男性］ –ns / –n	考え，《auf den ～n kommen*, ... zu 不定詞句》…しようと思いつく <u>Gedanken</u> lesen* <u>考え</u>を読みとる

Der Wagenheber muss auf festem Boden verwendet werden.
このジャッキは堅い地面で使用しなくてはならない.
☞ fest|halten* (固く)つかんでいる / fest|legen (計画などを)確定(固定)する

Im Park spielt eine Studentin schöne Melodien auf der Flöte.
公園で女子学生が美しいメロディーをフルートで奏でている.
☞ der Flötist・die Flötistin フルート奏者 / die Blockflöte ブロックフレーテ

Die Soldaten folgen dem Befehl des Kommandanten.
兵士たちは司令官の命令に従う.
☞ die Folge 結果(ついて来るもの) / mit|kommen* いっしょに行く(来る)

In Frankreich ist das Abendessen die Hauptmahlzeit.
フランスでは夕食が正餐(せいさん)です.
☞ der Franzose・die Französin フランス人 / das Französisch フランス語

Ihr Besuch hat uns viel Freude bereitet.
ご来訪は私たちには大きな喜びでした(喜びをもたらした).
☞ freudig 喜ばしい / freuen《sich⁴ ～》喜ぶ

Uns führt niemand. Wir müssen selber den Weg finden.
われわれを率いる者はいない.自ら道を見出さなければならない.
☞ die Führung 指導 / der Führerschein 運転免許証 / die Einführung 導入

Seine Angst, den Satellitenstaat zu verlieren, führte zum Krieg.
その衛星国を失うことへの彼の恐れが,戦争につながった.
☞ verursachen 引き起こす

In Japan kocht man mit Gas, in Deutschland meist mit Strom.
日本では調理にガスを使いますが,ドイツではたいてい電気です.
☞ das Abgas《ふつう複数》排気ガス / das Stadtgas 都市ガス

Das Gebäude aus Beton ist ein eingetragenes Kulturgut.
あのコンクリートの建築物は登録文化財です.
☞ das Hauptgebäude 本館(主な建物) / der Turm 塔 / renovieren 修復する

Er kam auf den Gedanken, zum Studium nach Japan zu gehen.
彼は大学で勉強するために日本へ行くことを思いついた.
☞ denken* 考える / die Idee アイディア / der Einfall 思いつき

□ **Ge·fahr**	名詞[女性]	**危険**
□ [ゲふアール]	– / ..fah·ren	auf eigene Gefahr 自己責任で(自ら
□		危険を賭して)

□ **Ge·fühl**	名詞[中性]	**感覚，感情**
□ [ゲふュール]	–[e]s / ..füh·le	ein komisches Gefühl im Magen
□		胃の違和感(変な感覚)

□ **Geist**	名詞[男性]	**精神**
□ [ガイスト]	–[e]s /	Geist und Körper 精神と肉体
□		

□ **gel·ten***	動詞[自動]	**有効である，当てはまる**
□ [ゲるテン]	giltst, gilt ▷	Das gilt nicht! (ゲームなどで:)そん
□	galt, ge·gol·ten	なのなしだよ(有効ではない)!
□	動詞[他動]	**(…の)価値がある**
□	(上と同じ変化)	Familie gilt mir viel. 家族は私には
□		大きな価値がある.

□ **Ge·rät**	名詞[中性]	**器械，器具**
□ [ゲレート]	–[e]s / ..rä·te	an Geräten turnen 器械体操をする
□		

□ **ge·sche·hen***	動詞[自動]	**起こる**
□ [ゲシェーエン]	e→ie ▷ ge·schah,	Geschehen ist geschehen. 起きたこ
□	ge·sche·hen	とはしかたがない(起きたことだ).

□ **Ge·sell·schaft**	名詞[女性]	**社会，団体，会社**
□ [ゲゼるシャふト]	– / ..schaf·ten	der Druck der Gesellschaft 社会か
□		らの圧力

□ **Gi·tar·re**	名詞[女性]	**ギター**
□ [ギタレ]	– / –n	Gitarre spielen ギターを弾く
□		

□ **Gold**	名詞[中性]	**金**
□ [ゴるト]	–[e]s /	ein Ring aus Gold 金の指輪
□		

Für das Kind besteht jetzt keine Gefahr mehr.
その子についてはもう危険はない.
☞ gefährlich 危険な / das Risiko リスク / die Krise 危機 / der Alarm 警報

Gefühl und Verstand bilden keinen Gegensatz.
感情と理性は対立を成すものではない.
☞ fühlen 感じる / der Sinn 感覚, 知覚 / die Laune 機嫌 / die Stimmung 気分

Sie hat einen wachen Geist und einen gesunden Humor.
彼女は明敏な精神と健康的なユーモアの持ち主です.
☞ begeistert 熱狂した(精神が高揚した) / die Seele 心 / verrückt 気の狂った

Diese Fahrkarte gilt das ganze Wochenende.
この乗車券は週末の間ずっと有効です.
☞ gültig 有効な / die Geltung 効力 / verfallen* 失効する

Zeit gilt mehr als Geld.
時間のほうがお金より多くの価値がある.
☞ bedeuten 意味を持つ

Kannst du das Gerät reparieren? – Lass mich mal sehen!
君はこの器械を修理できるか. — ちょっと見せて.
☞ das Küchengerät 調理器具 / der Apparat 装置 / die Garantie 保証

Der Terroranschlag ist 1972* in München geschehen.
そのテロ事件は 1972 年にミュンヒェンで起きました.
* neunzehnhundertzweiundsiebzig

Bosch ist eine Gesellschaft mit beschränkter Haftung.
ボッシュ社は有限会社です. (略: GmbH)
☞ die Aktiengesellschaft 株式会社(略: AG) / sozial 社会の

Berlioz meinte: „Die Gitarre ist ein kleines Orchester."
「ギターは小さなオーケストラだ」とベルリオーズは述べた.
☞ der Gitarrist · die Gitarristin ギタリスト / die Elektrogitarre エレキギター

In der Finanzkrise ist der Preis von Gold stark gestiegen.
金融危機の中で金の値段が大幅に上昇した.
☞ golden 金の / blond ブロンドの / das Silber 銀

□ **Gott**	名詞[男性]	**神**
□ [ゴット]	–[e]s / Göt·ter	Gott[3] sei Dank!（胸をなでおろして：）やれやれ(神に感謝あれ)!
□		

□ **Göt·tin**	名詞[女性]	**女神**
□ [ゲッティン]	– / ..tin·nen	die Göttin des Sieges 勝利の女神
□		

□ **Grund**	名詞[男性]	**基礎，地面，理由**
□ [グルント]	–[e]s / Grün·de	den Grund für die moderne Medizin legen 現代医学の基礎を築く
□		

□ **gu·cken**	動詞[自動]	《口語》**見る**
□ [グッケン]		Guck mal! ねえ見て!
□		

□ **Gur·ke**	名詞[女性]	**きゅうり**
□ [グルケ]	– / –n	eingelegte Gurken きゅうりのピクルス(漬けたきゅうり)
□		

□ **Han·del**	名詞[男性]	**商売**
□ [ハンデる]	–s /	ein einträglicher Handel もうかる商売
□		

□ **Haut**	名詞[女性]	（人の）**皮膚，肌**
□ [ハオト]	– / Häu·te	braune Haut 褐色の肌
□		

□ **Huhn**	名詞[中性]	**鶏**
□ [フーン]	–[e]s / Hüh·ner	gegrilltes Huhn ローストチキン
□		

□ **Hut**	名詞[男性]	（縁のある）**帽子**
□ [フート]	–[e]s / Hü·te	sich[3] einen Hut auf|setzen 帽子をかぶる
□		

□ **Ita·lien**	名詞[中性]	**イタリア**
□ [イターりエン]	–s /	Rom, die Hauptstadt Italiens イタリアの首都, ローマ
□		

Nietzsche meinte auch, die Menschen haben <u>Gott</u> erschaffen.
ニーチェも，人間が<u>神</u>を創造したという考えだった．
☞ *der* <u>Gottes</u>dienst 礼拝（<u>神</u>への勤め）/ beten 祈る

Im Mythos „Das Urteil des Paris" streiten sich[4] drei <u>Göttinnen</u>.
神話『パリスの審判』では 3 人の<u>女神</u>たちが争う．
☞ *die* Schicksals<u>göttin</u> 運命の<u>女神</u>

<u>Aus</u> gesundheitlichen <u>Gründen</u> gab er seinen Beruf auf.
健康上の<u>理由</u>により彼は職を辞した．
☞ <u>gründen</u> 設立する（基礎を据える）/ be<u>gründen</u> <u>理由</u>づける

Ich <u>gucke</u> aus dem Fenster. Es nieselt.
私は窓の外を<u>見る</u>．霧雨が降っている．
☞ *das* <u>Guck</u>loch のぞき穴（<u>見る</u>穴）/ sehen* 見る

Im Gewächshaus sind <u>Gurken</u>, draußen Möhren angebaut.
ハウスでは<u>きゅうり</u>，露地ではにんじんが栽培されています．
☞ *der* <u>Gurken</u>salat <u>きゅうり</u>のサラダ / *die* Salz<u>gurke</u> 塩漬け<u>きゅうり</u>

Mein Großvater betrieb einen <u>Handel</u> mit Waren aller Art.
私の祖父は雑貨<u>商</u>を営んでいた．
☞ <u>handeln</u> <u>商</u>う / *der* Export 輸出 / *der* Import 輸入 / *der* Zoll 関税

Als der Esel gerettet wurde, war er nur noch <u>Haut</u> und Knochen.
そのろばは救出されたとき，骨と<u>皮</u>ばかりだった．
☞ *das* Fell（動物の）皮 / *das* Leder 皮革

Wir halten unsere <u>Hühner</u> im Freiland.
うちでは<u>鶏</u>を放し飼いにしています．
☞ *das* <u>Hühner</u>ei 鶏卵 / *der* Hahn 雄鶏 / *die* Henne 雌鶏 / *das* Hähnchen 若鶏

Ihr <u>Hut</u> und Mantel hängen an der Garderobe.
お客様の<u>帽子</u>とコートは洋服掛けに掛けてございます．
☞ *die* Mütze 縁なし帽，つば付き帽子 / *die* Kapuze フード

In <u>Italien</u> gibt es auch eine Gegend, wo man Deutsch spricht.
<u>イタリア</u>にもドイツ語を話す地方がある．
☞ *der* <u>Italiener</u> ・ *die* <u>Italienerin</u> <u>イタリア人</u> / *das* <u>Italienisch</u> <u>イタリア語</u>

☐ **Ja·pan** ☐ [ヤーパン] ☐	名詞[中性] –s /	**日本** Japan, das Land der aufgehenden Sonne 日出(ⅳ)ずる国, 日本
☐ **Jeans** ☐ [ヂーンス] ☐	名詞[女性 / 複数] – / –	**ジーンズ** ausgewaschene Jeans ウォッシュアウトのジーンズ
☐ **job·ben** ☐ [ヂョッベン] ☐	動詞[自動]	**《口語》[アル]バイトをする** in einem Supermarkt jobben スーパーでバイトをする
☐ **Ju·gend** ☐ [ユーゲント] ☐	名詞[女性] – /	**青春[期]**, **《集合的に》青少年** der Höhepunkt der Jugend 青春の真っ盛り
☐ **kei·ner** ☐ [カイナァ] ☐	代名詞[不定] (定冠詞と同類 の変化)	**1 人も(1 つも)…ない** Sorgen? Sie haben keine. 心配ごと? 彼らには 1 つもないよ.
☐ **Kö·nig** ☐ [ケーニヒ] ☐	名詞[男性] –s / ..ni·ge	**王** Es war einmal ein König. 昔々ある所に 1 人の王様がおりました.
☐ **Kö·ni·gin** ☐ [ケーニギン] ☐	名詞[女性] – / ..gin·nen	**女王** die Königin von Dänemark デンマーク女王
☐ **Ko·rea** ☐ [コレーア] ☐	名詞[中性] –s /	**韓国, 朝鮮** die Republik Korea 大韓民国
☐ **Kraft** ☐ [クラふト] ☐	名詞[女性] – / Kräf·te	**力** mit aller Kraft 全力で
☐ **Kri·tik** ☐ [クリティーク] ☐	名詞[女性] – / ..ti·ken	**批評, 批判** gute Kritiken bekommen* よい批評を受ける

Zwei Drittel der Landfläche Japans sind von Wald bedeckt.
日本の国土の3分の2は森で覆われている.
☞ *der* Japaner・*die* Japanerin 日本人 / *das* Japanisch 日本語

Sie trägt immer Jeans mit Löchern – auch im Winter.
彼女はいつも穴あきジーンズをはいているよ 一冬もね.
☞ *die* Jeanshose ジーパン / *der (das)* Denim デニム

Der Student jobbt, um sich³ sein Studium zu finanzieren.
その学生は学費を賄うためにアルバイトをしています.
☞ *der* Job《口語》[アル]バイト / arbeiten 働く

Die Jugend protestiert gegen die Klimapolitik der Regierung.
青少年が政府の気候政策に抗議の声を上げる.
☞ *der*・*die* Jugendliche 青少年 / *die* Jugendherberge ユースホステル

Keiner von den Studenten konnte auf die Frage antworten.
学生は1人もその質問に答えられなかった.
☞ niemand 誰も…ない / einer 誰か1人, 何か1つ / jeder どの人も

Ludwig III. (der Dritte) war der letzte König von Bayern.
ルートヴィヒ III 世はバイエルン王国最後の国王だった.
☞ *das* Königreich 王国 / *der* Kaiser・*die* Kaiserin 皇帝・女帝

Königin Elizabeth II. (die Zweite) starb im September 2022*.
女王エリザベス II 世は 2022 年 9 月に逝去した.
* zweitausendzweiundzwanzig

Korea ist auch ein Industriestaat. Sie bauen allerlei Maschinen.
韓国も工業国だ. 彼らはさまざまな機械を製造している.
☞ *der* Koreaner・*die* Koreanerin 韓国(朝鮮)人 / *das* Koreanisch 韓国(朝鮮)語

Der Ringer hatte keine Kraft mehr und gab schließlich auf.
そのレスラーはもう力が残っておらず, ついにギブアップした.
☞ kräftig 力のある / *das* Kraftwerk 発電(電力生産)所 / *die* Energie エネルギー

Konstruktive Kritik ist sehr wichtig für den Fortschritt.
建設的な批判は進歩するためにとても重要だ.
☞ kritisch 批判的な / kritisieren 批判する / *die* Gesellschaftskritik 社会批判

☐ **Kuh** ☐ [クー] ☐	名詞[女性] – / Kü·he	**雌牛** die <u>Kühe</u> auf die Weide treiben* <u>雌牛</u>たちを牧草地に放つ
☐ **le·cker** ☐ [れッカァ] ☐	形容詞	**おいしい** <u>lecker</u> riechen* <u>おいし</u>そうなにおい がする
☐ **leh·ren** ☐ [れーレン] ☐	動詞[他動]	**教える** Lernen durch <u>Lehren</u> <u>教える</u>ことに よる学び
☐ **Leid** ☐ [らイト] ☐	名詞[中性] –[e]s /	**悲しみ，苦しみ** Freud (Freude) und <u>Leid</u> 喜びと<u>悲し</u> <u>み</u>
☐ **Lieb·ling** ☐ [りープリング] ☐	名詞[男性] –s / ..lin·ge	**お気に入り** Du, <u>Liebling</u>! ねえ，君(私の<u>お気に入</u> <u>り</u>[の人])よ)!
☐ **Li·nie** ☐ [りーニエ] ☐	名詞[女性] – / ..ni·en	**線，路線** eine dünne <u>Linie</u> ziehen* 細い<u>線</u>を 引く
☐ **Lip·pe** ☐ [りッペ] ☐	名詞[女性] – / –n	**唇** die obere (untere) <u>Lippe</u> 上(下)<u>唇</u>
☐ **lo·ben** ☐ [ろーベン] ☐	動詞[他動]	**ほめる** ein Kind für seine Ehrlichkeit <u>lo- ben</u> 子どもの正直さを<u>ほめる</u>
☐ **Loch** ☐ [ろッホ] ☐	名詞[中性] –[e]s / Lö·cher	**穴** ein <u>Loch</u> graben* <u>穴</u>を掘る
☐ **Macht** ☐ [マハト] ☐	名詞[女性] – / Mäch·te	**力，権力** Wissen ist <u>Macht</u>. 《ことわざ》知は<u>力</u>なり．

Die Kuh gibt etwa 30 (dreißig) Liter Milch pro Tag.
この雌牛は 1 日に約 30 リットルの乳を出す.
✎ *der* Kuhstall 牛舎 / *der* Stier 牡牛 / *das* Rind（雌雄併せて：）牛 / *das* Kalb 子牛

Dieser Baumkuchen schmeckt ganz lecker!
このバウムクーヘンはすごくおいしい!
✎ *der* Leckerbissen 最高においしいもの / schmecken ［おいしい］味がする

Die Lehrerin lehrt Deutsch und Geschichte.
その女の先生はドイツ語と歴史を教えています.
✎ *die* Lehre 教義 / *der* Lehrer・*die* Lehrerin 教師 / *der* Lehrling 徒弟（教習生）

Geteiltes Leid ist halbes Leid.
《ことわざ》苦しみを分かてば苦しみは半分になる.
✎ leiden* 苦しむ / beleidigen 侮辱する（苦しみ悩ませる）/ *die* Freude 喜び

Du warst immer der Liebling deines Vaters.
君はいつもお父さんのお気に入りだったな.
✎ *das* Lieblingsessen 大好物（お気に入りの食べ物）

Nehmen Sie den Bus Linie 2 (zwei) Richtung Offenbach!
2 番系統（路線 2）のオッフェンバッハ行きのバスにお乗りなさい.
✎ *die* Bahnlinie 鉄道路線 / *die* Gerade 直線 / *die* Kurve 曲線 / *der* Punkt 点

Der Ingwersirup ist ziemlich scharf. Es brennt auf den Lippen.
このしょうがシロップはかなり辛い.唇がヒリヒリするよ.
✎ *der* Lippenstift 口紅（唇用のクレヨン）/ *der* Kuss 口づけ / *der* Mund 口

Alle Lehrer loben die Schülerin. Wir haben es schon satt.
先生は皆その女子生徒をほめるんです.僕らはもううんざりです.
✎ *das* Lob 称賛（ほめ）/ an|erkennen* 称賛する / herab|setzen けなす

Ein Hagelkorn hat ein Loch ins Glasdach geschlagen.
ひょうがサンルーフに穴をあけてしまった.
✎ *das* Schlüsselloch 鍵穴 / *die* Höhle 洞穴 / aus|füllen（穴などを）埋める

Im Mittelalter hatten die Fürsten große Macht.
中世において領主たちは強大な権力を持っていた.
✎ mächtig 強大な / *der* Machtkampf 権力闘争 / *die* Gewalt 暴力

☐ **Ma·gen** ☐ [マーゲン] ☐	名詞[男性] –s / Mä·gen または Ma·gen	**胃** einen großen <u>Magen</u> haben* 胃袋が 大きい
☐ **Mär·chen** ☐ [メーァヒェン] ☐	名詞[中性] –s / –	**おとぎ話，メルヘン** den Kindern <u>Märchen</u> erzählen 子 どもたちに<u>おとぎ話</u>を話してやる
☐ **Mar·me·la·de** ☐ [マルメらーデ] ☐	名詞[女性] – / –n	**ジャム，マーマレード** <u>Marmelade</u> ohne Zucker ノンシュ ガー<u>ジャム</u>
☐ **Me·di·zin** ☐ [メディツィーン] ☐	名詞[女性] – /	**医学** <u>Medizin</u> studieren 大学で<u>医学</u>を専 攻する
☐ **Men·sa** ☐ [メンザ] ☐	名詞[女性] – / –s または Men·sen	**学生食堂** in die <u>Mensa</u> gehen* <u>学生食堂</u>へ行 く
☐ **Mo·tor·rad** ☐ [モトーァ・ ☐ ラート]	名詞[中性] –[e]s / ..rä·der	**オートバイ** <u>Motorrad</u> fahren* <u>オートバイ</u>に乗 る
☐ **na!** ☐ [ナ] ☐	間投詞	（消極的な同意で：）**まあ**，（催促し て：）**さあ**，（反発して：）**それで** <u>Na</u> los! <u>さあ</u>早く！
☐ **nach·dem** ☐ [ナーハ・デーム] ☐	接続詞[従属]	**…したあとで**，《je ～》**…次第で** <u>Nachdem</u> ich gegessen hatte, ... 私 は食事を<u>したあとで</u>…
☐ **nackt** ☐ [ナックト] ☐	形容詞	**裸の** die <u>nackte</u> Wahrheit 赤<u>裸</u>々な真実
☐ **Neu·jahr** ☐ [ノイ・ヤール] ☐	名詞[中性] –[e]s / ..jah·re	《ふつう冠詞なし》**元日** <u>Neujahr</u> feiern <u>元日</u>を祝う

Es ist erst 11 (elf) Uhr und mir knurrt schon der Magen.
まだ 11 時なのに私はもうおなか(胃)がグーグー鳴る.
☞ *die* Magengrube みぞおち(胃のくぼみ) / *der* Darm 腸

So ein Wunder geschieht nur in einem Märchen.
そんな奇跡はおとぎ話の中でしか起こらない.
☞ *das* Volksmärchen 民話(民間伝承のおとぎ話)

Wir haben verschiedene Sorten Marmelade im Keller stehen.
うちは地下室にいろんな種類のマーマレードが置いてあります.
☞ *die* Himbeermarmelade ラズベリージャム / *der* Honig はちみつ

Die Medizin macht täglich Fortschritte.
医学は日々進歩している.
☞ *die* Zahnmedizin 歯学(歯科医学)

Ich esse meist in der Mensa zu Mittag. Oft mit Freunden.
私はたいてい学生食堂で昼食をとります. よく友達といっしょに.
☞ *die* Cafeteria カフェテリア / *die* Kantine 社員食堂

Mein Sohn stürzte mit dem Motorrad und brach sich³ den Arm.
息子がオートバイで転倒して腕を骨折しました.
☞ *das* Kraftfahrzeug 原動機付き車両(オートバイ・自動車など)(略: Kfz)

Hat dir denn der Film gut gefallen? – Na ja, es geht.
その映画は気に入ったの? — まあそうだなぁ, いいんじゃないの.
☞ tja (困惑して・あきらめて:)うーん, まあ

Je nachdem, wann die Sonne aufgeht, ändert sich⁴ die Startzeit.
日の出の時間次第でスタート時刻は変わる. (nachdem の副詞的用法)
☞ bevor ... …する前に / ehe ... …する前に(…に先立って)

Der nackte Körper ist ein faszinierendes Thema in der Kunst.
裸体は芸術の魅惑的なテーマの1つである.
☞ *die* Nacktschnecke なめくじ(裸のかたつむり) / bloß むき出しの

An Neujahr bin ich noch bei meinen Eltern.
元日[に]はまだ親元にいます.
☞ *das* (*der*) Silvester《ふつう冠詞なし》大みそか

□ **nun**	副詞	今[や]，さて
□ ［ヌーン］		Was <u>nun</u>? <u>さて</u>どうする?
□		

□ **ob·wohl**	接続詞［従属］	…にもかかわらず
□ ［オップ・		<u>obwohl</u> krank und erschöpft 病気で
□ **ヴォー**る］		弱っている<u>にもかかわらず</u>

□ **Ös·ter·reich**	名詞［中性］	オーストリア
□ ［**エー**スタァ・	–s /	die Republik <u>Österreich</u> <u>オーストリ</u>
□ ライヒ］		<u>ア</u>共和国

□ **Pa·tient**	名詞［男性］	(男性の)**患者**
□ ［パツィエント］	..tien·ten /	einen <u>Patienten</u> untersuchen ある<u>患</u>
□	..tien·ten	<u>者</u>を診察する

□ **Pa·tien·tin**	名詞［女性］	**女性患者**
□ ［パツィエン	– / ..tin·nen	eine <u>Patientin</u> behandeln ある<u>女性</u>
□ ティン］		<u>患者</u>の治療をする

□ **Pfef·fer**	名詞［男性］	こしょう
□ ［プふェッふァァ］	–s / –	<u>Pfeffer</u> in die Suppe geben* <u>こしょ</u>
□		<u>う</u>をスープに入れる

□ **Pflan·ze**	名詞［女性］	植物
□ ［プふらンツェ］	– / –n	<u>Pflanzen</u> in den Garten setzen <u>植物</u>
□		<u>を</u>庭に植える

□ **Po·li·tik**	名詞［女性］	政治
□ ［ポリ**ティー**ク］	– / ..ti·ken	sich⁴ für <u>Politik</u> interessieren <u>政治</u>
□		<u>に</u>関心を持つ

□ **Pommes**	名詞［複数］	ポムフリット，フライドポテト
□ **frites**		Bratwurst mit <u>Pommes frites</u> 焼き
□ ［ポム ふリット］		ソーセージの<u>フライドポテト</u>添え

□ **Pro·fes·sor**	名詞［男性］	(男性の)**教授**(略: Prof.)
□ ［プロふェッ	–s / ..so·ren	zum <u>Professor</u> ernannt werden* <u>教</u>
□ ソァ］		<u>授</u>に任命される

<u>Nun</u> müssen wir gehen. Unser Bello wartet.
そろそろ(今や)行かないと. うちのベロ君(犬の名)が待ってるから.
☞ jetzt 今 / so! (区切りをつけて:) さてと!

<u>Obwohl</u> die Vorlesung bald beginnt, ist er noch nicht im Saal.
もうすぐ講義が始まる<u>にもかかわらず</u>, 彼はまだ講堂に来てない.
☞ trotzdem それにもかかわらず / weil ... …だから

Die Neutralität <u>Österreichs</u> ist in der Verfassung verankert.
<u>オーストリア</u>の中立性は憲法に規定されている.
☞ der <u>Österreicher</u> · die <u>Österreicherin</u> オーストリア人

Der <u>Patient</u> ist nicht schwer krank. Er wird bald entlassen.
その<u>患者</u>は重病ではありません. まもなく退院となります.
☞ der Privat<u>patient</u> · die Privat<u>patientin</u> 私費診療患者

Die <u>Patientin</u> wurde über die Operation ausführlich informiert.
その<u>女性患者</u>は手術について詳しい説明を受けた.
☞ der Kassen<u>patient</u> · die Kassen<u>patientin</u> 保険診療患者

Die Schnitzel sind mit <u>Salz</u> und <u>Pfeffer</u> gewürzt.
肉の切り身は塩[<u>と</u>]こしょうで味付けしてあります.
☞ die <u>Pfeffer</u>mühle ペッパーミル / das Gewürz スパイス / das Salz 塩

Auch <u>Pflanzen</u> geben Kohlendioxid ab.
<u>植物</u>も二酸化炭素を排出する.
☞ <u>pflanzen</u> <u>植える</u> / das Gras 草 / der Baum 木 / das Tier 動物

In der <u>Politik</u> geht es um Macht.
<u>政治</u>とは権力を巡るものだ(政治では権力が関心事だ).
☞ der <u>Politiker</u> · die <u>Politikerin</u> 政治家 / das Parlament 議会 / die Partei 政党

Klassische <u>Pommes frites</u> werden in Öl gebraten.
昔ながらの<u>ポムフリット</u>は油で揚げる.
☞ die <u>Pommes</u>bude 《口語》(露店の)<u>フライドポテト屋</u>(軽食を提供する屋台)

1807* wird Gauß <u>Professor</u> für Astronomie in Göttingen.
1807 年, ガウスはゲッティンゲン大学の天文学の<u>教授</u>になる.
* achtzehnhundertsieben

☐ **Pro·fes·so·rin** ☐ ［プロふェ ☐ ソーリン］	名詞［女性］ – / ..rin·nen	**女性教授** eine <u>Professorin</u> für Virologie ウイルス学の<u>女性教授</u>
☐ **prost!** ☐ ［プロースト］ ☐ （別形: **pro·sit**）	間投詞	《口語》**乾杯** <u>Prost</u> auf die Freundschaft! この親交に<u>乾杯</u>!
☐ **Punkt** ☐ ［プンクト］ ☐	名詞［男性］ –[e]s / Punk·te	**点，論点** Der <u>Punkt</u> hat keine Ausdehnung. <u>点</u>は広がりを持たない.
☐ **Re·gal** ☐ ［レガーる］ ☐	名詞［中性］ –[e]s / ..ga·le	**棚** ein Bücherschrank mit drei <u>Rega-len</u> 3段の<u>棚</u>のある本箱
☐ **Re·gel** ☐ ［レーゲる］ ☐	名詞［女性］ – / –n	**規則** die <u>Regeln</u> verletzen <u>規則</u>に違反する
☐ **Rei·he** ☐ ［ライエ］ ☐	名詞［女性］ – / –n	**列，順番** in einer <u>Reihe</u> stehen* 1<u>列</u>に並ぶ
☐ **rein** ☐ ［ライン］ ☐	形容詞	**純粋な，清潔な** der <u>reine</u> Ton <u>純音</u>
☐ **Rest** ☐ ［レスト］ ☐	名詞［男性］ –[e]s / Res·te	**残り** Es gibt keinen <u>Rest</u> mehr. <u>残り</u>ものはもうありません.
☐ **Ring** ☐ ［リング］ ☐	名詞［男性］ –[e]s / Rin·ge	**輪，指輪** zwei <u>Ringe</u> an einem Finger tra-gen* 指に2つの<u>指輪</u>をはめている
☐ **Rol·le** ☐ ［ろれ］ ☐	名詞［女性］ – / –n	**役割，巻いたもの** die <u>Rollen</u> tauschen <u>役割</u>を交換する

Marie Curie war die erste <u>Professorin</u> an der Sorbonne.
マリー・キュリーはソルボンヌ大学の最初の<u>女性教授</u>だった.
☞ *die* Universität 大学 / *die* Akademie アカデミー(学術協会)

Er hebt das Glas, sagt: „<u>Prost</u>!" und wir stoßen an.
彼はグラスを掲げて「<u>乾杯</u>」と言い, 私たちはグラスを打ち鳴らす.
☞ zu|<u>prosten</u> 《...³ ～》…の健勝を祈って<u>乾杯</u>する

In diesem <u>Punkt</u> sind wir verschiedener Meinung².
この<u>点</u>に関してわれわれは意見が異なる.
☞ <u>pünkt</u>lich 定刻の[<u>時点</u> (Zeit<u>punkt</u>) に現れる] / *die* Linie 線 / *die* Fläche 面

Du hast das Buch wieder falsch ins <u>Regal</u> gestellt!
君はこの本を入れる<u>棚</u>の場所をまた間違えたよ!
☞ *das* Bücher<u>regal</u> 本<u>棚</u> / *der* Schrank 戸棚

Hier müssen Sie sich⁴ an die japanischen <u>Regeln</u> halten.
ここでは日本の<u>規則</u>に従っていただかなければなりません.
☞ <u>regel</u>mäßig 規則的な / *das* Gesetz 法律 / *die* Gewohnheit 習慣

Endlich bin ich <u>an</u> der <u>Reihe</u>!
やっと僕の番だ(<u>順番</u>になっている).
☞ *die* <u>Reihen</u>folge 順序 / ordnen (整理して)並べる

<u>Rein</u>e Bettwäsche fördert einen guten Schlaf.
<u>清潔</u>なシーツ類はよい睡眠を促します.
☞ <u>reinigen</u> きれい(<u>清潔</u>)にする / *die* <u>Reinigung</u> クリーニング[店]

Hier sind zwanzig Euro. Der <u>Rest</u> ist für Sie.
はい, これ 20 ユーロ. お釣りは要りません(<u>残り</u>はあなたのものだ).
☞ <u>rest</u>lich 残りの / *der* Speise<u>rest</u> 食べ残し

Er bemerkte den <u>Ring</u> an ihrem rechten <u>Ring</u>finger.
彼は彼女の右手の薬指(<u>指輪</u>をはめる指)の指輪に気づいた.
☞ *der* Ohr<u>ring</u> イヤリング / *der* Kreis 円 / *die* Kette ネックレス(鎖)

Unsere Tochter hat die <u>Rolle</u> des Schneewittchens gespielt.
うちの娘は白雪姫の<u>役</u>を演じました.
☞ <u>roll</u>en 転がる / *der* <u>Roll</u>laden 巻き上げ式シャッター / *die* Haupt<u>rolle</u> 主役

☐ **Ro·man** ☐ [ロマーン] ☐	名詞[男性] –s / ..ma·ne	[長編]小説 einen Roman lesen* 長編小説を読む
☐ **Ro·se** ☐ [ローゼ] ☐	名詞[女性] – / –n	ばら Keine Rose ohne Dornen. 《ことわざ》ばらにとげあり（とげのないばらはない）.
☐ **Russ·land** ☐ [ルス・らント] ☐	名詞[中性] –s /	ロシア Erdgas aus Russland importieren ロシアから天然ガスを輸入する
☐ **Sah·ne** ☐ [ザーネ] ☐	名詞[女性] – / –n	生クリーム ohne (mit) Sahne 生クリームを載せずに（載せて）
☐ **satt** ☐ [ザット] ☐	形容詞	腹いっぱいの，《...⁴ ～ sein*》…にうんざりしている sich⁴ satt essen* 腹いっぱい食べる
☐ **schau·en** ☐ [シャオエン] ☐	動詞[自動]	《南ドイツ》見る Schau mal! ねえ見て!
☐ ☐ ☐	動詞[他動]	《南ドイツ》見る Was schauen Sie so? 何をそんなに見ているのですか.
☐ **Sche·re** ☐ [シェーレ] ☐	名詞[女性] – / –n	はさみ eine Schere für Nasenhaare 鼻毛用のはさみ
☐ **schick** ☐ [シック] ☐ （別形: chic）	形容詞	シックな schick aus|sehen* シックに見える
☐ **schla·gen*** ☐ [シュらーゲン] ☐	動詞[他動] a→ä ▷ schlug, ge·schla·gen	打つ，たたく，打ち負かす die Trommel schlagen 太鼓を打つ

252

Ilse Aichinger schrieb einen einzigen <u>Roman</u>.
イルゼ・アイヒンガー（ウィーンの作家）は<u>長編小説</u>を 1 編だけ書いた.
☞ *der* Kriminal<u>roman</u> <u>犯罪小説</u>（略: Krimi）/ *der* Autor・*die* Autorin 著者

<u>Rosen</u> sind ihre Wangen, und Wohlgeruch ist ihr Mund.
<u>ばら</u>の花が彼女のほほ, 甘い香りが彼女の唇.（『千一夜物語』より）
☞ <u>rosa</u> ピンク色の（<u>ばら色の</u>）/ *der* <u>Rosen</u>garten ばら園

Japan hat noch keinen Friedensvertrag mit <u>Russland</u>.
日本はまだ<u>ロシア</u>と平和条約を結んでいない.
☞ *der* <u>Russe</u>・*die* <u>Russin</u> ロシア人 / *das* <u>Russisch</u> ロシア語

Wenn ihr noch etwas <u>Sahne</u> haben wollt, bedient ihr euch bitte!
もう少し<u>生クリーム</u>が欲しい人は自分で取っていいわよ.
☞ *die* Crème (Creme)［<u>生</u>］<u>クリーム</u>

Ich <u>bin</u> den ganzen Bürokram <u>satt</u>!
このくだらない事務手続きはもう<u>うんざりだ</u>!
☞ genug 十分な / hungrig 空腹の

Hörst du die Musik? Gehen wir mal <u>schauen</u>?
あの音楽が聞こえる？<u>見</u>に行ってみようか？
☞ an|<u>schauen</u> じっと<u>見る</u> / *das* <u>Schau</u>fenster ショーウインドー / sehen* 見る

Wollen wir jetzt den Film <u>schauen</u>?
今その映画を<u>見る</u>ことにしようか.
☞ *der* <u>Schau</u>spieler・*die* <u>Schau</u>spielerin 俳優（<u>目を引く情景</u>を演じる人）

<u>Mit</u> dieser <u>Schere</u> kannst du auch Bleche schneiden.
この<u>はさみで</u>ブリキ板も切れるんだよ.
☞ <u>Schere</u>, Stein, Papier じゃんけん（<u>はさみ</u>, 石, 紙）

Die Flugbegleiterinnen tragen <u>schicke</u> Uniformen.
客室乗務員の女性たちは<u>シック</u>な制服を着ている.
☞ *der* <u>Schicki</u>micki 流行かぶれ（<u>シックな服ばかりを着たがる人</u>）

Ieyasu <u>schlug</u> die Heere von Ishida Mitsunari.
家康は石田光成の軍を<u>打ち負かした</u>.
☞ *das* <u>Schlag</u>zeug ドラム（<u>打ち鳴らす物</u>）/ klopfen ノックする

□ （schlagen の続き）	動詞[自動]	打つ，たたく
□	（上と同じ変化）	Mein Herz schlägt. 私の心臓が脈を
□		打つ.

□ **schmal**(*)	形容詞	**幅の狭い，細長い**
□ ［シュマーる］	(schmä·ler,	ein schmaler Durchgang 幅の狭い
□	schmäls·t..)	通路

□ **Schul·ter**	名詞[女性]	**肩**
□ ［シュるタァ］	– / –n	ein Kind auf die Schultern neh-
□		men* 子どもを肩車に担ぐ

□ **schüt·zen**	動詞[他動]	**守る，保護する**
□ ［シュッツェン］	schützt, –	Kinder vor Gefahren schützen 子ど
□		もたちを危険から守る

□ **schwei·gen***	動詞[自動]	**黙っている**
□ ［シュヴァイゲン］	▷ schwieg,	wie ein Grab schweigen ひと言も話
□	ge·schwie·gen	さない(墓のように黙っている)

□ **Schweiz**	名詞[女性]	**スイス**
□ ［シュヴァイツ］	– /	Bergbahnen in der Schweiz スイス
□		の山岳鉄道

□ **sel·ber**	代名詞[指示]	**自分で**
□ ［ぜるバァ］		Selber schuld! 自業自得だ(自分に落
□		ち度がある)!

□ **Sil·ber**	名詞[中性]	**銀**
□ ［ズィるバァ］	–s /	Reden ist Silber, Schweigen ist
□		Gold. 《ことわざ》語るは銀，黙すは金.

□ **Sil·ves·ter**	名詞[中性 /	《ふつう冠詞なし》**大みそか**
□ ［ズィる	男性]	Feuerwerke zu Silvester 大みそかの
□ **ヴェスタァ**］	–s / –	花火

□ **Sinn**	名詞[男性]	**意味，センス，感覚**
□ ［ズィン］	–[e]s / Sin·ne	im engeren (weiteren) Sinne 狭い
□		(広い)意味で

Der Regen schlug heftig gegen die Windschutzscheibe.
雨が激しくフロントガラスをたたいていた.
☞ der Schlager ヒット曲 / die Schlagzeile 大見出し（打撃を与える行）

Wie kann man das Gesicht schmaler wirken lassen?
どうしたら顔をもっと細長く見せることができるかしら.
☞ die Schmalspur （線路の）狭軌 / eng 狭い，窮屈な / breit 幅の広い

Seit einer Woche habe ich starke Schmerzen in der Schulter.
1 週間前から僕は肩に強い痛みがある.
☞ die Schulterbreite 肩幅 / die Achsel 肩［関節］，わきの下

Wir müssen die Umwelt schützen und das Klima schonen.
われわれは環境を保護し，気候を保全しなければならない.
☞ der Schutz 保護 / sichern 安全を確保する

Auf meine Frage schwieg er eine ganze Zeit.
私の問いに対して彼はずっと黙っていた.
☞ schweigsam 無口な（黙りがちな）/ verraten* （秘密などを）漏らす

Italienisch ist auch eine Landessprache der Schweiz.
イタリア語もスイスの国語の 1 つです.
☞ der Schweizer・die Schweizerin スイス人

Autonomes Fahren ist nichts für mich. Ich fahre lieber selber.
自動運転は私には無用だ. 私は自分で運転するほうがいい.
☞ das Selbermachen ディー・アイ・ワイ（自分でやること）/ selbst ［自分］自身

Silber hat von allen Metallen den höchsten Reflexionsgrad.
銀はすべての金属のうちで反射率が最大である.
☞ silbern 銀の，銀製の / die Silberhochzeit 銀婚式 / das Quecksilber 水銀

An Silvester essen viele Japaner Nudeln aus Buchweizen.
大みそかに日本人の多くはそばを食べます.
☞ das Neujahr《ふつう冠詞なし》元日

Michael Sowa hat Sinn für Humor.
ミヒャエル・ゾーヴァ（ドイツの画家）はユーモアのセンスがある.
☞ sinnvoll 意味深い / der Unsinn ナンセンス / der Quatsch《俗語》ばかげた話

☐ **Si·tu·a·tion**	名詞[女性]	**状況**
☐ ［ズィトゥア	– / ..tio·nen	eine kritische <u>Situation</u> 危うい<u>状況</u>
☐ 　ツィオーン］		

☐ **solch**	代名詞[指示]	**そのような，すごい**
☐ ［ゾるヒ］	（定冠詞と同類	<u>solch</u> eine Ausrede そのような言い
☐	の変化）	訳（solch ein.. の形で solch は無語尾）

☐ **Spa·nien**	名詞[中性]	**スペイン**
☐ ［シュパーニエン］	–s /	das Königreich <u>Spanien</u> スペイン王
☐		国

☐ **Spie·gel**	名詞[男性]	**鏡**
☐ ［シュピーゲる］	–s / –	ein <u>Spiegel</u> aus Bronze 銅製の<u>鏡</u>
☐		

☐ **Staat**	名詞[男性]	**国家**
☐ ［シュタート］	–[e]s / Staa·ten	einen demokratischen <u>Staat</u> auf]-
☐		bauen 民主的な<u>国家</u>を建設する

☐ **Stahl**	名詞[男性]	**鋼鉄，鋼**
☐ ［シュターる］	–[e]s / Stäh·le	Eisenerz zu <u>Stahl</u> verarbeiten 鉄鉱
☐	まれに Stah·le	石を<u>鋼鉄</u>に加工する

☐ **ste·cken**[1]	動詞[他動]	**差し込む**
☐ ［シュテッケン］		den Schlüssel ins Schloss <u>stecken</u>
☐		鍵を錠に<u>差し込む</u>

☐ **ste·cken**[2](*)	動詞[自動]	**差し込んである，はまっている**
☐ ［シュテッケン］	▷ steck te（雅語:	Der Schlüssel <u>steckt</u> im Schloss.
☐	stak), ge·steckt	鍵は錠に<u>差し込んである</u>.

☐ **stei·gen***	動詞[自動]	**登る，上がる，降りる**
☐ ［シュタイゲン］	▷ stieg,	auf den Fuji <u>steigen</u> 富士山に<u>登る</u>
☐	ge·stie·gen	

☐ **still**	形容詞	**静寂な，静止した**
☐ ［シュティる］		<u>Stille</u> Nacht, heilige Nacht きよしこ
☐		の夜（<u>静寂な</u>夜, 聖なる夜）

256

Wir sollten <u>in</u> dieser <u>Situation</u> nicht nur an uns selbst denken.
われわれはこの<u>状況で</u>自分自身のことだけを考えるべきではない.
☞ *die* Krisen<u>situation</u> 危機的<u>状況</u> / *die* Verhältnisse《複数》状況

Er hat die große Pizza ganz aufgegessen. Er hatte <u>solch</u>en Hunger.
彼はその大きなピザを平らげた. 彼は<u>すごく腹</u>が減っていたのだ.
☞ so そのように / welch どの

<u>Spanien</u> und Portugal liegen auf der Iberischen Halbinsel.
<u>スペイン</u>とポルトガルはイベリア半島にあります.
☞ *der* <u>Spanier</u>・*die* <u>Spanierin</u> スペイン<u>人</u> / *das* <u>Spanisch</u> スペイン<u>語</u>

Da sagte der <u>Spiegel</u>: „Sie sind die Schönste hier, aber ..."
すると<u>鏡</u>は言いました.「そなたは国中でいちばん美しい, だが…」
(Grimm 童話, „Schneewittchen"『白雪姫』より)

Von 1949 bis 1990* existierten zwei deutsche <u>Staaten</u>.
1949 年から 1990 年まで 2 つのドイツ<u>国家</u>が存在した.
* von neunzehnhundertneunundvierzig bis neunzehnhundertneunzig

Er kann sich⁴ durchsetzen. Er hat Nerven wie <u>Stahl</u>.
彼は意志を貫く力がある. 彼は<u>鋼</u>のような神経の持ち主だ.
☞ *die* <u>Stahl</u>industrie 鉄鋼業 / *das* Eisen 鉄 / *das* Metall 金属

Die Braut <u>steckt</u> den Ring an den Finger des Bräutigams.
新婦が新郎の指に指輪をはめ(<u>差し込み</u>)ます.
☞ *der* <u>Stecker</u> プラグ(<u>差し込む端子</u>) / *die* <u>Steck</u>dose コンセント(<u>差し込み口</u>)

Ich bin mit meinem Auto im Matsch <u>stecken</u> geblieben.
私は私の車で泥に<u>はまって</u>動けなくなりました.
☞ <u>stecken</u>|bleiben*《口語》言葉に詰まる(<u>はまったままになる</u>)

Ich <u>steige</u> an der Endstation <u>aus</u> dem Zug und nehme ein Taxi.
私は終点で電車を<u>降りて</u>タクシーに乗ります.
☞ *das* Berg<u>steigen</u> 登山 / klettern よじ登る / fallen* 落ちる / steil 急こう配の

Viele meinen, Jungen können nicht <u>still</u> sitzen.
男の子はじっと(<u>静止して</u>)座っていられないと考える人が多い.
☞ *die* <u>Stille</u> 静寂 / ruhig 静かな / schweigen* 沈黙する / laut うるさい

☐ **streng** ☐ [シュトレング] ☐	形容詞	**厳しい，厳格な** Rauchen streng verboten! 喫煙厳禁 (厳しく禁止されている)!
☐ **Strumpf** ☐ [シュトルンプふ] ☐	名詞[男性] –[e]s / Strümp·fe	**ストッキング，長靴下** Strümpfe und Socken ストッキング とソックス
☐ **su·per** ☐ [ズーパァ] ☐	形容詞	《無語尾で》《口語》**最高の** super Gitarre spielen 最高のギター プレイをする
☐ **Tech·nik** ☐ [テヒニク] ☐	名詞[女性] – / ..ni·ken	**科学技術** die moderne Technik 現代の科学技 術
☐ **Ton** ☐ [トーン] ☐	名詞[男性] –[e]s / Tö·ne	**音，口調** schöne Töne hervor|bringen* 美し い音を響かせる
☐ **tre·ten*** ☐ [トレーテン] ☐	動詞[自動] trittst, tritt ▷ trat, ge·tre·ten	**歩む，踏む** auf die Bühne treten 舞台に歩み出 る
☐ ☐ ☐	動詞[他動] (上と同じ変化)	**ける** den Ball treten ボールをける
☐ **T-Shirt** ☐ [ティー・ ☐ シェーアト]	名詞[中性] –s / –s	**T シャツ** ein eingelaufenes T-Shirt (洗濯で)縮 んだ T シャツ
☐ **Tuch** ☐ [トゥーフ] ☐	名詞[中性] –[e]s / Tü·cher	**布** ein zerrissenes Tuch 1 枚の裂けた 布
☐ **Tul·pe** ☐ [トゥるペ] ☐	名詞[女性] – / –n	**チューリップ** Tulpen im Garten pflanzen チュー リップを庭に植える

258

Sie müssen die Hausordnung des Wohnheims streng befolgen.
あなたは寮の利用規則に厳格に従わなければなりません.
☜ mild 穏やかな / tolerant 寛大な

Hast du mal die „Pippi-Langstrumpf"-Bücher gelesen?
『長靴下のピッピ』を読んだことある?(スウェーデン人, A. Lindgren 作)
☜ die Strumpfhose パンティーストッキング / die Socke ソックス

Wir waren eine Nacht in Tokio. Das war super!
僕らは東京で一夜を過ごしたんだ. 最高だった.
☜ der Supermarkt スーパー / aufregend 刺激的な / blöd[e]《口語》最低の

Die Technik zur Wasserstofferzeugung wird weiter entwickelt.
水素生成のための科学技術は開発され続けている.
☜ der Techniker・die Technikerin [科学]技術者 / die Mechanik 機械学

„Ich bitte Sie!", sagte er mit scharfem Ton.
「やめてください」と彼は厳しい口調で言った.
☜ betonen 強調する(口調を加える) / der Klang 響き / der Lärm 騒音

In der U-Bahn (Untergrundbahn) trat mir eine Frau auf den Fuß.
地下鉄で女性が私の足を踏んだ.
☜ vertreten* 代理を務める(代わりに踏み入る) / ein|treten* (歩んで)入る

Der Hund biss den Jungen, weil der ihn getreten hatte.
犬が少年にかみついたのは, 少年がその犬をけったからです.
☜ der Tritt 歩み, キック

Auf dem T-Shirt steht „Ich ♥ Hamburg".
この T シャツには「私♥ハンブルク」と書いてある.
☜ das Hemd シャツ

Er trägt statt einer Krawatte ein schönes Tuch um den Hals.
彼はネクタイの代わりにきれいな色の布を首に巻いています.
☜ das Handtuch タオル(顔や手をふく布) / der Stoff 布地

Die Niederlande sind bekannt für Tulpen.
オランダはチューリップで知られている.
☜ das Tulpenbeet チューリップの花壇 / die Zwiebel 球根, たまねぎ

☐ **Tür·kei** ☐ [テュルカイ] ☐	名詞[女性] – /	トルコ die Republik Türkei トルコ共和国
☐ **Tü·te** ☐ [テューテ] ☐	名詞[女性] – / –n	[紙]袋，[紙]パック eine bunte Tüte 色とりどりのお菓子の詰め合わせ袋
☐ **über·haupt** ☐ [ユーバァ・ ☐ ハオプト]	副詞	そもそも，《否定で》少しも…ない Was willst du überhaupt sagen? そもそも君は何を言いたいんだ?
☐ **üb·rig** ☐ [ユーブリヒ] ☐	形容詞	残りの，余った übrig bleiben* 残っている
☐ **Um·welt** ☐ [ウム・ヴェルト] ☐	名詞[女性] – /	環境 die soziale Umwelt 社会環境
☐ **un·be·dingt** ☐ [ウン ☐ ベディングト]	副詞	絶対に，どうしても Soll ich? – Ja, unbedingt! 私そうすべきなの? — うん，絶対に.
☐ ☐ ☐	形容詞	無条件の eine unbedingte Garantie 無条件の保証
☐ **un·ge·fähr** ☐ [ウンゲふェーァ] ☐	副詞	およそ，約 ein Flug von ungefähr 12 (zwölf) Stunden 約 12 時間のフライト
☐ ☐ ☐	形容詞	およその die ungefähre Zeit der Lieferung およその配達時刻
☐ **un·ter·schei-** ☐ **den*** [ウンタァ・ ☐ シャイデン]	動詞[他動] ▷ ..schied, ..schie·den	区別する L und R unterscheiden L と R を区別する

Gehört die Türkei zur EU? – Sie ist noch ein Beitrittskandidat.
トルコは EU に入っているの? ― トルコはまだ加盟候補だ.
☞ *der* Türke・*die* Türkin トルコ人 / *das* Türkisch トルコ語

Die Verkäuferin packte mir die Waren in eine schöne Tüte.
その女店員は品物をきれいな袋に入れてくれた.
☞ *die* Milchtüte 牛乳パック / *der* Beutel (小さめの)袋 / *der* Sack (大きめの)袋

Du kommst ohne mich aus? Das glaube ich überhaupt nicht.
僕なしでやっていけるだと? 少しもそう思わないね.
☞ eigentlich いったい / gar《否定で》まったく…ない

Eine Portion Eis ist noch übrig. Ein Haselnuss-Eis. – Wow!
アイスクリームが1つ余ってるよ. ヘーゼルナッツの. ― ワオ!
☞ übrigens それはそうと(言い残したことがあって)

Deutschland alleine kann die Umwelt nicht retten.
ドイツだけでは環境は救えない.
☞ *der* Umweltschutz 環境保護 / *die* Umgebung 周囲 / *die* Atmosphäre 雰囲気

Ich will unbedingt mal nach Deutschland fahren.
私はどうしてもドイツに行ってみたい.
☞ eventuell 場合によっては / keineswegs 決して…ない

Die Einhaltung der Gesetze ist unsere unbedingte Verpflichtung.
法律順守はわれわれの無条件の義務である.
☞ *die* Bedingung 条件

Weltweit hungern ungefähr neunhundert Millionen Menschen.
世界中で約9億の人々が飢えている.
☞ etwa およそ

Jetzt kann ich Ihnen nur einen ungefähren Preis sagen.
今はおよその値段しか申しあげられません.
☞ genau 正確な

Kann er unterscheiden, ob das das Original oder eine Kopie ist?
それが現物か複製か, 彼は見分けられる(区別できる)のか.
☞ *die* Unterscheidung 区別 / trennen 分ける

261

□ （unterscheiden の	動詞[再帰]	《sich⁴ von ...³ 〜》…と異なる
□ 続き）	（上と同じ変化）	sich vom älteren Typ sehr unter-
□		scheiden 旧型とは非常に異なる

□ **USA**	名詞[複数]	アメリカ合衆国
□ ［ウー・		der 51. (einundfünfzigste) Staat der
□ エス・アー］		USA アメリカ合衆国の 51 番目の州

□ **ver·glei·chen***	動詞[他動]	比較する
□ ［ふェァグらイ	▷ ..glich,	eine Unterschrift mit dem Original
□ ヒェン］	..gli·chen	vergleichen 署名を本物と比較する

□ **ver·sprę·chen***	動詞[他動]	約束する
□ ［ふェァシュプ	e→i ▷ ..sprach,	einer Frau die Ehe versprechen あ
□ レッヒェン］	..spro·chen	る女性に結婚を約束する

□ **ver·zei·hen***	動詞[他動]	(非礼などを)許す，容赦する
□ ［ふェァ	▷ ..zieh,	Verzeihen Sie bitte! すみません(容
□ ツァイエン］	..zie·hen	赦してください).

□ **Vǫlk**	名詞[中性]	国民，民族，民衆
□ ［ふォるク］	–[e]s / Völ·ker	ein slawisches Volk スラブ系民族
□		

□ **vor	ha·ben***	動詞[他動]	予定している
□ ［ふォーァ・	hast, hat ▷	eine Reise vor	haben 旅行を予定し
□ ハーベン］	hat·te, ge·habt	ている

□ **wąch·sen***	動詞[自動]	成長する，増大する
□ ［**ヴァ**クセン］	wächst,–▷ wuchs,	schlank wachsen ひょろりと背が伸
□	ge·wach·sen	びる(成長する)

□ **Wa·re**	名詞[女性]	商品
□ ［**ヴァ**ーレ］	– / –n	Waren verkaufen 商品を売る
□		

□ **Wįs·sen·schaft**	名詞[女性]	学問，科学
□ ［**ヴィ**ッセン	– / ..schaf·ten	die Wissenschaft fördern 学問を振
□ シャふト］		興する

Ihr Standpunkt <u>unterscheidet</u> <u>sich</u>[4] nicht <u>von</u> meinem.
あなたの見解は私[の]と異ならない.
☞ *der* <u>Unterschied</u> 相違 / <u>unterschiedlich</u> 異なった / verschieden いろいろな

Woher kommt eigentlich der Reichtum <u>der</u> <u>USA</u>?
<u>アメリカ合衆国の富</u>はいったいどこから来たのでしょう?
☞ *(das)* Amerika アメリカ / *der* Amerikaner・*die* Amerikanerin アメリカ人

Die Pullover hat sie eine Zeitlang <u>verglichen</u> und beide gekauft.
そのセーターを彼女はしばらく<u>見比べ</u>, 両方買いました.
☞ *der* <u>Vergleich</u> 比較 / *der* Vorteil 長所 / *der* Nachteil 短所 / vor|ziehen* 選ぶ

Er hat mir <u>versprochen</u>, mein Fahrrad zu reparieren.
彼は私の自転車を直してくれるって<u>約束した</u>のよ.
☞ *das* <u>Versprechen</u> 約束 / vereinbaren 取り決める / *der* Vertrag 契約

Er <u>verzieh</u> dem Kind, dass es gegen ihn gestoßen ist.
彼はその子どもが彼にぶつかったことを<u>許した</u>.
☞ *die* <u>Verzeihung</u> 許し / entschuldigen 許す(寛容する)

Die Japaner sind ein Gemisch aus mehreren <u>Völkern</u>.
日本人というのはいくつかの<u>民族</u>の混成である.
☞ *die* <u>Bevölkerung</u> (一地域の)<u>住民</u> / *der* Einwohner・*die* Einwohnerin 居住者

Ich <u>habe</u> <u>vor</u>, im Frühling meinen Führerschein zu machen.
私は春に運転免許を取ろうと思って(<u>予定して</u>)います.
☞ *das* <u>Vorhaben</u> 予定 / planen 計画する

Letztes Jahr <u>wuchs</u> der deutsche Außenhandel weiter.
昨年はドイツの外国貿易がさらに<u>増大した</u>.
☞ *das* <u>Wachstum</u> 成長 / zu|nehmen* 増える / entwickeln《sich[4] ～》成長する

Hier werden alle <u>Waren</u> zu herabgesetzten Preisen angeboten.
ここでは<u>全商品</u>が値引きした価格で提供されています.
☞ *das* <u>Waren</u>haus 百貨店(商品館) / *das* Produkt 生産品 / *der* Katalog カタログ

Hat der Fortschritt in der <u>Wissenschaft</u> uns glücklich gemacht?
<u>科学</u>における進歩はわれわれを幸せにしてくれただろうか.
☞ *das* <u>Wissen</u> 知識 / *der* Fortschritt 進歩 / *die* Untersuchung 学術調査

☐ **wohl**(*) ☐ ［ヴォーる］ ☐	副詞 (bes·ser, am bes·ten)	**元気で，よく，たぶん** Leben Sie wohl! （もう会うことのな い人に:）どうぞお元気で!
☐ **Zei·chen** ☐ ［ツァイヒェン］ ☐	名詞［中性］ –s / –	**合図，[目]印，記号** dem Begleiter ein Zeichen geben* 伴奏者に合図を送る
☐ **Ziel** ☐ ［ツィーる］ ☐	名詞［中性］ –[e]s / Zie·le	**目標，目的地，目的** ein klares Ziel haben* はっきりし た目標を持つ
☐ **Zun·ge** ☐ ［ツンゲ］ ☐	名詞［女性］ – / –n	**舌** dem Lehrer die Zunge heraus|- strecken 先生に向かって舌を出す
☐ **zwar** ☐ ［ツヴァール］ ☐	副詞	**《～ ..., aber ...》確かに…ではあ るが…，《und ～》詳しく言えば** zwar nett, aber ... 確かにいいが…
☐ **Zwie·bel** ☐ ［ツヴィーべる］ ☐	名詞［女性］ – / –n	**たまねぎ** mittelgroße Zwiebeln 中玉のたまね ぎ

Es ist zu spät. Jetzt sitzt sie <u>wohl</u> schon in ihrem Flugzeug.
手遅れだよ. 今ごろ彼女は<u>たぶん</u>もう機内の席に座っているよ.
☞ *das* <u>Wohl</u> 安寧 / vielleicht もしかしたら / wahrscheinlich たぶん

Er macht im Buch überall ein <u>Zeichen</u> und behält nichts im Kopf.
彼は本のそこらじゅうに<u>印</u>を付けて, 頭には何も残っていない.
☞ *das* Verkehrs<u>zeichen</u> 道路標識 (交通の記号) / markieren 印を付ける

Was war eigentlich das <u>Ziel</u> Ihrer Doktorarbeit?
あなたの博士論文の<u>目的</u>はそもそも何だったのですか.
☞ *der* Zweck 目的 / *die* Absicht 意図 / *das* Mittel 手段 / schaffen 達成する

Zeigen Sie mir die <u>Zunge</u> bitte! O, Sie haben eine spitze <u>Zunge</u>!
<u>舌</u>を見せてください. おお, とがった<u>舌</u>ですね (口が悪いほうですね)!
☞ *der* <u>Zungen</u>brecher 早口言葉 (<u>舌</u>を破るもの) / *die* Ochsen<u>zunge</u> 牛タン

In den Lagern ist die Lage ernst, <u>und zwar</u> sehr ernst.
収容施設での状況は深刻, さらに [詳しく] 言えば非常に深刻です.
☞ allerdings《〜 ..., aber ...》なるほど…ではあるが…

Wenn ich <u>Zwiebeln</u> schneide, tränen mir die Augen.
私, <u>たまねぎ</u>を切ると涙が出ちゃう.
☞ *die* <u>Zwiebel</u>suppe オニオンスープ / *der* Lauch ねぎ

和独インデックス

この和独インデックスでは，ドイツ語の単語が思い出せないときに日本語でその単語を引き，それが本体のどの部に載っているかを知ることができます．初めにまとめて覚えたほうがよい単語（数詞，月の名前，曜の名前，方角）を挙げ，次に一般の単語をあいうえお順に挙げてあります．左端の□はチェックボックスです．単語の習得度をテストするためにもご活用ください．

数詞（基数）	部 見出語
□ 0	① null
□ 1	① eins
□ 2	① zwei
□ 3	① drei
□ 4	① vier
□ 5	① fünf
□ 6	① sechs
□ 7	① sieben
□ 8	① acht
□ 9	① neun
□ 10	① zehn
□ 11	① elf
□ 12	① zwölf
□ 13	① dreizehn
□ 14	① vierzehn
□ 15	① fünfzehn
□ 16	① sechzehn
□ 17	① siebzehn
□ 18	① achtzehn
□ 19	① neunzehn
□ 20	① zwanzig
□ 30	① dreißig
□ 40	① vierzig
□ 50	① fünfzig
□ 60	① sechzig

□ 70	① siebzig
□ 80	① achtzig
□ 90	① neunzig
□ 100	① hundert
□ 1000	① tausend
□ 100万	① Million
□ 10億	① Milliarde

数詞（序数）	部 見出語
□ 1番目の	① erst
□ 2番目の	① zweit
□ 3番目の	① dritt
□ 4番目の	① viert
□ 5番目の	① fünft
□ 6番目の	① sechst
□ 7番目の	① siebt
□ 8番目の	① acht
□ 9番目の	① neunt
□ 10番目の	① zehnt
□ 11番目の	① elft
□ 12番目の	① zwölft
□ 13番目の	① dreizehnt
□ 14番目の	① vierzehnt
□ 15番目の	① fünfzehnt
□ 16番目の	① sechzehnt
□ 17番目の	① siebzehnt

□ 18 番目の	1	achtzehn
□ 19 番目の	1	neunzehn
□ 20 番目の	1	zwanzigst

月の名前	部	見出語
□ 1 月	1	Januar
□ 2 月	1	Februar
□ 3 月	1	März
□ 4 月	1	April
□ 5 月	1	Mai
□ 6 月	1	Juni
□ 7 月	1	Juli
□ 8 月	1	August
□ 9 月	1	September
□ 10 月	1	Oktober
□ 11 月	1	November
□ 12 月	1	Dezember

曜の名前	部	見出語
□ 月曜	1	Montag
□ 火曜	1	Dienstag
□ 水曜	1	Mittwoch
□ 木曜	1	Donnerstag
□ 金曜	1	Freitag
□ 土曜 1	1	Samstag
□ 土曜 2	1	Sonnabend
□ 日曜	1	Sonntag

方角	部	見出語
□ 北	1	Norden
□ 東	1	Osten
□ 南	1	Süden
□ 西	1	Westen

一般の単語	部	見出語
□ ああそうか	3	aha
□ 愛	2	Liebe
□ あいさつ	1	Gruß
□ あいさつする	2	grüßen
□ 合図	3	Zeichen
□ アイスクリーム	2	Eis
□ (ある期間の)間	2	während
□ (…している)間	2	während
□ (…の)間で・間へ	1	zwischen
□ (…の)間に (混じって)	1	unter
□ アイディア	2	Idee
□ 空いている	1	frei
□ 開いている	2	offen
□ 愛らしい	2	süß
□ 会う 1	1	sehen
□ 会う 2	1	treffen
□ (ぴったり)合う	2	passen
□ 青い	1	blau
□ 赤い	1	rot
□ 明かり	2	Lampe
□ 明るい	1	hell
□ 秋	1	Herbst
□ 開く 1	1	öffnen
□ 開く 2	1	öffnen(+sich)
□ 開く 3	2	aufmachen
□ 悪意のある	1	böse
□ 開ける 1	1	öffnen
□ 開ける 2	2	aufmachen
□ 朝	1	Morgen
□ あさって	2	übermorgen
□ 朝に	1	früh

□ 脚	① Bein	□ あなたが・ あなたがたが	① Sie
□ (足首から下の) 足	① Fuß	□ あなたの・ あなたがたの	① Ihr
□ (…の)味が する	① schmecken	□ 兄	① Bruder
□ あす	① morgen	□ 姉	① Schwester
□ あそこで	① dort	□ 油	② Öl
□ 遊び	① Spiel	□ 甘い	② süß
□ 遊ぶ	① spielen	□ 余った	③ übrig
□ (…に)値する	① verdienen	□ 雨	① Regen
□ 与える	① geben	□ 雨が降る	① regnen
□ 暖かい・ 温かい	① warm	□ アメリカ 合衆国	③ USA
□ 頭	① Kopf	□ 誤り	① Fehler
□ 頭のいい→賢い		□ 歩む	③ treten
□ 新しい	① neu	□ 洗う	① waschen
□ 当たる	① treffen	□ (…で) ありうる	① können
□ あちらへ	② hin	□ ありうる (可能性のある)	② möglich
□ あっ	③ ach	□ (実際に) ありそうな	① wahrscheinlich
□ 厚い	② dick	□ ある(不特定の)	① ein
□ 暑い・熱い	① heiß	□ (…が)ある (存在する)	① geben
□ (事実と)合っ ている	② stimmen	□ (…に)ある	① sein¹
□ 集まる	② sammeln(+sich)	□ (…に置いて) ある	① liegen
□ 集める	② sammeln	□ (本質などが …に)ある	② bestehen
□ あて名	① Adresse	□ ある程度の 数の	② manch
□ (言い)当てる	② raten	□ アルバイト をする	③ jobben
□ あと	① noch	□ 安全な	② sicher
□ あとで	① später	□ 案内所	① Information
□ (一定時間の) あとで	① nach	□ 胃	③ Magen
□ (…した) あとで	② nachdem		
□ あとの	① später		
□ 穴	③ Loch		

268

□ いいえ	① nein	□ いちばん多い	① meist..
□ e メール	① E-Mail	□ いちばん近い	① nächst..
□ 言う¹	① sagen	□ いちばんよい	① best..
□ 言う²	② meinen	□ いつ	① wann
□ 家	① Haus	□ いつか	② mal
□ 医学	③ Medizin	□ いっしょに	① zusammen
□ 生きている	② leben	□ いったい¹	① denn
□ イギリス	③ England	□ いったい²	② eigentlich
□ 息をする	③ atmen	□ いっぱいの	② voll
□ (歩いて)行く	① gehen	□ いつも	① immer
□ (乗り物に乗って)行く	① fahren	□ 移動する	② ziehen
		□ 犬	① Hund
□ (飛行機に乗って)行く	① fliegen	□ 命→生命	
		□ 今	① jetzt
□ いくつかの¹	① paar	□ (ちょうど)今	③ eben
□ いくつかの²	② einige	□ 今[や]	③ nun
□ いくつかの³→ある程度の数の		□ (時が過ぎて)今に至る	② her
□ (そういうのが)いくらか	② welch..	□ 意味	③ Sinn
□ いくらかの	② einige	□ 意味する	① bedeuten
□ (…という)意見である	② meinen	□ 妹	① Schwester
□ 石	② Stein	□ (あるとき)以来	① seit
□ 医者	① Arzt	□ (…して)以来	① seit
□ (女性の)医者	① Ärztin	□ 入口	① Eingang
□ いす	① Stuhl	□ いる	① sein¹
□ (ひじ掛け)いす	② Sessel	□ 色	① Farbe
□ 以前	① früher	□ 祝う	② feiern
□ 急いで	① schnell	□ インターネット	① Internet
□ 痛み	② Schmerz		
□ (野菜などを)いためる	② braten	□ (…の)上で・上へ	① auf
□ イタリア	③ Italien	□ 上に	① oben
□ 市(いち)	② Markt	□ 受け取る¹	① bekommen
□ 一度	① einmal	□ 受け取る²	③ empfangen
		□ 牛→雌牛	

☐ 失う	② verlieren		☐ 演技	② Spiel
☐ (…の)後ろで・後ろへ	① hinter		☐ 演じる	① spielen
☐ 後ろの	① hinter..		☐ 演説する	② reden
☐ 後ろへ	① zurück		☐ 演奏	② Spiel
☐ 薄い	② dünn		☐ 鉛筆	① Bleistift
☐ うそをつく	② lügen		☐ おいしい (よい味がする)	schmecken
☐ 歌	① Lied		☐ おいしい (味のよい)	③ lecker
☐ 歌う	② singen		☐ 置いておく	lassen
☐ 打ち負かす	③ schlagen		☐ 王	③ König
☐ 打つ	③ schlagen		☐ 欧州連合	③ EU
☐ 美しい	① schön		☐ 終える	① schließen
☐ 腕	① Arm		☐ 多い	① viel
☐ 馬	② Pferd		☐ 覆う	decken
☐ 生まれながらの	geboren		☐ (物体・数量などが)大きい	① groß
☐ (…)生まれの	① geboren		☐ (音が)大きい	① laut
☐ 海¹	① Meer		☐ オーストリア	③ Österreich
☐ 海²	② See		☐ オートバイ	③ Motorrad
☐ 裏の	① hinter..		☐ 大みそか	Silvester
☐ 売る	② verkaufen		☐ お金	① Geld
☐ うれしい	② froh		☐ お気に入り	③ Liebling
☐ 上着	① Jacke		☐ 起きる (立ち上がる)	aufstehen
☐ (…を)上回る (数・量の)	① über		☐ (寝かせるように)置く	① legen
☐ 運転する	① fahren		☐ (据えるように)置く	② setzen
☐ 絵	① Bild		☐ (立てるように)置く	① stellen
☐ 映画	① Film		☐ 贈り物	① Geschenk
☐ 映画館	① Kino		☐ 贈る	② schenken
☐ (筆で)描く	② malen		☐ 送る	① schicken
☐ 駅	① Bahnhof		☐ 起こった	② los
☐ 選ぶ	② wählen		☐ 怒った→腹を立てた	
☐ 得る→獲得する				
☐ (筆で)絵を描く	② malen			

□ (とり)行う	① halten	□ (数量について:) およそ²	② rund
□ 行われる	② stattfinden	□ およそ[の]	③ ungefähr
□ 起こる	③ geschehen	□ 降りる¹	① aussteigen
□ (事故・災難などが)起こる	② passieren	□ 降りる²	③ steigen
□ 伯父・叔父	② Onkel	□ 折る	③ brechen
□ 教える	③ lehren	□ 折れる	③ brechen
□ 押しつける	① drücken	□ オレンジ	② Orange
□ 押す	① drücken	□ 終わって	① aus
□ 遅い¹	① spät	□ 終わり(最後)	① Ende
□ 遅い²→のろい		□ 終わり(終了)	① Schluss
□ 落ちる	② fallen	□ 終わる(やむ)	① aufhören
□ 夫	① Mann	□ 終わる (終了する)	① schließen
□ 音	③ Ton	□ 音楽	① Musik
□ 弟	① Bruder	□ カード	① Karte
□ おとぎ話	③ Märchen	□ 回	② Mal
□ おととい	② vorgestern	□ 階	② Stock
□ (女性の)大人	① Erwachsene	□ 外国	① Ausland
□ (男性の)大人	① Erwachsener	□ 会社¹	① Firma
□ 踊る	① tanzen	□ 会社²	③ Gesellschaft
□ 驚かせる	③ erschrecken²	□ 階段	① Treppe
□ 驚く	③ erschrecken¹	□ 快適な	③ angenehm
□ おなか	① Bauch	□ 開発する	③ entwickeln
□ 同じ	① gleich	□ 回復する→元気を取り戻す	
□ 伯母・叔母	② Tante	□ 買い物をする	① einkaufen
□ オフィス	② Büro	□ 買う	① kaufen
□ 重い	① schwer	□ (日用品を)買う	① einkaufen
□ 思い出させる	② erinnern	□ 変える	② ändern
□ 思い出す	② erinnern (+sich)	□ 替える→取り替える	
□ (…を…と)思う	① finden	□ 顔	② Gesicht
□ (…と)思う	① glauben	□ 科学	③ Wissenschaft
□ おもしろい→滑稽な		□ 科学技術	③ Technik
□ 泳ぐ	① schwimmen	□ 掛かっている (垂れ下がる)	① hängen¹
□ (数量について:) およそ¹	③ etwa		

271

□ 鏡	③ Spiegel	□ 片道の	① einfach
□ 輝く	① scheinen	□ 語り合う	② unterhalten (+sich)
□ (一定の時間が)かかる	② dauern	□ (…の)価値がある	③ gelten
□ (費用などが)かかる	① kosten	□ 勝つ	① gewinnen
□ (ある状況にも)かかわらず	② trotz	□ 学校	① Schule
□ (…であるにも)かかわらず	③ obwohl	□ かつて	② mal
□ 鍵	① Schlüssel	□ かつての	① früher
□ 書く	① schreiben	□ カップ	② Tasse
□ 家具	① Möbel	□ 角	② Ecke
□ 学生食堂	③ Mensa	□ (…)かどうか	② ob
□ 獲得する	① gewinnen	□ 悲しい	② traurig
□ 学年	② Klasse	□ 悲しみ	③ Leid
□ 学問	③ Wissenschaft	□ かなり[の]	② ziemlich
□ 欠けている	① fehlen	□ 可能な	① möglich
□ 掛け布団	③ Decke	□ 彼女が	① sie¹
□ 掛ける (垂らす)	① hängen²	□ 彼女の	① ihr²
□ 火事	① Feuer	□ 彼女らが	① sie²
□ 賢い	② klug	□ 彼女らの	① ihr²
□ 貸す	② leihen	□ 壁	② Wand
□ 数	② Zahl	□ 神	③ Gott
□ ガス	③ Gas	□ 髪	① Haar
□ 風	① Wind	□ 紙	① Papier
□ 稼ぐ	① verdienen	□ カメラ	② Kamera
□ かぜをひく	③ erkälten (+sich)	□ (…)かもしれない¹	① mögen
□ 家族	① Familie	□ (…)かもしれない²	→ひょっとしたら
□ 肩	③ Schulter	□ (…)から	① von
□ 固い・堅い (強固な)	③ fest	□ (…の中)から	① aus
□ 固い・硬い (硬質な)	② hart	□ (ある場所・時点)から	① ab
□ 課題	① Aufgabe	□ 辛い	② scharf
□ 形づくる	③ bilden	□ (ワインなどが)辛口の	② trocken

□ ガラス	① Glas	□ 関心を呼び起こす	② interessieren
□ 体	② Körper	□ 簡単な	① einfach
□ 空の	② leer	□ 乾杯	③ prost
□ 借りる¹	② leihen	□ 木(樹木)	① Baum
□ 借りる²→賃借する		□ 木(木材)	② Holz
□ 軽い	① leicht	□ 黄色の	① gelb
□ 彼が	① er	□ 器械	③ Gerät
□ 彼の	① sein²	□ 機械	② Maschine
□ 彼らが	① sie²	□ 気がねせず	① ruhig
□ 彼らの	① ihr²	□ 聞く・聴く	① hören
□ 川	① Fluss	□ 危険	③ Gefahr
□ 側	② Seite	□ 記号	③ Zeichen
□ かわいそうな	② arm	□ 聞こえる	① hören
□ 乾いた	② trocken	□ 着せる	① anziehen
□ かわいらしい	② hübsch	□ 基礎	③ Grund
□ (…の)代わりに	② statt	□ 規則	③ Regel
□ 変わる	② ändern(+sich)	□ ギター	③ Gitarre
□ 考え	③ Gedanke	□ 期待する	③ erwarten
□ 考える	② denken	□ 鍛える	② üben
□ 感覚¹	③ Gefühl	□ 汚い	② schmutzig
□ 感覚²	③ Sinn	□ 気づく→認識する	
□ 環境	③ Umwelt	□ 喫茶店	② Café
□ 関係	③ Beziehung	□ きっと¹	② sicher
□ 韓国	③ Korea	□ きっと²	③ bestimmt
□ 元日	③ Neujahr	□ 切符	① Fahrkarte
□ (…に)関して	① über	□ 着ている	① tragen
□ 感じのいい	① nett	□ 気に入る	① gefallen
□ 感謝	① Dank	□ きのう	① gestern
□ 患者	③ Patient	□ 技能	② Kunst
□ (女性の)患者	③ Patientin	□ 厳しい	③ streng
□ 感謝する	① danken	□ 気分が…である	② fühlen(+sich)
□ 感情	③ Gefühl	□ 君が	① du
□ 鑑賞する	③ ansehen	□ 君たちが	① ihr¹
□ 感じる	② fühlen		

273

□ 君たちの	① euer		□ 禁止する	② verbieten
□ 君の	① dein		□ 勤勉な	① fleißig
□ 義務	② Pflicht		□ 空間	① Raum
□ ギムナジウム	② Gymnasium		□ 空気	① Luft
□ 決める	③ entscheiden		□ 空港	① Flughafen
□ 客	① Gast		□ 空腹	① Hunger
□ (有職者の)休暇	① Urlaub		□ 腐った	② faul
□ (学校の)休暇	① Ferien		□ 薬	② Medikament
□ 休憩	① Pause		□ 果物	① Obst
□ 宮殿	① Schloss		□ 口	① Mund
□ 牛乳	① Milch		□ 唇	③ Lippe
□ きゅうり	③ Gurke		□ 口調	③ Ton
□ きょう	① heute		□ 靴	③ Schuh
□ 教育	③ Erziehung		□ 靴下→ストッキング	
□ 教会	② Kirche		□ 国	① Land
□ 教師	① Lehrer		□ 首	① Hals
□ (女性の)教師	① Lehrerin		□ 区別する	③ unterscheiden
□ 教授	③ Professor		□ 組み立てる	③ bauen
□ (女性の)教授	③ Professorin		□ 雲	② Wolke
□ 兄弟姉妹	② Geschwister		□ 悔やませる	② leidtun
□ 興味を引く→関心を呼び起こす			□ 暗い	① dunkel
□ 興味を持つ	② interessieren (+sich)		□ クラス	② Klasse
□ (祭りなどで練り歩く)行列	① Zug		□ 暮す	② leben
			□ グラス	① Glas
□ 許可する	① erlauben		□ 比べる→比較する	
□ 着る	① anziehen		□ グラム	① Gramm
□ 切る	② schneiden		□ クリスマス	② Weihnachten
□ きれいな→美しい, 清潔な			□ 来る	① kommen
□ キログラム	① Kilo		□ グループ	① Gruppe
□ (…の)きわで・きわへ	① an		□ 苦しみ	③ Leid
			□ 黒い	① schwarz
□ 気をつける	② aufpassen		□ 詳しく言えば	③ zwar
□ 金	③ Gold		□ 毛→髪	
□ 銀	③ Silber		□ 敬意	① Achtung
□ 銀行	① Bank		□ 計画	① Plan

☐ 経験する	③ erfahren	☐ 語	① Wort
☐ 経済	② Wirtschaft	☐ 幸運	① Glück
☐ 警察	① Polizei	☐ 公園	② Park
☐ 警察官	② Polizist	☐ 合格する	② bestehen
☐ (女性の)警察官	② Polizistin	☐ 高価な	① teuer
☐ 計算する	② rechnen	☐ 好都合である	② passen
☐ 芸術	② Kunst	☐ 鋼鉄	③ Stahl
☐ 携帯電話	① Handy	☐ 幸福	① Glück
☐ ケーキ	② Kuchen	☐ (男性の)公務員	② Beamter
☐ 劇[場]	② Theater	☐ (女性の)公務員	② Beamtin
☐ (火・電気器具などを)消す	① ausmachen	☐ 行楽	② Ausflug
		☐ 声	② Stimme
☐ 結果	② Ergebnis	☐ (…を)越えて	① über
☐ 結婚する	① heiraten	☐ コース→走路	
☐ 結婚生活	③ Ehe	☐ コート	② Mantel
☐ 決して…ない	① nie	☐ コーヒー	① Kaffee
☐ 決心する	③ entscheiden (+sich)	☐ 氷	② Eis
☐ 欠席している	① fehlen	☐ 故郷	② Heimat
☐ 欠点	① Fehler	☐ 国際的な	① international
☐ 結末	① Ausgang	☐ 国民	③ Volk
☐ 結論	① Schluss	☐ 午後	① Nachmittag
☐ ける	③ treten	☐ 心地よい	② bequem
☐ 券	① Karte	☐ ここで	① hier
☐ 厳格な	③ streng	☐ 心	① Herz
☐ 元気で	③ wohl	☐ 試みる	② versuchen
☐ 元気を取り戻す	③ erholen (+sich)	☐ 腰かける	② setzen (+sich)
☐ 健康な	① gesund	☐ こしょう	③ Pfeffer
☐ 検査	① Prüfung	☐ 午前	① Vormittag
☐ 現実の	② wirklich	☐ 答え	① Antwort
☐ 現代的な	② modern	☐ 答える	① antworten
☐ 厳密な	② genau	☐ こちらへ	② her
☐ 権利	② Recht	☐ 国家	③ Staat
☐ 権力	③ Macht	☐ 滑稽(ﾞ)な	② komisch
☐ (…)個	① Stück	☐ 小包	② Paket
		☐ 事[柄][1]	② Sache

275

□ 事［柄］²	② Ding	□ 最初の	① erst..
□ (zu 不定詞で:)(…する)こと	① zu	□ 咲いている	③ blühen
□ (…という)ことである	① heißen	□ (…の)際に	① bei
□ 異なる(別の)	① ander..	□ (…)歳の	① alt
□ 異なる(区別される)	③ unterscheiden（+sich）	□ 探す	① suchen
□ 言葉(語)	① Wort	□ 魚	① Fisch
□ 言葉(言語)	① Sprache	□ (さらに)先へ	① weiter
□ 子ども	① Kind	□ 叫ぶ	② rufen
□ (一定時間)後に	① in	□ 酒を飲む	① trinken
□ この	① dieser	□ 差し込む	③ stecken¹
□ この前の	① letzt..	□ 差し込んである	③ stecken²
□ 好ましい	① lieb	□ 指し示す	① zeigen
□ 好む	① mögen	□ (…のことを)指して言う	② meinen
□ 好んで	① gern, gerne	□ 指す→指し示す	
□ ごはん	① Reis	□ (…)させておく	② lassen
□ ごみ	② Müll	□ (…)させる	② lassen
□ 米	① Reis	□ 雑誌	② Zeitschrift
□ (…時)ごろに	① gegen	□ (小)冊子	② Heft
□ 壊れている	① kaputt	□ さて	③ nun
□ 壊れる	③ brechen	□ 砂糖	② Zucker
□ コンサート	② Konzert	□ 寒い	① kalt
□ 困難な	② hart	□ さもないと	② sonst
□ 今日(こん)	① heute	□ 皿	② Teller
□ コンピューター	① Computer	□ サラダ［菜］	① Salat
□ (催促して:)さあ	③ na	□ (…)される	① werden
□ (…)歳	① Jahr	□ (…)さん(夫人)	① Frau
□ 再会	① Wiedersehen	□ (…)さん(氏)	① Herr
□ 最高の	③ super	□ (…)に参加する	② teilnehmen
□ 最後の	① letzt..		
□ 最初に¹	② erst	□ (…)に賛成して	① für
□ 最初に²	② zuerst	□ 残念な	② schade

276

☐ 残念ながら	① leider		☐ (…の)下で・下へ	① unter
☐ 散歩する→ぶらぶらする			☐ 下に	① unten
☐ (…)時	① Uhr		☐ 下の	① unter..
☐ 試合	② Spiel		☐ 質	② Qualität
☐ ジーンズ	③ Jeans		☐ シックな	③ schick
☐ 塩	① Salz		☐ 実践的な	② praktisch
☐ しかし¹	① aber		☐ (経験して)知っている	① kennen
☐ しかし²	① doch		☐ (知識として)知っている	① wissen
☐ 時間(60分)	① Stunde		☐ 質問	① Frage
☐ 時間(時の長さ)	① Zeit		☐ 質問する	① fragen
☐ 識別する	③ erkennen		☐ (…)してよい	① dürfen
☐ 試験	① Prüfung		☐ 自転車¹	① Fahrrad
☐ 時刻	① Zeit		☐ 自転車²	① Rad
☐ 自己紹介する	② vorstellen(+sich)		☐ 自動車¹	① Auto
☐ 仕事	① Arbeit		☐ 自動車²	② Wagen
☐ 市場	② Markt		☐ 自動販売機	① Automat
☐ (自分)自身	① selbst		☐ しなければならない	
☐ 静かな¹	① ruhig		→せねばならぬ	
☐ 静かな²→静寂な			☐ (…)時に	① um
☐ 自然	② Natur		☐ 死ぬ	① sterben
☐ 自然な	② natürlich		☐ しばしば	① oft
☐ (…)した(行為の完了)¹	① haben		☐ 支払う¹	① bezahlen
☐ (…)した(行為の完了)²	① sein¹		☐ 支払う²	① zahlen
☐ 舌	③ Zunge		☐ (脚などが)しびれる	③ einschlafen
☐ (…)したい	① wollen		☐ 自分で¹	① selbst
☐ (…)したい[のだが]	① möchte		☐ 自分で²	③ selber
☐ (それ)自体	① selbst		☐ 自分に・自分を	① sich
☐ (…)したい気持ち	② Lust		☐ 閉まる¹	① schließen
☐ 従う	③ folgen		☐ 閉まる²	① schließen(+sich)
☐ (…に)従って	① nach		☐ 閉まる³	② zumachen

□ 市民	③ Bürger	□ 主夫	① Hausmann
□ (女性の)市民	③ Bürgerin	□ 趣味	① Hobby
□ 示す	① zeigen	□ 種類	③ Art
□ 閉める¹	① schließen	□ 瞬間¹	① Moment
□ 閉める²	② zumachen	□ 瞬間²	③ Augenblick
□ 地面¹	③ Boden	□ 純粋な	③ rein
□ 地面²	③ Grund	□ 順番	③ Reihe
□ じゃあね	① tschüs	□ (企画などを)準備する	② vorbereiten
□ 社員(女性の)	② Angestellte	□ (状況に対処する)準備をさせる	② vorbereiten
□ 社員(男性の)	② Angestellter	□ (状況に対処する)準備をする	② vorbereiten(+sich)
□ 社会	② Gesellschaft		
□ じゃがいも	① Kartoffel	□ 賞	① Preis
□ 市役所	② Rathaus	□ 錠	② Schloss
□ 写真¹	① Bild	□ 紹介する	② vorstellen
□ 写真²	① Foto	□ 状況	③ Situation
□ シャツ	② Hemd	□ 正午	① Mittag
□ (…)じゃないか	① ja	□ 上司	① Chef
□ 邪魔をする	② stören	□ (女性の)上司	① Chefin
□ ジャム	③ Marmelade	□ 上質の	③ fein
□ (鉄道の)車両	② Wagen	□ 少女	① Mädchen
□ 車輪	② Rad	□ 生じる	③ entwickeln(+sich)
□ シャワー	① Dusche	□ 使用する	③ benutzen
□ 週	① Woche	□ (長編)小説	③ Roman
□ 住所	① Adresse	□ 招待する	① einladen
□ ジュース	① Saft	□ 冗談	② Spaß
□ 自由な	① frei	□ 少年	① Junge
□ 十分に	① genug	□ 商売¹	① Geschäft
□ 重要な	① wichtig	□ 商売²	③ Handel
□ 修理する	① reparieren	□ 商品	③ Ware
□ 授業	① Unterricht	□ 情報	① Information
□ 宿題	① Hausaufgabe		
□ (乗り物に乗って)出発する	① abfahren	□ (…の)上方で・上方へ	① über
□ 主婦	① Hausfrau	□ 女王	③ Königin

278

☐ 職業	① Beruf		☐ 数人の	② paar
☐ 食事をとる	① essen		☐ スーパーマーケット	② Supermarkt
☐ 植物	③ Pflanze		☐ スープ	② Suppe
☐ 食欲	② Appetit		☐ スカート	② Rock
☐ 女性(ご婦人)	① Dame		☐ 透き間風が入る	② ziehen
☐ 女性(女)	① Frau		☐ (あまりにも…)すぎる	① zu
☐ 所有している	③ besitzen			
☐ 書類	① Papier		☐ すぐ(ただちに)	① sofort
☐ (よく)知られた	② bekannt		☐ すぐ(間もなく)	① gleich
☐ 知り合いになる	① kennenlernen		☐ 少ない→わずかな	
☐ 知る	③ erfahren		☐ すごい	② toll
☐ 印	③ Zeichen		☐ すごくいい	② stark
☐ 城→宮殿			☐ 少し	① etwas
☐ 白い	① weiß		☐ 少しも(…ない)	③ überhaupt
☐ 親愛なる	① lieb		☐ 涼しい	① kühl
☐ 紳士	① Herr		☐ 勧める(差し出す)	① anbieten
☐ (…の存在を)信じる	① glauben		☐ 勧める(推薦する)	② empfehlen
☐ 人生	① Leben			
☐ 親切な	① nett		☐ 勧める(助言する)	② raten
☐ 新鮮な	② frisch		☐ すっかり	① ganz
☐ 心臓	② Herz		☐ 酸っぱい	② sauer
☐ 死んで	① tot		☐ すてきな	② toll
☐ 真の	② wirklich		☐ ストッキング	③ Strumpf
☐ (…を)心配する	② sorgen(+sich)		☐ すなわち	② nämlich
☐ 人物	② Person		☐ すばらしい¹	② schön
☐ 新聞	① Zeitung		☐ すばらしい²	② prima
☐ スイス	③ Schweiz		☐ すばらしい³	② wunderbar
☐ 推薦する	② vorschlagen		☐ スプーン	② Löffel
☐ 数学	② Mathematik		☐ スペイン	③ Spanien
☐ スーツ	② Anzug		☐ すべての	① all
☐ スーツケース	① Koffer			

□ すべての もの（こと）	① alles	□ 生活	① Leben
□ スポーツ	① Sport	□ 清潔な¹	② sauber
□ ズボン	② Hose	□ 清潔な²	③ rein
□ 隅	② Ecke	□ 成功	③ Erfolg
□ 住む	① wohnen	□ 政治	③ Politik
□ （…）すら	① selbst	□ 静止した	③ still
□ する¹	① machen	□ 静寂な	③ still
□ する²	① tun	□ 青春	③ Jugend
□ （試合などを）する	① spielen	□ 青少年	③ Jugend
□ （値段が…）する	① kosten	□ 精神	③ Geist
□ 鋭い	② scharf	□ 成長する	③ wachsen
□ （…）する ところの¹	① der	□ 生徒	① Schüler
□ （…）する ところの²	① die¹	□ （女子の）生徒	① Schülerin
□ （…）する ところの³	① das	□ 整頓	② Ordnung
□ （…）する ところの⁴	① die²	□ 政府	② Regierung
□ （そこから…）するところの	① woher	□ 生命	① Leben
□ （そこで…）する ところの	① wo	□ セーター	② Pullover
□ （そこへ…）する ところの	① wohin	□ 世界	① Welt
□ （…）するところの人	① wer	□ 席	① Platz
□ （…）するところのもの	① was	□ （…）せずに¹	① ohne
□ 座っている	① sitzen	□ （…）せずに²	① statt
□ 座らせる	② setzen	□ せっけん	② Seife
□ 座る→腰かける		□ 説明する	① erklären
□ 澄んだ	② klar	□ 節約する	① sparen
□ 姓	① Familienname	□ 背中	② Rücken
□ 正確な	② genau	□ （…）せねば ならぬ	① müssen
		□ 狭い（窮屈な）	② eng
		□ （幅の）狭い	③ schmal
		□ （…の）世話を する	② sorgen
		□ 線	③ Linie
		□ 宣言する	① erklären
		□ 専攻する	① studieren
		□ 繊細な	③ fein

□ センス	③ Sinn		□ 空	② Himmel
□ 戦争	② Krieg		□ それが¹	① der
□ 洗濯する	① waschen		□ それが²	① die¹
□ セント	① Cent		□ それが³	① das
□ 全部の	① ganz		□ それが⁴	① es
□ 前方へ	① vor		□ それから	① dann
□ 想像する	② vorstellen（+sich）		□ それで （それを用いて）	③ damit
□ （…だ）そうだ	① sollen		□ （反発して:） それで	③ na
□ 増大する	③ wachsen		□ それどころか	② sogar
□ 走路	① Bahn		□ それに合わ せて	③ dazu
□ （…に）添えて	① zu			
□ ソーセージ	② Wurst		□ それに加えて	③ dazu
□ （…に）属して いる	① gehören		□ それについて	③ dazu
□ 側面	② Seite		□ それの	① sein²
□ 底	③ Boden		□ それほど	① so
□ そこで	① da		□ それゆえに	① also
□ そこらじゅ うで	② überall		□ それらが¹	① die²
			□ それらが²	① sie²
□ そして	① und		□ それらの…が	① die²
□ そちらへ	② hin		□ それを持って	③ damit
□ 外で	① draußen		□ 存在する	② bestehen
□ （…の）外に	② außer		□ （否定への反論:） そんな事ない	① doch
□ その…が¹	① der			
□ その…が²	① die¹		□ 大河	② Strom
□ その…が³	① das		□ （総合）大学	② Universität
□ そのとおり	③ eben		□ 大学生	① Student
□ そのときに	① dann		□ （女子の）大学生	① Studentin
□ そのほかに	② sonst		□ 退屈な	① langweilig
□ そのような	③ solch		□ （…であるのに） 対して	② während
□ そのように	① so			
□ 祖父	② Großvater		□ （…に）対して	② gegenüber
□ ソファー	① Sofa		□ 大事な	① wichtig
□ 祖母	② Großmutter		□ 怠惰な	② faul
□ そもそも	③ überhaupt			

□ たいてい	① meist	□ 立てる	① stellen
□ たいていの	① meist..	□ 建てる	③ bauen
□ 台所	① Küche	□ 例えば	③ etwa
□ 太陽	① Sonne	□ 棚	③ Regal
□ 平らな	③ eben	□ 楽しい	① froh
□ 倒れる	② fallen	□ 楽しませる	② unterhalten
□ 高い¹	① hoch	□ 楽しみ¹	① Lust
□ 高い²→高価な		□ 楽しみ²	① Spaß
□ 互いに・ 互いを	③ einander	□ 楽しみである	① freuen（+sich）
□ だから¹	① deshalb	□ (…に…を)頼む	① bitten
□ だから²→それゆえに		□ たばこを吸う	① rauchen
□ (というのも…) だから	① denn	□ たぶん¹	① wahrscheinlich
□ (なぜならば…) だから	② weil	□ たぶん²	② wohl
		□ 食べる	① essen
□ タクシー	① Taxi	□ 卵	① Ei
□ 蓄える	② sparen	□ 黙っている	③ schweigen
□ (ただ…)だけ	① nur	□ たまねぎ	③ Zwiebel
□ (…の分量)だけ	① um	□ 試す¹	② probieren
□ 確かな	② sicher	□ 試す²	② versuchen
□ 確かに…で はある(が…)	③ zwar	□ だめな	① schlecht
		□ (…の)ために	① für
□ 助け	① Hilfe	□ (…の目的の) ために	① zu
□ 助ける	① helfen	□ (…する)ために	① um
□ 尋ねる	① fragen	□ (…の理由の) ために	② wegen
□ たたく¹	① klopfen		
□ たたく²	③ schlagen	□ (それによって… する)ために	③ damit
□ 正しい	① richtig		
□ ただ１つの	③ einzig	□ 誰か	② jemand
□ 立場	① Stelle	□ 誰が	① wer
□ 立つ	① stellen（+sich）	□ 誰も…ない¹	② niemand
□ (時が)たつ→今に至る		□ 誰も…ない²→１人も…ない	
□ 立っている	① stehen	□ (…)だろう	① werden
□ 建物	③ Gebäude	□ 単語→語	
		□ 誕生日	① Geburtstag

☐ たんす	① Schrank	☐ 朝食	① Frühstück
☐ 男性(紳士)	① Herr	☐ 朝鮮	③ Korea
☐ 男性(男)	① Mann	☐ ちょうど (まさに)	② genau
☐ 団体	③ Gesellschaft		
☐ 暖房	② Heizung	☐ ちょうど (折しも)	① gerade
☐ 血	② Blut	☐ 貯金する	② sparen
☐ 地域	① Ort	☐ 直接の	② direkt
☐ (物体・数量など が)小さい	① klein	☐ (ほんの) ちょっと	① bisschen
☐ (音が)小さい	② leise	☐ (まあ) ちょっと	② mal
☐ チーズ	② Käse		
☐ (…に)違い ない	① müssen	☐ 賃借する	① mieten
		☐ (付属物の) 付いた	① mit
☐ 近く	② Nähe	☐ (…に)について→関して	
☐ 地下鉄	① U-Bahn		
☐ (力学的な)力	③ Kraft	☐ ついて行く	③ folgen
☐ (支配する)力	③ Macht	☐ 通過する	② passieren
☐ 地球	① Erde	☐ 通じている	③ führen
☐ (町の)地区	① Viertel	☐ (交通機関など を)使う	① nehmen
☐ 乳	① Milch		
☐ 父	① Vater	☐ 使う→使用する	
☐ 秩序	② Ordnung	☐ 疲れた	① müde
☐ 乳房	③ Brust	☐ (暦の)月	① Monat
☐ 茶	① Tee	☐ (天体の)月	② Mond
☐ 茶色の	① braun	☐ 次の	① nächst..
☐ 注意(気を張る こと)	① Achtung	☐ 尽きる	③ ausgehen
		☐ 机	① Tisch
☐ 注意(用心)	① Vorsicht	☐ 作る¹	① machen
☐ 注意深い	② wach	☐ 作る²→形づくる	
☐ 中国	③ China		
☐ 駐車する	② parken	☐ (火・電気器具な どを)つける	① anmachen
☐ 注文する	① bestellen	☐ 土	① Erde
☐ チューリップ	③ Tulpe	☐ (一定時間)続く	② dauern
☐ 調子が… である	① gehen	☐ 勤め口	① Stelle
		☐ 妻	① Frau

283

□ つまり	① also	□ (…)では ないか	① doch
□ 冷たい	① kalt	□ (…)では なくて	① sondern
□ (荷物を)詰める	② packen	□ テレビを見る	② fernsehen
□ (…する)つも りである	① wollen	□ 手を貸す	① helfen
□ 強い	② stark	□ 点	③ Punkt
□ つらい¹	② sauer	□ 天気	① Wetter
□ つらい²→困難な		□ 天国	① Himmel
□ 連れていく¹	① mitnehmen	□ 電車→都市高速鉄道, 路面電車	
□ 連れていく²→導く		□ 天井	③ Decke
□ 連れてくる	① mitbringen	□ 電灯	② Lampe
□ 連れてくる (いく)	① bringen	□ 電流	② Strom
□ 手	① Hand	□ 電話	① Telefon
□ (…の方法)で	① auf	□ (…に)電話 する	① anrufen
□ (…の手段)で	① mit	□ 戸	① Tür
□ 提案する	② vorschlagen	□ (…)と(…)	① und
□ Tシャツ	③ T-Shirt	□ (…)と[いっ しょに]	① mit
□ 停留所	② Haltestelle	□ ドア	① Tür
□ テーブル	① Tisch	□ (…である)と いうこと	① dass
□ (食事や観劇に) 出かける	③ ausgehen	□ というのは	① nämlich
□ 手紙	① Brief	□ ドイツ	① Deutschland
□ 手紙を書く	① schreiben	□ ドイツ語	① Deutsch
□ 出来上がった	① fertig	□ ドイツの	① deutsch
□ 適切な	② recht	□ トイレ	① Toilette
□ (…)できる	① können	□ どういたし まして	① bitte
□ 出口	① Ausgang		
□ 出くわす	① treffen	□ 峠	① Pass
□ 手伝う→手を貸す		□ 当時	② damals
□ 鉄道	① Bahn	□ どうしても	③ unbedingt
□ 手に入れる¹	① bekommen	□ 当然である	① verstehen (+sich)
□ 手に入れる²	① kriegen	□ どうぞ	① bitte
□ テニス	② Tennis	□ 到着する	① ankommen

284

☐ 投票する	② wählen	☐ とても	① sehr
☐ 動物	② Tier	☐ とどまる	① bleiben
☐ 同僚	① Kollege	☐ 隣→隣人	
☐ (女性の)同僚	① Kollegin	☐ (…の)隣で・隣へ	② neben
☐ 道路	① Straße	☐ どの	② welch
☐ 遠い¹	① weit	☐ どの…も	① jeder
☐ 遠い²	③ fern	☐ どのくらい	① wie
☐ 通って→通り抜けて		☐ どのように	① wie
☐ 遠出	② Ausflug	☐ 飛ぶ	① fliegen
☐ (…を)通り抜けて	① durch	☐ 止まった→静止した	
☐ 時	① Zeit	☐ (乗り物が)止まっている	① stehen
☐ (…した)とき	① als	☐ トマト	① Tomate
☐ (…する)とき	② wenn	☐ 止まる(停車する)	① halten
☐ 時々	② manchmal		
☐ (問題を)解く	② lösen	☐ (自動車などを)止めておく	② parken
☐ 特徴	① Zug	☐ 友達→友人	
☐ 特定の	③ bestimmt	☐ 鳥	① Vogel
☐ 特別の	③ besonder..	☐ 取り替える	② wechseln
☐ 時計	① Uhr	☐ (手に)取る	① nehmen
☐ どこから	① woher	☐ トルコ	③ Türkei
☐ どこで	① wo	☐ どれ	② welch
☐ どこへ	① wohin	☐ ドレス	② Kleid
☐ 床屋→理容師		☐ (姓の前に付く個々人の)名	① Vorname
☐ 年	① Jahr		
☐ 都市	① Stadt	☐ (…)ない¹	① nicht
☐ 年老いた	① alt	☐ (…)ない²	① kein
☐ 都市高速鉄道	① S-Bahn	☐ ない→欠けている	
☐ 閉じて	① zu	☐ ナイフ	② Messer
☐ 図書館	② Bibliothek	☐ 長い	① lang
☐ 戸棚	① Schrank	☐ (…の)中で・中へ	① in
☐ 土地	① Land		
☐ 突然[の]	② plötzlich	☐ 流れ	② Strom
☐ (行って)取ってくる	① abholen	☐ 泣く	② weinen

285

□ なくす→失う		□ 布	③ Tuch
□ なくなって	① weg	□ 布地	② Stoff
□ (…)なしに	① ohne	□ ぬれた	② nass
□ なぜ	① warum	□ 猫	① Katze
□ 夏	① Sommer	□ 値段	① Preis
□ (…という)名である	① heißen	□ 熱	② Fieber
□ 何か	① etwas	□ 寝つく	③ einschlafen
□ 何が・何を	① was	□ 眠い	① müde
□ 何も…ない	① nichts	□ 眠っている	① schlafen
□ (深)鍋	② Topf	□ 年金	② Rente
□ 名前	① Name	□ (…)の	① von
□ 生クリーム	③ Sahne	□ 農夫	③ Bauer
□ 怠けた→怠惰な		□ 農婦	③ Bäuerin
□ (…である)なら	② wenn	□ ノート	② Heft
□ (…から)成り立っている	② bestehen	□ 残り	③ Rest
□ (…に)なる	① werden	□ 望む(…だとよいと思う)	① hoffen
□ (感嘆:)なんという	② welch	□ 望む(所望する・祈願する)	② wünschen
□ 何人かの→ある程度の数の		□ ノックする	② klopfen
□ においをかぐ	② riechen	□ 載っている	② stehen
□ におう	② riechen	□ (当然ながら…である)ので	① da
□ 苦い	② bitter	□ のど	① Hals
□ 肉	① Fleisch	□ のどの渇き	① Durst
□ 偽の	① falsch	□ (道などが)伸びている	② ziehen(+sich)
□ 日光→陽光		□ 登る	③ steigen
□ 似ている	② ähnlich	□ 飲み物	① Getränk
□ 日本	③ Japan	□ 飲む	① trinken
□ ニュース	② Nachrichten	□ 乗り換える	② umsteigen
□ 庭	① Garten	□ 乗る	① einsteigen
□ 鶏	③ Huhn	□ のろい	① langsam
□ 人間	① Mensch	□ 歯	② Zahn
□ 認識する	③ erkennen	□ 場合	③ Fall
□ 任務	① Aufgabe		

286

□ パーセント	① Prozent	□ バッグ	① Tasche
□ パーティー	② Party	□ (紙)パック	③ Tüte
□ パートナー	① Partner	□ 発展させる	③ entwickeln
□ (女性の)パートナー	① Partnerin	□ 発展する	③ entwickeln(+sich)
□ はい	① ja	□ 花	① Blume
□ (グラス…)杯	① Glas	□ 鼻	② Nase
□ (カップ…)杯	② Tasse	□ 話して聞かせる	① erzählen
□ 灰色の	① grau	□ 話す¹	① sprechen
□ はがす	② lösen	□ 話す²	② reden
□ ばかな	② dumm	□ 話す³→語り合う	
□ 博士	③ Doktor	□ 放たれた	② los
□ (女性の)博士	③ Doktorin	□ バナナ	① Banane
□ 博物館	② Museum	□ 離れて¹	① ab
□ はさみ	③ Schere	□ 離れて²	① weg
□ 橋	② Brücke	□ 母	① Mutter
□ 始まる¹	① anfangen	□ はまっている	③ stecken²
□ 始まる²	① beginnen	□ ハム	② Schinken
□ 初め	① Anfang	□ 早い	① früh
□ 初めのうちは	② zuerst	□ 速い	① schnell
□ 始める¹	① anfangen	□ 早く	② los
□ 始める²	① beginnen	□ ばら	③ Rose
□ 場所(地点)	① Ort	□ 腹いっぱいの	③ satt
□ 場所(特定の目的のための場)	① Platz	□ 払う→支払う	
□ 場所(箇所)	① Stelle	□ 腹を立てた	① böse
□ (人間・動物が)走る	① laufen	□ 春	① Frühling
□ (乗り物が)走る	① fahren	□ はるかに¹	① viel
□ バス	① Bus	□ はるかに²	① weit
□ パスポート	① Pass	□ 晩	① Abend
□ 外れた	② los	□ パン	① Brot
□ バター	① Butter	□ 番号	① Nummer
□ 裸の	③ nackt	□ (…に)反対して	① gegen
□ 働く	① arbeiten	□ 半分の	① halb

287

☐	（自家製のパンを売る）パン屋	① Bäckerei	☐	1人も…ない	③ keiner
☐	火	① Feuer	☐	批評	③ Kritik
☐	日	① Tag	☐	（人の）皮膚	③ Haut
☐	ピアノ	② Klavier	☐	票	② Stimme
☐	ビール	① Bier	☐	秒	① Sekunde
☐	比較する	③ vergleichen	☐	病院	① Krankenhaus
☐	光	① Licht	☐	病気の	① krank
☐	率いる	③ führen	☐	美容師	② Friseur
☐	引く	② ziehen	☐	（女性の）美容師	② Friseurin
☐	（楽器を）弾く	① spielen	☐	ひょっとしたら	① vielleicht
☐	低い（高さが小さい）	② niedrig	☐	開く → 開（あ）く	
☐	低い（ある水準より下の）	② tief	☐	昼	① Mittag
☐	飛行機	① Flugzeug	☐	昼間	① Tag
☐	美術館	② Museum	☐	広い（広大な）	① weit
☐	左の	② link..	☐	（幅の）広い	① breit
☐	（…へ）引っ越す	② ziehen	☐	広場	① Platz
☐	必要とする	① brauchen	☐	瓶（びん）	① Flasche
☐	必要な	② nötig	☐	不安	② Angst
☐	人	② Person	☐	フィルム	① Film
☐	ひどい	② schlimm	☐	増える → 増大する	
☐	一かけら	① Stück	☐	フォーク	② Gabel
☐	一切れ	① Stück	☐	深い	② tief
☐	（何か）1つ	② einer	☐	（衣）服¹	① Kleidung
☐	1つの	① ein	☐	（衣）服²	② Kleid
☐	1つのこと（もの）	① eins	☐	（紙）袋	③ Tüte
☐	1つも…ない	③ keiner	☐	豚	② Schwein
☐	人は	① man	☐	再び	① wieder
☐	人々	① Leute	☐	ふつうの	② normal
☐	（誰か）1人	② einer	☐	復活祭	② Ostern
☐	（たった）1人の	① allein, alleine	☐	物質	② Stoff
			☐	物体	② Körper
			☐	太い	② dick
			☐	ぶどうの木	① Wein
			☐	船	② Schiff

288

□ 部品	① Teil	□ 訪問する	① besuchen
□ 部分	① Teil	□ ボール	③ Ball
□ 踏む	③ treten	□ ボールペン	① Kugelschreiber
□ 冬	① Winter	□ (…の)ほかに	② außer
□ フライド ポテト	③ Pommes frites	□ ポケット	① Tasche
□ ぶらぶらする	② spazieren	□ 星	② Stern
□ フランス	③ Frankreich	□ 欲しい [のだが]	① möchte
□ 古い	① alt	□ 細い	② dünn
□ フルート	③ Flöte	□ ホテル	① Hotel
□ 風呂	① Bad	□ ほどく	② lösen
□ プログラム	② Programm	□ ほとんど	② fast
□ 分(ぷん)	① Minute	□ ほとんど… ない	② kaum
□ 文	② Satz	□ ほめる	③ loben
□ 文化	② Kultur	□ 本	① Buch
□ 文章	② Text	□ 本式の	① richtig
□ (…の方)へ	① nach	□ 本性	② Natur
□ (…の所)へ	① zu	□ 本当に	② wirklich
□ ページ	② Seite	□ 本当の	② wahr
□ (…す)べきで ある	① sollen	□ 本当は	② eigentlich
□ ベッド	① Bett	□ 本物の	③ echt
□ 別の→異なる		□ 翻訳する	② übersetzen
□ 部屋¹	① Zimmer	□ 本来の	② eigentlich
□ 部屋²	① Raum	□ (消極的な同意 で:)まあ	③ na
□ (学生が)勉強 する	① arbeiten	□ マーマレード	③ Marmelade
□ (大学で)勉強 する	① studieren	□ 毎…	① jeder
□ 便利な	② praktisch	□ 巻いたもの	③ Rolle
□ 法	② Recht	□ (一定時間) 前から	① seit
□ 方向	② Richtung	□ (…の)前で・ 前へ	① vor
□ (縁のある)帽子	③ Hut	□ (一定時間)前に	① vor
□ 豊富な	② reich	□ (…する)前に¹	③ bevor
□ 訪問	② Besuch		

□ (…する)前に²	③ ehe	□ (…の)周りに・周りを	① um
□ 前へ→前方へ		□ 満足した	① zufrieden
□ 曲がる	③ biegen	□ 真ん中	① Mitte
□ 巻き→巻いたもの		□ 見える (目に映る)	① sehen
□ 負ける	② verlieren	□ (…のように)見える¹	① aussehen
□ 曲げる	③ biegen		
□ 孫	② Enkel	□ (…のように)見える²	① scheinen
□ 孫娘	② Enkelin	□ 磨く	② putzen
□ まさに (そのとおり)	② genau	□ 右の	② recht
□ まず	② erst	□ 未解決の	② offen
□ 貧しい	② arm	□ 短い	① kurz
□ また→再び		□ 水	① Wasser
□ まだ	① noch	□ 湖	① See
□ または	① oder	□ 店	① Geschäft
□ 町	① Stadt	□ 見せる	① zeigen
□ 待ち受ける	③ erwarten	□ 道	① Weg
□ まちがった	① falsch	□ 導く	③ führen
□ 待つ	① warten	□ 見つける	① finden
□ まっすぐな	① gerade	□ 緑色の	① grün
□ まったく (…ない)	② gar	□ (…)未満の	① unter
□ (あるとき)まで	① bis	□ 耳	① Ohr
□ (…する)まで	① bis	□ 妙な	② komisch
□ 窓	① Fenster	□ 見る¹	① sehen
□ 学ぶ	① lernen	□ 見る²	③ schauen
□ (…の)ままである	① bleiben	□ 見る³	③ gucken
		□ (…の方を)見る	③ blicken
□ (…の)ままにする	② lassen	□ (じっと)見る	③ ansehen
□ 守る	③ schützen	□ 民衆	③ Volk
□ 丸い	② rund	□ 民族	③ Volk
□ まれな	② selten	□ (…の)向かいに	② gegenüber
□ 回す	③ drehen	□ 迎えに行く	① abholen

(客などを)迎える	③	empfangen
(…へ)向かって	①	gegen
無条件の	③	unbedingt
難しい¹	①	schwer
難しい²	②	schwierig
息子	①	Sohn
娘	①	Tochter
胸	③	Brust
村	①	Dorf
目	①	Auge
明確な	②	klar
雌牛	③	Kuh
メートル	①	Meter
眼鏡	①	Brille
女神	③	Göttin
目覚めている	②	wach
めったに…ない	②	selten
メニュー	②	Speisekarte
目の見えない	③	blind
めん	②	Nudel
(…)も	①	auch
もう	①	schon
もう(…ない)	①	mehr
(提供を)申し出る	①	anbieten
もうすぐ	①	bald
毛布	③	Decke
燃え[てい]る	③	brennen
目的[地]	③	Ziel
目標	③	Ziel
文字	①	Buchstabe
もしもし	①	hallo

持ちこたえる	①	halten (+sich)
もちろん	②	natürlich
持っていく	①	mitnehmen
(所有して)持っている	①	haben
(手で)持っている	①	halten
(行って)持ってくる	①	holen
持ってくる(持参する)	①	mitbringen
持ってくる・持っていく	①	bringen
持って運ぶ	①	tragen
戻って→元の所へ		
(…の)下(と)で(人に従属して)	①	unter
(…の)下(と)で(人の所で)	①	bei
元の所へ	①	zurück
物¹	②	Sache
物²	②	Ding
物語	②	Geschichte
(…の)ものである	①	gehören
もらう¹	①	bekommen
もらう²	①	kriegen
森	①	Wald
問題(懸案)	①	Frage
問題(不具合)	①	Problem
やあ	①	hallo
約	③	ungefähr
(パンなどを)焼く	②	backen
(肉などを)焼く	②	braten

□ (陶器などを)焼く	③ brennen	□ 指輪	③ Ring
□ 約束する	③ versprechen	□ 夢	② Traum
□ 役立つ	① helfen	□ 許す(許可する)	① erlauben
□ 役割	③ Rolle	□ 許す(とがめない)	① entschuldigen
□ 野菜	① Gemüse	□ (非礼を)許す	③ verzeihen
□ 易しい	① leicht	□ よい¹	① gut
□ 養う	② unterhalten	□ よい²→すごくいい	
□ 安い	① billig	□ (…したほうが)よい	② lieber
□ (調剤)薬局	② Apotheke	□ (感じの)よい	② hübsch
□ 屋根	② Dach	□ 用意(準備)のできた	① fertig
□ やはり	① doch	□ 用意(心積もり)のできた	③ bereit
□ (記録を打ち)破る	③ brechen	□ 陽光	① Sonne
□ 山	① Berg	□ (…の)ように	① wie
□ やめる	② lassen	□ ようやく	② erst
□ やり方	③ Art	□ ヨーロッパ	① Europa
□ 柔らかい	② weich	□ よく(好意的に)	③ wohl
□ 夕方	① Abend	□ よく→しばしば	
□ 有効である	③ gelten	□ 横たわっている	① liegen
□ (親しい)友人	① Freund	□ 横になる	① legen(+sich)
□ (親しい)友人女性	① Freundin	□ よその	① fremd
□ 郵便[局]	① Post	□ (…に)よって	① von
□ 裕福な	② reich	□ 予定している	③ vorhaben
□ 有名な→知られた		□ (…と)呼ぶ	① heißen
□ ユーロ	① Euro	□ (声を上げて)呼ぶ	② rufen
□ 床	③ Boden	□ 読む	① lesen
□ 雪	② Schnee	□ 予約する	② reservieren
□ 雪が降る	② schneien	□ より多い	① mehr
□ 豊かな→豊富な,裕福な		□ より多く	① mehr
□ ゆっくりした	① langsam	□ より好ましい	② lieber
□ ゆでる	① kochen	□ より好んで	② lieber
□ ユニークな	③ einzig		
□ (手の)指	② Finger		

292

□ より遠い	① weiter	□ 列車	① Zug
□ より早い	① früher	□ 練習する	② üben
□ より広い	① weiter	□ 労働者	② Arbeiter
□ (…)よりも	① als	□ (女性の)労働者	② Arbeiterin
□ よりよい	① besser	□ ロシア	③ Russland
□ 夜	① Nacht	□ 路面電車	① Straßenbahn
□ 喜ばせる	① freuen	□ 輪	③ Ring
□ 喜び	③ Freude	□ ワイン	① Wein
□ 喜ぶ	① freuen(+sich)	□ 若い	① jung
□ 弱い	② schwach	□ 沸かす	① kochen
□ 呼んでくる	① holen	□ わかっている	① wissen
□ 4分の1	① Viertel	□ わかる (合点する)	① sehen
□ 来客	② Besuch	□ わかる (理解できる)	① verstehen
□ ラジオ	② Radio	□ わかる(見分ける)→ 識別する	
□ 落下	③ Fall		
□ 理解する	① verstehen	□ 沸く	① kochen
□ リットル	① Liter	□ わずかな	① wenig
□ 理念	② Idee	□ 忘れる	① vergessen
□ 理由	③ Grund	□ 私が	① ich
□ 両替する	② wechseln	□ 私たちが	① wir
□ 理容師	② Friseur	□ 私たちの	① unser
□ (女性の)理容師	② Friseurin	□ 私の	① mein
□ 両親	② Eltern	□ (一定時間に)わたり	① lang
□ 両方の	② beide		
□ 料理をする	① kochen	□ 笑う	① lachen
□ 旅行	① Reise	□ 悪い¹	① schlecht
□ 旅行する	① reisen	□ 悪い²→ 悪意のある	
□ りんご	① Apfel	□ 悪いことをしたと思う	
□ 隣人	② Nachbar	→ 悔やませる	
□ (女性の)隣人	② Nachbarin	□ 割れた	① kaputt
□ 例	① Beispiel	□ ワンピース	② Kleid
□ 冷静な	① kühl		
□ 歴史	② Geschichte		
□ レストラン	① Restaurant		
□ 列	③ Reihe		

編 著 者

西川　智之
北海道大学大学院文学研究科修士課程修了
現在，名古屋大学名誉教授

Markus Rude
カールスルーエ大学情報学研究科博士課程修了
現在，筑波大学人文社会系准教授

成田　克史
東京外国語大学大学院外国語学研究科修士課程修了
現在，名古屋大学名誉教授

© 覚える！ ドイツ語 1000 単語

2023 年 12 月 25 日　初版発行　定価 本体 1800 円（税別）

編 著 者	西 川 智 之 Markus Rude 成 田 克 史
発 行 者	近 藤 孝 夫
印 刷 所	萩原印刷株式会社

発 行 所　株式会社 同 学 社

〒112-0005　東 京 都 文 京 区 水 道 1-10-7
電話 (03)3816-7011 (代)・振替 00150-7-166920

ISBN 978-4-8102-0339-4　Printed in Japan
㈲井上製本所

「時代とともに歩む」
最新の学習ドイツ語辞典！ 第4版

アポロン独和辞典

根本・恒吉・成田・福元・重竹・堺・嶋﨑 ［共編］

B6判・1864頁・箱入り・2色刷　　定価 本体 4,200 円（税別）

- ・実用に十分な5万語を厳選収録
- ・すぐ読める親切なカナ発音付き
- ・見出し語を5段階表示、CEFR レベルも併記
- ・「読む・書く・話す」を強力に支援
- ・枠囲み100例文に、立体表記を採用
- ・100例文や「日常会話」などに音声を用意
- ・ドイツが見える「ミニ情報」
- ・「和独の部」など、すぐに役立つ巻末付録

巻末付録：和独の部 / 日常会話 / メール・手紙の書き方 / 音楽用語 / 環境用語 / 福祉用語 / 建築様式 / ドイツの言語・政治機構・歴史 / ヨーロッパ連合と欧州共通通貨ユーロ / 発音について / 最新の正書法のポイント / 文法表 / 動詞変化表

やさしい！ ドイツ語の学習辞典

根本道也　編著

B6判・770頁・箱入り・2色刷　定価本体 2,500 円（税別）

- ◇見出し語総数約 7000 語、カナ発音付き
- ◇最重要語 600 語は、大きな活字で色刷り
- ◇最重要語の動詞や名詞の変化形は一覧表でそのつど表示
- ◇一段組の紙面はゆったりと見やすく、目にやさしい
- ◇巻末付録：「和独」「簡単な旅行会話」「文法」「主な不規則動詞変化表」